The Way
to Progress
for Young Lawyers

新律师
进阶之路

第二版

非诉业务的思维与方法

冯清清 ◎ 著

中国法制出版社
CHINA LEGAL PUBLISHING HOUSE

再版序

你永远有选择的权利

一

距离本书第一版出版，已过去五年。五年的时间，放在个体生命经历中来衡量，是个适中的维度：足以发生一些变化，又不至于沧海桑田。

五年前走出地铁去买面包的店铺，已经关掉。一间间店铺倒闭，一间间店铺新开，似乎没有沉淀下什么共享的经验。有时，新店一亮相，我就和朋友打赌这店能撑多久。不是不盼它好，而是这风格、路数，在这位置都倒了几家了，为什么还如此前仆后继。我很想写一本新店铺进阶之路，告诉大家，其实在这地界，真正挣钱的生意，是开装修公司。

每一个行业，每一门手艺，都有自己的规律和经验。新人入行，向来不缺乏热情和愿景，却往往疏于思维和方法。对自己即将从事，或已经从事的职业，有一定的思考和自我认识，是取得职业进步的前提。否则，那些盲目装修，激情开业，短短时间便黯然关闭的店铺，就像不经思考的执业之路的隐喻。

本书建立在我个人律师执业经历上，老实说，是我的"偏见"和"自我整理"。我并不确信，这样的思维范式和方法指南，能对读者的执业困惑有所帮助。但在过去五年间，从读者反馈来看，恰恰是对青年律师成长所面临问题的在场性，让本书获得了年轻律师的喜爱，和更长久的阅读生命。读者给了它一个很萌的名字——"小蓝书"。

感谢那些阅读完本书后还写下评论的读者。在网络流量成本高昂的今天，一条用户实评，足够我给自个儿加鸡腿了。

二

相较于第一版，小蓝书本次再版，新增了两章内容。

其一，新增第六章"奔向冰球所向，而非冰球所在"。这一章，主要关注新技术发展对律师行业带来的变革。当前法律服务市场整体面临"事多钱少"的现状。随着全球经济发展放缓，"降本增效"成为各行各业的主流实践。但监管规则日益精密，需要处理的法律问题越来越多。加之新技术的迅猛发展，对行业带来巨大变革。变革是两面性的，既包括人工智能技术的应用，对律师的替代性风险；也包括在数字经济时代下，法律服务市场可能面临的新业务契机。

得益于近些年来一直从事数据合规、公司股权和投融资领域的工作，我和团队成员有机会深度参与到新技术领域的投资和合规实务中，以项目尽调的"内部视角"，观察人工智能在带来效率革命之时，伴随的安全、隐私、公平等新问题。我将这些观察和思考，在几次访谈中与青年律师们交流，包括未来律师职业的发展趋势，律师是否会被生成式人工智能替代，以及如何在数字经济时代拓展创新业务机会。

其二，新增第七章"选择比努力重要"。这一章，主要讨论业务方向和执业平台的选择问题。刚入行，诉讼和非诉如何选择？专做一类业务好，还是多尝试好？如何应对职业选择中的信息不对称？遇到困顿时有哪些情绪出口？这些问题，实乃老生之常谈。但在我的公众号，这类留言格外多。每一次与在校同学的沙龙讲座交流，大家也非常关心。

于是我想，有必要将这些交流记录补充进本书中。第一版写作时，我是一名授薪律师的视角，本次再版之际，我作为律所高级合伙人，增加了管理团队的视角。两年时间，我完成了从顾问律师到高级合伙人的晋升。重要的不在于标签，这仅是一个 Title 而已，而在于回到律师执业之路，我的执业进步正是本书所写的思维与方法之"落地执行版"，是对自我总结方法论的验证。

除了这两章内容，修订版在第四章新增第六节"没有记录，就没有发生"，讲述了我的写作漫游。读书和写作，是我执业进步的两个内驱。读书是向内求的，尽可能读得杂一点、广一点，把功利主义的专业阅读，和浪漫主义的闲适阅读结合起来。写作也是向内求的。我始终认为，写作不是有可能进行深度思考的一种方式，而是唯一方式。将读书和写作作为执业驱动，最大的好处在于这是两项自我活动，可以不依赖于外界、外人而进行。工作年限越长，你越能理解，一件事可以不依赖于他人，自我推动就能前进，是一件多么自在幸福的事。

说、写、做，代表了表达、思考和执行三个层面，各有各的乐趣。表达的乐趣在于交换认知，交换经历；思考的乐趣在于使用头脑，笃定自我；执行的乐趣在于物质收获，行动精进。通过这三个层面，我希望在执业路上保持专业度和温度感。既身手敏捷，也心灵热切，这是我追求的一名理想法律人的特质。更重要的是，这三个路径，构成了我的实务反思，即自我对话、自我思考和自我反观。费孝通在《孔林片思：论文化自觉》中曾讲到写学术反思文章，"我正在试写的学术反思文章其实就是自我讨论或称自我对话，针对我自己过去的学术成果，通过自己的重新思考，实行自我反思。对话增多了，大家放言无忌，可以开创一种学术新风"。[①]

三

执业十年以来，我看到了法律行业种种生态。有的让人敬佩、赞赏，有的让人触目、唏嘘。每当这个时候，人们都容易以个案，闭眼推测整个行业或群体。如此一来，得出的结论要么是律师精英年入千万，要么是法律掮客群众不满意领导不放心。老实说，法律服务行业确实发展水平不一，不同的地域、行业、客户群体、营商环境，使个体的执业生态各不相同——甚至大有不同——尽管他们的名字都叫律师。想到这点，便觉得自己的律师之路，虽有努力，也离不开幸运。

---

① 费孝通著：《孔林片思：论文化自觉》，生活·读书·新知三联书店2021年版。

我幸运地生活在一个和平年代。我的家乡云南德宏临近缅北，相较于德宏以开放促发展，不断实现兴边富民，缅甸却是接连不断的战争和内耗。这使得和我同龄的邻国女性，连成为一名小学老师都是奢望。我至今记得，她和我说，她最大的梦想就是当一名小学老师。但实情是，她只能带着自己的弟弟妹妹，在边境上做些零工，并面临随时被遣返回缅甸的变数。

我幸运地执业于一个充满活力的城市——广州。2014 年我从厦门大学毕业，便来到这座城市。它充满机遇，压力与动力并存。更难得的是，它的历史底蕴和烟火气息，不断提醒你别忘了生活，别只顾着成为一台业务机器。巷子里焦香的煲仔饭、小街里热气腾腾的猪杂粉，路口数十年的糖水铺，让你在工作之余感受到最简单直接的快乐。无论业绩如何炫目，生活，永远是第一位的。

我幸运地从学习到工作，一路遇到良师益友。工作这十年，我仍然与本科和研究生时的法学院保持着联系交流。从中南财经政法大学到厦门大学，陈柏峰教授、周赟教授等多位老师，依旧给我批评和鼓励。他们的治学理念、行为方式，给我很多思考和启发，也让我更为笃定地以自己认可的方式，去获得职业生涯的进步。在我看来，费尽力气，不只为了做成什么事，也为了不想成为什么人。

记得加缪在《孤独与团结》的一篇访谈中讲到：一份报纸，即便是一份下流无耻的报纸，一旦印刷量达到了六十万份，别说冒犯它了，立刻就有人去邀请报社社长共进晚餐了。也许任何一种职业都需要某种策略，而对于艺术家来说，无论是否介入，他的任务却恰恰是拒绝这种肮脏的默契。说实话，这个任务并未超乎常人：我们的社会为了使他那些无耻行径得到原谅而提供的些许可怜的好处，扔掉并不难。那些思想独立自由的人依然重要。而欧洲大陆知道，为了它的荣誉，历史强迫他们进行的劳神斗争的出路，一部分便取决于他们拒绝妥协的毅力。[1]

---

[1] 〔法〕阿贝尔·加缪著：《孤独与团结：加缪访谈录》，张博编译，中信出版集团 2024 年版。

确实如此，也许任何一种职业都需要某种策略，但对于其中的个体而言，你永远有选择的权利。

小蓝书出版那一年，正值我和兔子南的孩子出生。如今，他已能快乐地奔跑踢球，和我玩马里奥与桃花公主的乐高。我的父母和兔子南在家庭生活和孩子陪伴上，承担了比我更多的事务，付出了更多的时间，却毫无怨言，只有对我的热情鼓励和夸张赞扬。正是家人的支持，我才在繁忙工作之余，有了充足的书写时间，不仅是小蓝书，还包括其他实务书籍、文章、教材。一如既往，我的所有进步，来自对家人的爱。

冯清清

2024 年 3 月 24 日于广州

序
"恋爱宝典"与职场经验分享

大概每个年轻人,或许尤其是男孩儿,可能都会在某个特定的青春年代留意到这样一种书,《恋爱十八法》《泡妞三十六计》,或诸如此类的。这符合人的生理规律:青春期到了,就想谈恋爱,但苦于没有女孩儿愿意做自己的女朋友,于是就开始想辙儿,又不好意思向别人求教;于是就只能去看书(现在可能是搜索引擎);于是,《恋爱十八法》这样的书就有了市场。

我没有作过统计,到底有多大比例的男孩儿,在读过这种书之后,按照书上的教导,成功地追到了自己喜欢的女孩儿。但我相信,相比如果一个男孩儿原本就不怎么讨女孩儿喜欢,仅仅因为看了这些书,就突然变成了情场高手——更大的可能是,不讨女孩儿喜欢的男孩儿,照样不被女孩儿喜欢;而另外一些男孩儿,则无论他们有没有读过这种书,却始终被女孩儿所围绕,仿佛有换不完的女朋友。

你会说,既然你没有作过统计,怎么能得出如上判断?虽颇有点儿不好意思说出口,但原因其实挺简单,因为,我本人就是那种遍读天下恋爱"奇书""宝典",却一直无法讨女孩儿欢心的那一类极品;而我的几个好兄弟,却总是不断在换漂亮的女朋友,但他们却从不看什么恋爱宝典……

坦率讲,年轻的时候,我有很长一段时间为这事儿苦恼过:不仅仅因为我找不到女朋友;还因为,我读了这么多恋爱宝典,仍然找不到女朋友——考虑到那时候,在我的心中,印成铅字的文章,从来都不是自己怀疑的对象(因为根本没想过,正式出版的书也可以用来怀疑),因此,就越发对自己的恋爱能力感到绝望。当然,这进一步加深了我的苦恼。

后来，我读到了亚里士多德关于实践知识的理论，了解到恋爱这种事儿，大体可以视作典型的实践智慧；再后来，我又读到了欧克肖特关于"实践知识"与"技术知识"的划分，终于知道，阅读了恋爱宝典却仍然追不到女孩儿这事儿本身，并不表明我更不讨女孩儿喜欢，因为，就实践知识本身的特质来说，它本不可能通过阅读来掌握。为什么这么说？我们不妨来看看欧克肖特是怎么说的：

一切科学，一切艺术，一切实践活动，都需要某种技艺，实际上无论什么人类活动，都包含知识。一般说来，这知识有两种，任何实际活动总是都包含这两种知识……第一种知识我要称之为技术知识或技术的知识。在一切艺术和科学中，在一切实践活动中，都包含有技术。在许多活动中，这种技术知识被制定为规则，它们被，或可以被精心学习、记住，并且，就像我们说的，被付诸实践；但不管它是否，或已经被精确制定，它的主要特征是它可被精确制定……我要称第二种知识为实践的知识，因为它只存在于运用中，不是反思的，也（不像技能）不能被制定为规则。然而，这并不是说它是一种深奥的知识。它只是说，使它被共享和成为共同知识的方法是不能被制定的教条的方法。①

结合欧克肖特在其他地方的论述，我们大体可以这样描说实践知识：首先，它与技术知识共同构成所有人类活动的知识基础；其次，与技术知识可以精确被制定为规则，因而可以单纯通过口耳相传或文字阅读就得到传授不同的是，实践知识无法被制定为规则，因而也无法通过口耳相传或文字阅读等方式传授，而只能通过学习者在实践中、面对具体情境的感悟才能领会。欧克肖特曾举例说，厨艺就是典型的两种知识巧妙结合的产物：一方面，食谱上那些被制定为规则的内容（如做红烧肉应以肥瘦相间的五花肉为主要原材料，又如用白菜做不

---

① 〔英〕迈克尔·欧克肖特著：《政治中的理性主义》，张汝伦译，上海译文出版社2003年版，第7～8页。

出鸡蛋羹），是典型的技术知识，可以口耳相传；另一方面，如果一个人从没有进过厨房，仅仅阅读食谱一般不大可能做出美味，他必须通过一定的实践、用心的感悟，才能在食谱这样的技术知识基础上，达至厨"艺"的境界——厨艺中这种只能通过实践领会的知识，即实践知识。

显然，恋爱宝典上传授的，最主要的只可能是关于恋爱、关于追女孩儿的技术知识；如果一个男孩儿，本就在恋爱方面比较大条，因而不擅长总结相应的经验并领会其中的巧妙之处，那么，他读再多恋爱宝典，也不大可能成为恋爱高手。再考虑到恋爱与厨艺这两种实践活动的如下区别，我们就更能明白，何以恋爱宝典更加无法达致其读者的初衷：在厨艺中，作为这种活动对象的食材，是纯粹消极的，并且大致有通用的评判标准，因而至少食材本身可以主要依据技术知识来选择；但在恋爱中，"对象"则是活生生的女孩儿，既不可能、也不应该有普适的评判标准，更重要的或许是，她会，或者说，应当会根据你的活动积极主动地对自己的行为作出相应调适。不难想见，这进一步加大了恋爱这种活动所具有的实践智慧意味。

毫无疑问，所有的法律实施活动，一如其他所有人类活动，都同时包含着技术知识和实践知识；如果再考虑到法律实施活动中，往往涉及多方具有不同个性但同样能动的主体，则我们可以说，一个法律实施活动是否取得好效果，将主要依凭的是相关主体对实践知识的妥切运用。这也就进一步意味着，无论是谁，都无法单纯地通过阅读也即通过学习技术知识而成为一个法律实践高手。因此，坦率讲，我并不相信，一个法律职业者可以仅仅通过阅读来使自己的职业能力作一个质的提升。

对一本旨在传授、推广自己职业经验的书来讲，其序言居然得出这样的结论，无疑是惊悚的，甚至是令人（或许尤其是作者）恼怒的，因为这简直是"上门砸场子"。但考虑到我虽然在恋爱方面比较弱智，情商总还是多少有一点儿的，因此，你应当会想到，我不可能写一篇文字专门来砸本书的场子。

事实上，我接下来将向大家推介本书的可取之处：尽管我确实坚持如上认识、判断（法律实施主要依凭实践知识进行），但我仍然认为，对于广大法律职场人士，或许尤其是新鲜人而言，本书至少在如下几个方面值得细细品味——你可能会说，你直接写"如下几个方面"不就行了，为何非要交代你的如上颇具砸场子意味之判断？对于这个问题，我待会儿再回答；现在，我还是先谈谈从这本书中，法律职场人尤其是新鲜人可以至少得到些什么：

首先，是一种职业态度、人生态度。我始终觉得，态度决定高度，一个人在职场中，是满足于日常中各种具体问题的蝇营狗苟，还是常常反省、梳理并领会、感悟工作中的各项经验（无论好坏）？显然，本书作者选取的是后者，要不然，也就不会有本书了。曾子曰，"吾日三省吾身"；苏格拉底亦强调，"未经省察的人生不值得活"。我相信，正是作者的这种姿态，使她很快适应了法律职场；我并相信，如果作者，以及本书的读者，一直保有这种姿态，则自己的职业生涯必将多彩而精彩。

其次，是一种了解律师职业、职场的视角。每种职业都有自己的特质，每个人对职业也都有自己的认知、判断。作为一位在律师业摸爬滚打数年的有心人，本书作者对律师职业、职场的描述，当然不能代表后者本身，但至少，可以让新晋律师们预先对它有一个感观的了解。尽管法律职业能力只有通过实践以及实践中的感悟方可精卓，但在实践之前先作必要之了解，至少比两眼一抹黑强。

再次，是一种对律师执业活动中的技术知识的总结。虽然技术知识的掌握不足以保证一个人成为杰出的实践者，但技术知识恰恰是唯一可以仅仅通过"书写—阅读"就得到传播的知识。尤应提示的是，本书并不像部分书本那样只是简单交代技术知识本身，而是通过一个个具体、鲜活的案例，进行故事叙述式的说理，这使得读者在分享其技术知识的同时，还有可能身临其境地去揣摩、感悟、领会其中的实践知识——换言之，本书可以让读者在阅读的过程中，一定程度上模拟实践并通过这种模拟积蓄实践知识，进而提升自己对实践知识的运用能力。

最后，但并非最不重要的是，本书可以提供一种阅读的乐趣。古人讲，"开卷有益"，可能主要是说通过阅读一些书籍可以充实自己的知识、思想乃至境界，这当然没有错。但我更希望，开卷有益当中的"益"，首先是阅读本身带来的乐趣，因为这种乐趣是通过阅读所可能获得的其他所有"益"之基础和前提。本书的文字是很活泼、别致、轻松而有趣的，颇可以给人以阅读本身的快感。也正是基于此一判断，在这里，我不仅郑重地向各位律师新鲜人推荐本书，我还特别向各位律师的亲友（譬如一个正决定是否要继续与身边某位律师交往的年轻人），以及任何其他非专业的朋友推荐本书——本书可以让您在轻松、愉悦的阅读过程中，大致了解律师职业乃至整个法律职业。

概言之，我期望，并且我相信，读者通过阅读本书，可以有如下一种或几种收获：促进自己养成一种反思的职业习惯，获得一个不错的观照律师职业的角度，提升自己技术知识的储备、激发自己对实践知识的运用能力，或仅仅是，享验阅读本身的乐趣。

最后的最后，让我们回到前文留下的那个问题：为什么我要特别指出律师无法仅仅通过阅读来提升自己的职业能力？这是因为：第一，我希望所有律师新鲜人都树立这样一种观念：律师职业能力的提升，只有通过执业或至少近距离观察并感悟执业活动本身方有可能，而不要抱有任何其他走捷径的幻想。与此相关联，第二，我不希望任何读者，对本书（或其他任何类似书籍）抱有过高的期望值：如果在阅读完本书之后，你认为你的职业能力确实得到了提升，那也是因为你本就已经具备了相应素质，阅读本书充其量只是正好激活了你的这些素质；相对应地，如果你通过阅读本书，并没有觉得自己的职业能力有大的提升，那也不要有埋怨。

是为序。

周赟
2019 年 4 月

序

追光之人，自己也会身披万丈光芒

2015年，我与清清律师相识于首届广州市所际青年律师演讲大赛，清清律师勇夺冠军。当时，她的语言表达能力，她对学术研究的深刻，对书籍涉猎的广泛，都给我留下了深刻的印象。经过这几年的交往，我认为清清律师是青年律师中不可多得的人才，她是我见过的青年律师中最出类拔萃的翘楚。她的成长不仅仅体现在她对律师行业的思考、对律师事业的热爱，更体现在她对待生活的态度、对人生的追求上。德国著名法学家拉德布鲁赫曾经说过："法律职业的要求之一是，必须每时每刻同时对该职业的高贵及其深刻的问题性有所认识。"清清保留了律师最宝贵的素质——独立思考的能力，独立思考行业、独立思考事业、独立思考人生。

清清律师是一位擅长思考和总结的法律工作者，本书中的是她将执业过程中蕴藏在具体事务之中的规律，进行总结后形成的朴实方法论。本书既有年轻律师心理建设与法律实务操作建议，又有严肃认真的法哲学思考，茧中抽丝，凝练精华，不做纸上谈兵的夸夸其谈，而是结合自身经历的朴素经验。字里行间都体现着她帮助年轻律师成长的热心，以及对法律行业的热忱。她独特地关注年轻律师的情绪、思维和人际，细心地与读者进行交流和分享。她细察年轻律师的心理状态、执业环境、执业困惑，身临其境地感悟思索，提出的许多观点和建议对于年轻律师的成长都大有裨益。我认为，唯有仰望星空的人，才能在人才辈出的年代脱颖而出。

当今中国律师所面临的时代与以往不同，这是一个深刻变革的时代，是一个充满机遇的时代，是一个印证实力的时代，是一个优胜劣汰的时代，每一位律师都需要作出自己的人生抉择。诚然，快捷的生活节奏把一切都变得便捷，我们不再拥有思考的闲暇，缺少与自我内心独处的空间。扪心自问，我们可曾把律师行业的发展放入国家的维度、民族的角度、世界的高度去研究？我们都知道揠苗助长是不智之举，却越来越不愿意静候花开；我们都知道无师自通是无稽之谈，却越来越不愿意苦练功夫。而清清律师能够守在青灯黄卷前回溯过往，探究云卷云舒之奥妙，倾听花开花落之心声，深思熟虑，斟词酌句，用白纸黑字的朴实方式，在字里行间激扬岁月的波澜，将个人感悟与年轻律师的理想紧密联系在一起。我认为，脚踏实地的人，总能随鲲鹏起，长风浩荡几万里。

本书不仅深入透彻地总结和分析了非诉律师的工作，更能站在年轻律师的角度，用另外一个视角和眼光去看待整个律师行业。最宝贵的是，能将多年的专业经验无私地倾囊相授，展露她对律师行业的期许，对年轻律师发展的切身感受，指出了一个律师能够健康成长的方向和模式。年轻人对律师行业的发展起着越来越重要的作用，"80后""90后"年轻律师撑起了律师行业的希望，查理·芒格说："要得到你想要的某样东西，最可靠的办法是让你自己配得上它。"我希望年轻律师不断学习、不断汲养，不仅能将律师行业传承下去，而且能担负起历史的使命，为中国的法治事业作出重要的贡献。

"追光的人，自己也会身披万丈光芒"，诚挚地希望更多的年轻律师能够追求崇高的职业理想，以建设法治社会为己任，在法律行业的道路上激流勇进！最后，感谢清清的信任，将此青简付予我作序。花径未扫，柴扉已开，欢迎大家，欣赏本书中的满园春色。

黄山

2019年4月

目录
Contents

上篇　思维篇

第一章 | 理解非诉律师这个职业 // 003

　　第一节　非诉律师是做什么的 // 005

　　第二节　非诉律师的职业特征 // 011

　　第三节　非诉律师能赚多少钱 // 017

　　第四节　非诉律师的得与失 // 023

　　第五节　非诉律师的执业风险 // 028

第二章 | 非诉律师工作交往的那些人 // 037

　　第一节　你的客户，没有不急的 // 039

　　第二节　你的老板，没有不"傻"的 // 043

　　第三节　你的同事，没有不忙的 // 047

　　第四节　你的同行，没有不行的 // 050

第三章 | 非诉业务，比方法更重要的是思维 // 055

　　第一节　做苏格拉底式的提问者 // 057

　　第二节　向投资经理学商业思维 // 059

　　第三节　向产品经理学产品思维 // 063

第四节　向广告商学可视化思维 // 068
第五节　让我们把逻辑思维摆在最后 // 073

第四章 | 非诉业务，比身体更重要的是情绪 // 081

第一节　让我们皱眉的，不是大象而是苍蝇 // 083
第二节　被客户投诉，你该怎么办 // 087
第三节　被老板误解，你该怎么办 // 090
第四节　今晚加班，你该怎么办 // 094
第五节　轻看困惑重读书 // 099
第六节　没有记录，就没有发生 // 103

第五章 | 从学院派到真正解决问题 // 109

第一节　背过这么多法条，仍然解决不了问题 // 111
第二节　假把式要逾越的鸿沟 // 115
第三节　三个策略，提升解决问题的能力 // 121
第四节　四条定律，练就超级表达力 // 129

第六章 | 奔向冰球所向，而非冰球所在 // 137

第一节　未来律师职业的发展趋势 // 139
第二节　律师会被人工智能替代吗 // 142
第三节　数字经济时代，如何拓展创新业务机会 // 147

第七章 | 选择比努力重要 // 151

第一节　专或宽，如何选择业务方向 // 153
第二节　好的执业平台，长什么样 // 158
第三节　小事倚众谋，大事当独断 // 163

下篇　方法篇

第八章 | 电子邮件：天天见 // 171

　　第一节　电子邮件在工作中的角色和作用 // 173
　　第二节　草拟一封得体电邮的六个要素 // 177
　　第三节　使用电邮的几个注意事项 // 180

第九章 | 法律研究：有研究才有发言权 // 185

　　第一节　你真的理解要研究的问题吗？// 187
　　第二节　研究方法与路径：常见的和非主流的 // 190
　　第三节　研究成果的体现——备忘录 // 194

第十章 | 合同审阅：如吃饭般日常 // 201

　　第一节　审阅前，问自己三个问题 // 203
　　第二节　修订前，理清合同的逻辑结构 // 206
　　第三节　修订时，如何分别对待 // 213
　　第四节　审阅后，注意几个细节 // 218

第十一章 | 合同起草：这是件大事 // 221

　　第一节　新建文档前，要做这三个准备 // 223
　　第二节　起草合同时，应该从第一条写起吗 // 227
　　第三节　优质合同必备：五个完善合同的小贴士 // 235

第十二章 | 常见的法律文书：我们的王牌产品 // 241

　　第一节　法律服务建议书 // 243
　　第二节　律师函 // 248
　　第三节　法律意见书 // 252

第十三章 | 法律谈判：准备、逻辑和表达 // 263

  第一节 准备：对面坐的是谁，要谈的是什么 // 265
  第二节 逻辑：如何总结交易条款的谈判要点 // 267
  第三节 表达：求同存异，没有又甜又不蛀牙的交易 // 285

第十四章 | 法律尽职调查：一项有趣但高风险的游戏 // 289

  第一节 法律尽职调查是什么 // 291
  第二节 为什么需要律师进行法律尽职调查 // 294
  第三节 如何做好法律尽职调查 // 298

附 录 // 311

后记 | 做一枚奋发向上的新鲜面包 // 317

上篇
思维篇
Thinking

第一章

理解非诉律师这个职业

以政治为业有两种方式，一是"为"政治而生存，一是"靠"政治生存。这种对照并不意味着它们是相互排斥的。人们通常是两者兼而为之，至少他有这样的想法，在实践中他也肯定会两者兼而为之。

"为"政治而生存的人，从内心里将政治作为他的生命。他或者是因拥有他所行使的权力而得到享受，或者是因为他意识到服务于一项"事业"而使生命具有意义，从而滋生出一种内心的平衡和自我感觉。从这种内心的意义上，所有为事业而生存的忠诚之士，也依靠这一事业而生存。因此这里的区别所涉及的是事物十分基本的层面，即经济的层面。力求将政治作为固定收入来源者，是将政治作为职业，"靠"它吃饭，没有如此打算的人，则是"为"政治而活着。在私有财产制度的支配下，一个人要想从这种经济的角度看有能力"为"政治而活着，就必须存在一些琐细无足道的（如果各位愿意这样说的话）先决条件。在通常情况下，政治家不必在经济上依赖政治给他带来的收入。简单地说，这意味着政治家必须很富有，或者，他在生活中必须具有某种提供足够收入的个人地位。

——马克斯·韦伯[①]

[①]〔德〕马克斯·韦伯著：《学术与政治》，冯克利译，生活·读书·新知三联书店2005年版，第63～64页。

第一节　非诉律师是做什么的

一、"非诉"是什么

韦伯在《以政治为业》的演说中，讲述了"以政治为业"的两种方式——"为"其而生存和"靠"之而生存。所有的以某种事物为业，都至少包含这两种情形。"以法律为业"或者说"以律师为业"亦如此。初入律师行业的你，一定是两者兼而有之。并且，由于涉世不深，法学训练所培育的法治热情和对规则之治的追求，在一定程度上会让新律派比资深派更有"为其而生存"的斗志，尽管接下来可能面对"靠"此吃饭、以此谋生的现实境遇。

无论如何，当你选择以此为业，一定需要一些对此职业的理解。这种理解应当是细节的、具体的、可描述的，而非宏大的、缥缈不定的。尽管我们只能在有限的信息下作出选择，并且信息不对称几乎是作出职业选择时必然的情境，但我仍然认为，不能放弃获取尽可能充分的职业信息的努力。一茬茬已经在经历这个职业的从业者，不该只是在经验上所谓的"传经送宝"，而更应该提供尽可能真实的职业图景，以消解生生不息的职业神秘主义。[①] 这是本书的初衷，是接下来你将看到的所有内容的出发点。

理解一个职业，首先应当了解它具体要做些什么。所要做的事，会帮助你建立对这个职业的初步认知，其后才是人。对于非诉律师，在讨论这个职业具体是干吗的之前，我们先谈所谓的"非诉"是什么。

"非诉"，是业界对律师业务概括分类的一种业务类型，与之相对应的是诉

[①] 波斯纳在《法官如何思考》一书中，分析为何学界强调司法决定的形式化根据（法条主义）时说：也因为学生那种可理解的渴望，相信自己付给法学院的高昂学费给自己买到了一套强有力的分析工具。当他们自己成了法律助手时，很自然地撰写一些司法/律师意见，为自己的作品提供一些正当化、形式化理由。生生不息，他们贡献了下一代学生的司法神秘感。参见〔美〕理查德·波斯纳著：《法官如何思考》，苏力译，北京大学出版社2009年版，第202页。

讼，即人们感性认识中的"打官司"，专业说法是"争议解决"。非诉业务中没有法院对案件的审理活动，取而代之的，是律师作为常年或专项法律顾问的角色，为商业活动的方方面面提供法律意见或草拟交易文件。根据参与主体、适用法律等不同，诉讼业务可以分为民事诉讼、刑事诉讼和行政诉讼三大类。不同于此，非诉业务一般不会分为民事非诉、刑事非诉或行政非诉，它的业务主要集中在商事活动领域；但这不意味着非诉与刑事、行政完全不沾边，在某些领域中，如反贿赂与反腐败、政府部门的常年法律顾问等，非诉业务与刑事法、行政法存在一定交集。

非诉领域的业务细分程度很高，不同的细分领域，可能适用完全不一样的监管规则。同为企业融资事宜，选择股权融资、上市、发债或是资产证券化，涉及私募股权交易、IPO（Initial Public Offerings，即首次公开发行）、债券或证券化等不同业务领域，对应适用的监管规则和交易规则也大不相同。

法学是一门古老的学问，被誉为欧洲"大学之母"的博洛尼亚大学，从11世纪建校之初，就以法学为其王牌专业——随后的罗马法复兴就是源自博洛尼亚大学的法学教研活动。但非诉所涉并非一个历史悠久的知识体系，它是伴随着近代商业活动的巨大增长和商业交易的日趋复杂而发展起来的。放在法学整体知识框架中，非诉是一个年轻的、新兴的知识分支。

二、国内顶级律所的"非诉"有哪些业务

要对非诉业务建立一些感性的认识，你可以从"红圈律所"的业务领域中窥知一二。以金杜、中伦和君合为例，以下为三家律师事务所非诉业务领域概览。

表 1–1　金杜、中伦和君合律师事务所的非诉领域设置（业务领域维度）

序号	律师事务所	非诉业务领域（2019 年）	非诉业务领域（2023 年）	备　注
1	金杜[①]	银行与融资 竞争、贸易与监管 公司、私募股权、并购与商业事务 知识产权 国际基金 工程、能源与资源 房地产 破产重组 证券 税务	银行与融资 合规业务 公司与并购 数字经济 家族财富安全与传承 保险 知识产权 劳动 私募股权与基金 债务重组 证券与资本市场 税务	金杜在每个业务领域下，作了进一步细分。以银行与融资为例，细分为上市前及私有化融资，不良资产处置，债务资本市场，境内及跨境债务重组，并购融资，房地产融资，衍生工具及结构性产品，贸易融资，资产证券化及结构性融资，金融机构/平台并购、设立、重组、纾困，金融科技，银团贷款，银行卡清算及第三方支付，项目融资，飞机/船舶及其他资产融资/租赁 15 个二级领域，充分显示了非诉业务的细分程度之高。
2	中伦[②]	资本市场/证券 房地产 私募股权与投资基金 公司/外商直接投资 收购兼并 银行与金融 知识产权 建设工程与基础设施 WTO/国际贸易 反垄断与竞争法 "一带一路"与海外投资	中国内地资本市场 香港和境外资本市场 投资并购和公司治理 跨境投资并购 工程和项目开发 融资业务 债务重组和不良资产处置 税务和财富规划 私募股权和投资基金 金融产品和信托 商业犯罪和刑事合规	中伦的非诉业务划分得更细更全，多达 23 个业务领域。在核心业务板块如资本市场，做了进一步专业细分，分为中国内地资本市场以及香港和境外资本市场。同时，紧跟数字经济的发展趋势，将网络安全和数据保护作为独立的业务领域专门列出。此外，中伦的合规和反

---

① 参见金杜律师事务所官网，https://www.kwm.com/cn/zh/home.html，最后访问时间：2024年 2 月 28 日。

② 参见中伦律师事务所官网，https://www.zhonglun.com，最后访问时间：2024 年 2 月 28 日。

续表

序号	律师事务所	非诉业务领域（2019年）	非诉业务领域（2023年）	备注
2	中伦	劳动法 税法与财富规划 资产证券化与金融产品 破产与重组 合规/政府监管 酒店/旅游开发与管理 科技、电信与互联网 环境、能源与资源 海事海商 文化、娱乐与传媒 融资租赁 海关与贸易合规 健康与生命科学 航空/汽车 国防、军工 刑事合规	破产清算和重整 海事海商 合规和反腐败 反垄断和竞争法 贸易合规和救济 海关和进出口 劳动人事 环境保护和安全生产 知识产权权利保护 商标申请 专利申请 网络安全和数据保护	腐败以及商业犯罪和刑事合规业务，体现了非诉与刑事法、行政法的业务结合。
3	君合[①]	保险 传媒、娱乐与体育 电信与互联网 房地产和建筑工程 公司与并购 国际贸易 航空航天 环境 基础设施与项目融资 竞争法 境外投资 劳动法 破产/重整/清算 日本业务 商标	房地产和建筑工程 公司与并购 国际贸易 合规 环境、社会与治理 基础设施与项目融资 家族财富与传承 竞争法 劳动法 破产重整与清算 日本业务 税法 特殊机会投资 银行金融 政府监管与调查	相对而言，君合的非诉业务领域设置偏向综合性。以合规为例，细分为法务与合规数字化、数据出境合规、隐私保护、网络安全与信息法和环境、职业健康和安全生产合规。此外，传媒、娱乐与体育以及生命科学与健康等业务领域，调整至以行业作为划分维度的领域设置，进一步显示出贴合行业需求的业务发展方向。

---

① 参见君合律师事务所官网，https://www.junhe.com/practices，最后访问时间：2024年2月28日。

续表

序号	律师事务所	非诉业务领域（2019年）	非诉业务领域（2023年）	备注
3	君合	商事刑事 生命科学与健康 税法 私募股权/创业投资 外商投资 银行金融 隐私保护、网络安全与信息法 著作权 专利 资本市场 资产融资与租赁 资产证券化	知识产权 资本市场	

纵观上述律所近年来业务领域调整方向，一个显著的趋势是，法律服务的专业细分，向着更加凸显"行业性"的趋势发展。律所在业务领域维度之外，新增了行业领域维度，构建根植于行业的一站式法律服务。律师必须凭借对行业的深入了解，特别是对行业内的业务经营、监管体系、产品特点、业界趋势，以及与之相关的法律问题的高度敏感，才能充分理解客户的商业意图，并就客户的商业计划或交易方案作出准确的法律判断，进而提出富有可操作性的法律建议。仍以上述三家律师事务所为例，以下为其行业领域概览。

表1-2 金杜、中伦和君合律师事务所的非诉领域设置（行业领域维度）

序号	律师事务所	非诉行业领域（2023年）
1	金杜	农业和食品 汽车、制造业及工业 消费品与零售 金融机构 医疗健康与医药 工程、能源和基础设施 房地产 电信、传媒、娱乐与高科技

续表

序号	律师事务所	非诉行业领域（2023年）
2	中伦	房地产 城市基础设施 交通物流 文旅和酒店 能源和电力
2	中伦	矿产资源 银行业和金融服务 保险业 金融创新和金融科技 电信和互联网 信息和智能技术 医疗健康 医药和生命科学 教育培训 传媒、体育和娱乐 国防和军工 零售和消费品 工业和制造业 农业和食品
3	君合	传媒、娱乐与体育 电信、信息技术与高科技 工业与制造业 教育 金融服务业 矿产、资源与环境保护 能源与基础设施 生命科学与健康

需要说明的是，并不像有的人所误解的，"红圈律所"都是做非诉的。事实上，上述三家律所均有诉讼仲裁或争议解决的业务领域，只不过，诉讼成为律所整体业务划分中的一个部门，与诉讼并列的其他专业领域构成律所整体非诉业务。

除了通过"红圈律所"切入，了解非诉业务的具体内容，另一个方法是关注法律领域权威的榜单或业界排行。比如，国际权威的法律评级机构钱伯斯

（Chambers and Partners）每年都会发布年度亚太法律指南，这一评级被誉为法律界的"奥斯卡"，是备受法律人关注的富有影响力的排行榜。其中，钱伯斯对律所和律师个人在不同业务领域的评级，也是了解非诉业务内容的一个途径。此外，青年律师可以通过榜单对整个行业有概括性的了解，知道什么是业内最潮、最精、最强、最好，并将此作为索引，日常多关注。好的东西看多了，差的就不入眼了，自然而然地，你也会对自己的工作成果有所要求。简言之，榜单的意义不在于追星和盲目崇拜，而在于准确切入一个行业，迅速建立起从人到事的行业模型，这样你会对即将从事的职业少一分不切实际的想象，多一分有理有据的认知。

回到开篇的问题，非诉律师是干吗的，这个问题可以转化为非诉业务具体是做什么的。通过与诉讼的对比，以及对国内顶级律所的非诉业务概览，相信你已经对这项年轻但精细、复杂的业务领域有了基本认知。接下来，我们会对非诉的职业特征、薪酬回报、执业得失和执业风险展开新的探访之旅。

第二节　非诉律师的职业特征

每个职业都有自己的"脸谱"。职业特征就像脸谱上色彩斑斓的油彩，一笔笔勾勒，描绘出一个个生动鲜活的职业形象。脸谱虽然有些程式化，不足以揭示脸谱之下人丰富的内心，但它映射着从业者最普遍的工作状态。本节将描绘非诉律师的职业特征，通过线条和色彩，往非诉律师的概念中填充一些具象的、可感知的内容。

一、客户以机构为主

诉讼业务的客户，机构和个人都有。尤其在婚姻家庭、继承、劳动等纠纷中，律师接受个人委托的情形很多。而非诉业务的客户则以机构为主，尤其以企业为核心。从企业设立开始，到每次融资发生注册资本、股权结构的变更，员工股权激励，再到业务扩张中对外投资或并购，以及进入成熟期后谋求公开发行股票上市，都属于非诉法律业务的内容。当然，这是企业发展一帆风顺的理想情形。实践中，往往没有那么顺利，多的是成事不易。最糟糕的情况下，如企业破产、破产清算、企业注销也是非诉律师的工作内容。所以有时同行会开玩笑说，非诉律师是一个能抵御经济周期风险的职业，经济上行搞投资，经济下行搞破产，总有业务可以做。也因为非诉业务对接的多为机构，双方在沟通中理性程度相对更高一些。因不满判决结果或其他原因，当事人胁迫律师等极端情绪化的失控行为，在非诉业务中比较少见。当然，这不意味着非诉会比诉讼更容易或更安全，仅仅是说，在与客户的沟通中，机构客户相对于个人客户理性程度更高一些。

机构客户为主带来的另一个影响是，非诉业务要求团队作业，多的数十人，少的三五人，单兵难以作战。作为一名非诉律师，你是律师团队中的一员，需要在指导、配合、协同、沟通上花费不少于业务工作本身的时间。诉讼律师在指导律师的传帮带下，往往几年时间就可单独执业，自己开展业务，即"独立"。对于非诉律师而言，"独立"是很难的，机构客户信任的是律所平台和整个律师团队，而不是其中某一两位律师（极具人格魅力的个别合伙人除外）。这不是一件坏事，仅仅是说，非诉律师职业成长期相较于诉讼律师会更长一些。

二、工作接触面广

律师是一个有挑战性的职业，原因在于工作的接触面很广。虽然划分业务领域，每位律师仅在自己的专业范围内开展业务，但客户是各行各业的，交易需求是五花八门的。同样是股权投资项目的尽调，制造行业的公司和文化传媒行业的公司，业务特征完全不同；即便同一行业，如医疗，做医疗器械的公司和做在线医疗平台的公司也会相差甚远。律师虽然只需进行法律尽调，但同样要对标的公司所处行业、监管体系、主营业务有深入了解。于是，每一个项目，都是一次新的开始。在不同项目的推进中，你会接触多种行业，从而对不同行业的商业模式、业务规则有所了解。

这是一个充满新知和疑惑的挑战过程。以我个人为例，在以往项目中，我们至少接触并了解过：咖啡供应链、智能制造、物联网、数据库、网络游戏、在线教育、潮玩文化、服装和女鞋、茧丝绸生产、软件开发、医疗器械、智能建筑和智能安防、新闻资讯聚合、家装定制、地产开发、第三方支付、心理医院、投资机构……众多项目中，每一家公司鉴于基本面不同而显示出不同的"企业性格"。在工作积累中，你会逐渐建立一个广泛的行业接触面。从长远职业发展来看，倘若从业一段时间后，你希望变换工作，那么非诉律师的职业起点，会让你未来的职业变换比较容易。

三、专业从细分到融合

法律是一套专业性很强的话语体系。非诉的专业细分程度，从前一节几家律所的业务领域表可见一斑。尽管专业细分程度较高，但在新人执业之初，无论律所还是主管合伙人，仍然希望青年律师能够打破专业领域限制，对不同项目、不同领域都有所涉猎。很多律所施行的律师池制度，无论是事务所层面整体共用的律师池，还是业务团队下的律师池，本意皆在于此。在律师池制度下，年轻律师有机会参与到各个合伙人的项目中。或许你会觉得，自己所做工作不够集中、聚焦，这对自身未来的专业化发展不利。

我理解你的担心，但仍认可律师池的培养机制。原因在于，年轻律师通过不同业务的实践和比较后，才有可能找到真正适合自己并能发挥所长的专业领域。在这个前提下，谈专业化才有意义。倘若不能建立在一定数量的业务积累之上，专业化无异于空谈。并且要警惕，专业在让人们分工更精细的同时，也让人们认知更狭隘。

确实如此，专业细分和知识增长，在建构"术业有专攻"的同时，也扩大了我们必然无知的范围。

近年来，随着泛娱乐产业的兴起和繁荣，有的律所建立了文化、娱乐和传媒的业务领域。更细分一点，有专门做娱乐法的法律服务工作室和律师团队。与之相似的，还有私人财富规划法律业务。这些业务的特征在于，一方面，目标更为细分，切入某个垂直领域，如文化传播中的娱乐产业，或者聚焦某个特殊人群，如高净值人士；另一方面，业务趋向融合。以娱乐法中大家熟悉的电影项目为例，拍电影是一个包含了策划、剧本、融资、拍摄、后期制作、发行、宣传、放映、票房分成、版权保护和衍生品开发等一系列流程的复杂的法律行为集合，它包含了多个非诉法律服务，包括但不限于项目融资、知识产权保护等。在项目融资中，又分为稀释股权引进私募基金、并购、新三板挂牌等。显然，这不是一个专门的部门法或一个单独的业务领域可以涵盖的。

事实上，传统法学理论中，根据调整对象划分的部门法，如宪法、民商法、行政法、刑法等，已经不能适应法律实务尤其是非诉实务的操作需要；律所架构设置上，根据业务类型划分的业务领域，如知识产权、私募股权投资基金、劳动法等，亦难以贴合前沿业务的发展需要。非诉业务的发展，不大可能无限细分下去，相反，会呈现出新的融合。未来，会更多地需要"行业律师"或"产业律师"，不仅熟知法律，更对行业上下游的商业规则"门儿清"，根植于行业，为客户提供一站到底的法律服务。

四、知识更新频繁，职业生命长

律师是人才密集型行业，对知识更新有高于社会平均水平的要求。加之很多非诉业务需要适用主管部门或自律机构发布的规范性文件，如操作指引、问题解答。此类规范性文件虽不是法律法规，却在实操上比法律法规"存在感"更强。[①] 每逢新规出台，一定是律师最繁忙的时候。新规学习、新规解读、业务沙龙，都需要投入大量时间以更新知识结构。不同于人们以往理解的法律的保守性和滞后性，相较于传统法律规范，非诉业务适用的规则往往更前沿、更灵

---

① 以数据合规为例，近年来有关数据治理与合规、网络安全、个人信息保护的相关法律法规、规范性文件密集出台。我与同事们整理数据合规法律法规汇编，作为日常法律工作的参考工具。2021年，数据合规法律汇编整理完毕，文件页数为1624页。2022年，该汇编更新，页数增至3324页。2023年，该汇编再次更新，文件页数已达7947页。

活多变。这是因为，非诉伴随着商业交易而进行，商业往往是一个社会中极具创新力的元素。创新的商业模式、变化多端的交易结构，需要法律文件将其明确下来。对非诉业务来说，关起门来埋头苦读是很难做好知识更新的，你需要将眼光流转到最新的商业实践和规则体系上，它们才是你客户正在关心的问题，是下次会议即将讨论的重点。这需要我们有自主学习的能力，有终身学习的习惯，哪怕是被迫的。如果你身边有做非诉的朋友，永远不要问他忙不忙，而要问他最近忙什么。

需要说明的是，知识更新不是简单地做知识的消费者。稍微观察一下，你会发现身边有的人看起来什么都懂，但真要讨论具体内容又一无所知。他们热衷于传播各类知识文章、干货集锦，转发的积极性和点评的高姿态，俨然是知识成果的生产者。事实上呢，他们所传播的内容，甚至自己都没有认真看过。这是知识更新的幻想家。真正的知识更新，需要伴随研究消化和再生产。否则，只做知识的消费者、付费方，甚至消费都谈不上，仅仅是搬运，除了成全别人知识付费的商业模式，别无益处。

无论你是主动还是被动，当你在职业中建立了终身学习的习惯，具有知识生产的能力，随之带来的奖赏是，职业生命将变得很长。这就是为什么在美国或欧洲，医生和律师属于"越老越值钱"的职业。以往岁月积累的从业经历，是专属于你的宝贵的无形资产，不似任何行政级别、职位、荣誉存在被剥夺的可能。在我看来，职业生命，是从长远视角评价一份职业最关键的要素。

五、到底自不自由

如果问一个新人为什么要做律师，原因中多半会有，"因为自由"。如果问一个资深律师为什么要转行，原因中多半会有，"因为不自由"。这个现象很有意思，业内达成共识的解释是，律师形式自由，实质不自由。果真如此吗？

自由不可一概而论，如果你对自由的理解是上下班不用打卡，日常工作不必坐班，那么律师是自由的。但是，自由之于我的心理感受远不止于此。即使不用打卡和坐班，日程表上的小红点、不停弹出的电邮加之多个未接来电，都会让人心里一沉，带着这种紧迫感，相信你不会觉得自由到哪里去。现代通信工具为人们实现了无缝对接，换个说法叫无处可逃。从工作性质来看，律师就是个拿人钱财替人解惑的行业，没事谁找你呢？故而，若从工作时间上理解，兴许街边小贩、流浪歌手会比非诉律师更自由。若从工作行为上理解，受人之托、忠人之事，律师很难在行动上自由。

不能忽视的是，除了行动，你还有意志，自由意志才是法学视野的讨论前提。在法学的讨论框架中，自由不是无为的，尤其不像我们传统文化老子、庄子所讲的自由，没有执着没有目的，逍遥游到哪儿算哪儿。自由是能动的，且必然以意志作为主体，这才是现实的。[①]有的人认为，意志也有被迫的。但即使它被迫，也是有选择的。服从还是不服从，你可以自己选择。去拥护，去服从，去摒弃，都是你的选择（自由意志）。从这个意义上讲，律师有什么不自由的呢？要不要做，要做什么，都是你的选择（自由意志）。那些所谓枷锁，其实是我们自己添加的条件限制。你选择哪些条件作为考虑因素，从根本上讲，仍是一种自主选择，无不体现了你的自由意志。

没有什么身不由己，只有两相情愿。

最后，我甚至怀疑，用自由来形容职业，本身就是一个伪命题。哪个职业是自由的呢？三百六十行，卖豆腐的、盖房子的、杀猪的、贩驴的、开饭铺的、帮钱找人的、帮人找钱的，哪一个可以随心所欲？哪一个可以爱咋咋地？自由从来不是基于某个行当来讨论的，自由只有基于意志才能实现。

[①] 邓晓芒讲黑格尔时阐述道，自由只有以意志作为主体，才是现实的。但是，意志没有自由也是一句空话。一个意志它决心这样做，但它又不是自己决定这样做，那它算什么意志呢？如此意志和事物、物体就没有什么区别了，它是被迫的，推一步就走一步。人和物体的区别就在于人的行为都属于他的自由意志，他自愿这样做。自由和意志的关系总结为，一方面，自由只有作为意志才是现实的，如果是一个无意志的自由，那就是幻想和自欺，是中国人讲的庄子的自由（无为）。另一方面，意志本身就是自由的，凡是意志它都是自由意志。但意志要通过自己的思考，黑格尔认为真正的自由意志是通过思维、通过思考而来的。按照这个理解，我们大多数人拥有自由意志的权利，但并未真正"享受"自由意志。参见邓晓芒著：《邓晓芒讲黑格尔》，北京大学出版社2006年版，第154～156页。

第三节　非诉律师能赚多少钱

律师行业在物质回报方面有个特点：中产容易，暴富很难。相较于诉讼，非诉更是长期被流传收入可观、前景广阔的说法。在非诉领域，年入千万的合伙人律师确实有，不能说多，但也不会稀缺到要引起围观、合影留念的程度。尤其是从事证券业务的合伙人律师，伴随着客户喜气洋洋地敲钟，不菲的律师费也收入所中。但此处说的年入千万，首先，这是创收，是律所的业务收入，并非直接归于这名合伙人的个人收入；其次，还有人员工资、律所管理费等成本费用未作扣除；最后，这是合伙人律师带领整个律师团队完成的创收，并非合伙人一人之功，故而也非其一人之利。

不难看出，很多一句话式的标签需要透过现象看本质。国人想象思维发达，分析思维匮乏。面对一个新的职业领域，不能仅凭想象、仅凭流传去认识。你需要了解一些客观的数据和现状，才会有一个现实的预期，不至于在初入行报酬到手后，或欣喜若狂，或哭晕墙角。

一、非诉业务的收费方式和标准

创收是分配的前提，在谈做非诉律师能赚多少钱之前，我们先看非诉业务如何收费。2014年，国家发展改革委发布了《关于放开部分服务价格意见的通知》，将之前实行定价管理的律师服务价格放开，除某些性质特殊的律师服务实行政府指导价外，其他律师服务收费实行市场调节价。[①] 同时，由各省司法厅制定收费管理办法，对律师服务业进行规范；各地行业自律组织制定区域

[①] 根据《国家发展和改革委员会关于放开部分服务价格意见的通知》（发改价格〔2014〕2755号）的规定，下述三类律师服务收费实行政府指导价：1.担任刑事案件犯罪嫌疑人、被告人的辩护人以及刑事案件自诉人、被害人的代理人；2.担任公民请求支付劳动报酬、工伤赔偿、请求给付赡养费、抚养费、扶养费，请求发给抚恤金、救济金，请求给予社会保险待遇或最低生活保障待遇的民事诉讼、行政诉讼的代理人，以及担任涉及安全事故、环境污染、征地拆迁赔偿（补偿）等公共利益的群体性诉讼案件代理人；3.担任公民请求国家赔偿案件的代理人。

内的收费指引，供各律所制定收费标准时参考。① 各律所虽然具体标准有所不同，但在整体收费方式上差别不大。

一般而言，律师服务根据不同的服务内容，可以采取计件收费、按标的额比例收费、计时收费和风险代理收费等方式。计件收费主要适用于不涉及财产关系的法律事务；按标的额比例收费大多适用于涉及财产关系的法律事务；计时收费则可适用于全部法律事务。至于风险代理，适用于较为复杂、难度较高的案件：达成约定条件的，律师从委托人获得的利益中按约定数额或比例收取费用；不能实现约定的，不再支付任何费用。② 实务中，律所采用比较多的是按项目打包和按工作小时两种收费方式。

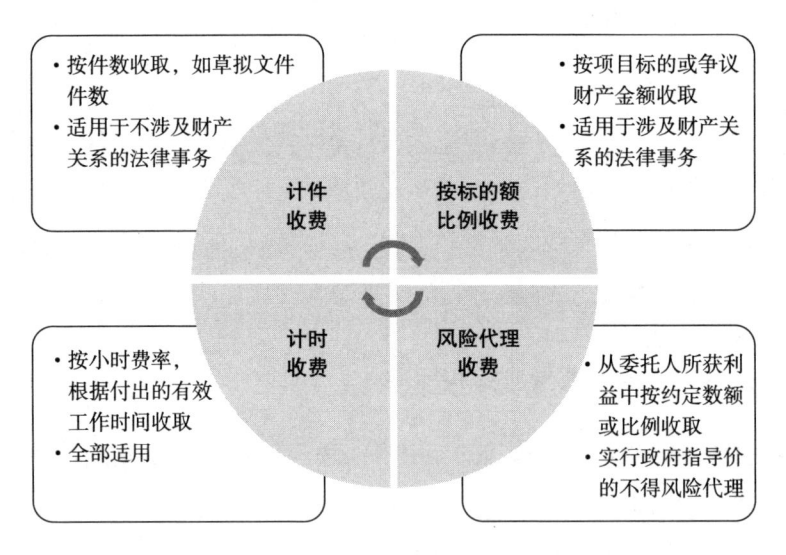

图 1-1 非诉业务的四种收费方式

---

① 以广东省为例，广东省律师协会 2023 年 8 月印发了《广东省律师事务所律师服务费标准制定指引（试行）》及相关示范文本，包括《律师事务所律师服务费标准（示范文本）》《广东省律师事务所律师服务费标准备案管理办法（试行）》《签订风险代理委托合同告知书》《风险代理委托合同（示范文本）》。

② 司法部、国家发展和改革委员会和国家市场监督管理总局于 2021 年 12 月印发《关于进一步规范律师服务收费的意见》（司发通〔2021〕87 号），对律师风险代理行为进行严格规范，严格限制风险代理适用范围。该意见规定，禁止刑事诉讼案件、行政诉讼案件、国家赔偿案件、群体性诉讼案件、婚姻继承案件，以及请求给予社会保险待遇、最低生活保障待遇、赡养费、抚养费、扶养费、抚恤金、救济金、工伤赔偿、劳动报酬的案件实行或者变相实行风险代理。

各种收费方式只是框架，在市场调节的基调下，律师费具体要看项目的实际情况以及和客户协商的情况。通常，律师评估费用时主要考虑的因素有：

- 法律服务事项涉及标的金额的大小及重要程度
- 项目的难易、复杂程度
- 耗费的工作时间
- 所需的律师人数和承办律师的专业能力
- 律师和律所可能承担的风险和责任
- 项目所在地社会经济发展状况
- 客户的承受能力
- 与客户之间已有的合作关系
- 项目所需的其他成本（如异地差旅）

在上述方式中，按工作小时收费是很多律师的努力目标。通常，外资客户比较容易接受计时收费。但并不是完成事项的所有时间都可以写进账单中，计入收费的工作时间。部分路途的、基础的或研究性的时间是不能让客户付费的，账单中所确认的工作小时应当是必需的、合理的，客户才会为此买单。

计时收费的时间一般以 6 分钟作为一个计时单位，1 小时分为 10 个计时单位。在计时费率上，通常依照合伙人律师、主办律师、律师助理划分不同的费率区间。以广州为例，律师的小时费率在 1000 元 / 小时至 5000 元 / 小时的范围，同时还可能上下浮动一定比例。换言之，同为律师，小时费率可以从几百元到数千元不等。其间巨大的差距，背后隐含的是业务能力、从业时间、资历、客户源、可调配资源的巨大差异。

二、非诉律师的收入起步和构成

如前所述，非诉业务涉及的面非常广，包括资本市场、银行、房地产、基础设施、项目投融资、私募股权投资等，每一项看上去都是资金密集型。这给很多年轻律师带来一种误解,认为非诉业务是非常高大上的业务,收入也一定不会少。然而,业务的多金与律师个人收入没有直接或必然关系。律师个人收入取决于薪酬模式、律所平台、地域以及宏观环境等。

非诉律师主要有两种薪酬模式,一种是提成制,律师底薪很低,根据承办的业务量按一定比例提成,工资构成为底薪+提成奖金;另一种是固定薪酬制,律师每月领取固定薪酬,该等薪酬与律师承办业务多少不关联,年底依据个人表现发放奖金,奖金标准通常为1~12个月不等的薪酬,工资构成为固定薪酬+年终奖金。合伙制管理的律所多采用提成制,公司化管理的律所多采用固定薪酬制。鉴于年轻律师入行不深,业务水平也还在学习积累阶段,故而相较于提成制,固定薪酬制对新人的物质保障程度更高一些。同时,固定薪酬也是内资所中红圈所和精品所普遍采用的薪酬模式。

就固定薪酬而言,国内几家优秀的律所提供给新人的起薪确实是很高的。以北京一家以资本市场业务为主的律师事务所为例,这是数年前,业内大所还在给新人开出八千块月薪时,率先将一年级律师起薪调整到两万元的精品律所。不仅涨薪数额雄踞榜首,涨薪理由也颇得人心——不愿让年轻律师在最需要钱的阶段为钱发愁。此后业内谈论内资所薪资时,习惯用的"两万元俱乐部"分水岭,便始于此。在此之后,几家北京和上海的律所也纷纷迈入"两万元俱乐部"。2021年前后,有律所对外宣布将起薪调至三万元,一度成为优秀法学生的"梦中情所"。这些律所的加薪,从整体上提高了律所对新人的起薪待遇。部分头部律所虽然没有一步到位加入俱乐部,但也象征性地进行涨薪,尽可能使一年级律师的起薪与自身红圈大哥的地位相匹配。

以上是业内最好的情形,不是常态,更不是平均。事实上,即使是上述优秀律所,因为地域差异,各地不同办公室的起薪也可能存在较大差别。以华南地区为例,前述俱乐部水准,深圳地区的律所还可以达到,但广州离此奋斗目标还很远。以我熟悉的广州为例,三五年前,业内付给一年级律师的起薪,第一梯队在月薪一万元到一万两千元,第二梯队在月薪六千元到一万元。近些年稍有涨幅,加之部分薪酬较高的律所在广州开设了分所,新人薪酬较好的可以达到月薪一万五千元以上。

除了起薪，在年终奖上，主要依据团队或律所过去一年的创收和个人表现发放。少的一两个月月薪，多的十二个月月薪。同时，每年会有相应的调薪，一般涨薪幅度在10%～50%之间。有的律所是整齐划一的，同一年级律师对应同等标准的薪酬和加薪比例，有的律所则看不同团队或部门，同一年级之间可能存在较大差别，不可一概而论。

总的来说，如果你进入前述任何一家律所或本地区综合实力较强的律所，在起薪上，都差不到哪里去，保障自己的基本生活和扩大再生产是没有问题的。但问题在于，我们往往不会满足于此。那对自己的欲望，就要区别对待了。比如，才刚入行，你的诉求就是买车买房，那日子自然过得紧巴巴，离目标也不见得越走越近。但如果对自己的物质要求有一个合理评估，不急于追求超出自己年龄阶段、超出自己承受能力的事物，那么你的收入不仅能保障基本生活，满足精神享受和学习提升都足矣。当然，追求无所谓对错，看你希望过一种什么样的人生。对我个人来说，后两者，是相比安稳对我更重要的东西。

三、律师为何难以暴富

如果你稍有留心，会发现律所绝大多数都采用合伙制，即使是公司化管理的律所，在法律性质上仍然属于合伙企业。并且，律所不会去为自己融资。按照企业的成长路径，一家企业从初创迈向成长、成熟期，必然伴随与资本的结合。律所同样是商业实体，且基于专业所长深谙资本运作之道，但在自己的发展路径上，却没有融资事件。

知乎上一位匿名的朋友对律师工作性质作了富有洞察力的解释，整理如下：

> 律师是按 billable hours（计费工时）从客户那里收费的，是非常典型的 unscalable profession（收入不可规模化提升的职业），也就是说，你的利润率基本不随收入的上涨而提升，你只能通过投入大量的工作时间、不断提高专业技术水平来提高你的收入。

从经济生产角度来说，如果你今天投入10小时赚了1000块钱，那么短期内在你的法律知识、职业技能、工作资历基本不变的情况下，为了赚到2000块钱，你必须投入20个小时左右的工作。在这个投入产出模型中，你的成本就是时间，收入就是工资，你没办法用2倍的成本撬动超过2倍的收入。

从财务角度来说，你的全部成本基本都是可变成本，1个案子花300个小时，2个案子就要投入600个小时，没有更多的固定成本支出允许你摊薄平均成本，经营杠杆率基本保持不变；在保证法律咨询服务质量的前提下，你的工作量难以压缩，资产周转率难以提升；同时由于律师业务无法外包，你也无法运用财务杠杆——借助他人的劳动投入提高你的业务量。因此根据杜邦分析法，权益回报率（ROE）＝销售利润率（经营杠杆）×资产周转率×财务杠杆比率，最终你个人的ROE将在职业生涯中保持相对稳定。

从经济学角度来说，这类出卖时间的工作在中短期内无法赚大钱，在长期来看不存在暴富的机会。这种行业的职业理念是"一分耕耘，一分收获"，你在这份职业上所付出的心血，在市场不出现大的变动情况下，都会使你获得同等级别的回报。

类似的unscalable工种还包括理发师、健身房私教、煎饼摊小贩等。理发师在保证质量的前提下，无法缩短每个顾客的剪发时间，也不能同时给2个人剪；私教每天上8个小时课，每小时都要一对一和学员待在一起，要是同一时间给多人上课，就会降低每个顾客的满意度；煎饼小贩想要多赚100块钱，就要多摊50张煎饼、多进100个鸡蛋、每天早起2个小时。虽然从表面上来看，律师每天出入超甲级写字楼，身上穿的都是高定西装，张口闭口几十亿、几百亿的并购案，好像在职业发展和生活层次方面远高于刚才提到的三种职业，但就在收入分配链条中所处的位置而言，并没有本质区别，所面临的困境也大同小异——长期保持每天长时间高强度的工作，休息日极少，计算着工作小时数、课时数、产出件数来判断职业收入和晋升。

对于这类工作，时间意味着经验，经验意味着认可；辛苦意味着业务，业务意味着收入。如果你笃信最为朴素的付出回报法则，且愿意牺牲身体、付出精力来换取更好的生活水平，那么你会很适合律师工作；如果你还在抱怨为什么加班加那么久、为什么工作看不到头、没法 become rich overnight，那么趁早想清楚自己到底适不适合干这一行。

这是关于律师为何难以一夜暴富最头脑清醒的解释。[①] 关联着如上原因，律所极少融资也根本无须融资。对于收入不可规模化提升的行业，重点不在于抱上资本的大腿，而在于寻觅合适的人才。

第四节 非诉律师的得与失

每个职业都有光明面和阴影面，人们习惯称之为职业利弊。利弊是相对的，比如这份工作很闲，很难说这是不是利好。因为对一个追求挑战性和充实感的人来讲，每天喝茶、聊天、写毛笔字的工作节奏，不见得是职业利好。故而，在本节我们不谈职业利弊，谈得失。我知道"红圈"二字，对今天在校的法科学生，仍有吸引力。我将基于自己的执业经历，和你聊一聊，毕业进入红圈律所成为非诉律师，你能收获什么，可能失去什么。我尽量在记录有所得的同时，展示那些可能被错过的东西。同时，这种记录是个性化的而非普适性的，是偏见的而非中立的。

一、得到：思维的锻炼，是律所给予新人最好的礼物

（一）体面

从整体来看，非诉律师的起薪比诉讼律师会稍高一些，当然，这只是相对而言。红圈律所都能给出一份体面的薪水和适当的奖金。所谓体面，不是月入十万，而是比同期应届生平均薪酬高出 30%~50%。所谓适当，是年终会有一

[①] 参见知乎提问"在外资律师所实习几乎没有零点前下班的日子，外所工作都这么辛苦吗？"项下讨论及相关回答，https://www.zhihu.com/question/25334937，最后访问时间：2024 年 2 月 28 日。

至六个月奖金。这样的物质回报，是多是少要看和谁比。总之，那些现金堆满桌、数十台手机抽奖、几十个月年终奖的，不是我们严谨低调的律所做派，它们有个共同的名称，叫"别人家的公司"。

非诉业务和机构客户往来较多，通常也对办公场地有一定要求。红圈律所标配高端舒适的办公环境，位居城市CBD，就是地铁最挤、吃饭排队时间最长、楼层最高、大楼来访登记最复杂、电梯使用最眩晕的地方。红圈律所名字大多出自古籍，有所讲究，装修风格也多为古典中式，大气端庄，简约不简单。除了少些生机盎然，这环境很多新人喜欢。此外就是"小恩小惠"。红圈律所历史悠久，人文气息浓厚，年度旅游、生日会、年会、培训、沙龙、内部刊物、征稿、徒步，办得有声有色；成功地将律师与客户的"敌我矛盾"，律师与合伙人的"人民内部矛盾"消解于谈笑玩耍间，为旷日持久的尽调、改不完的合同和写不完的报告增添多抹亮色。

这是物质所得，是作为一名非诉律师收获中最直观的内容。六个字评价：很丰富，不咋地。

（二）专业

专业在我看来，是对一名职场人士很高的评价。"专业"这词儿拆开来讲，体现在技能、思维和气质三个层面，排序分先后。

技能是基础。对非诉律师而言，如何开展法律研究、草拟备忘录、开展尽职调查、撰写尽调报告、起草法律意见书、审阅修改交易合同……都是吃非诉这碗饭的技能。每一事项背后，又衍生诸多项下技能。以尽职调查为例，如何核查目标公司历史沿革、核查关联方、分析是否构成同业竞争、核查重大债权债务……都是在律所会得到的锻炼，不，应该是千锤百炼。这些技能，日后在其他领域的工作中多是互通的，如尽职调查或法律研究，倘若你未来的职业发展是从律所换到券商或私募机构，这些技能同样能派上用场。

比技能更重要的是思维。不仅是在律所，从步入法学院的第一天起，我们就对自己的逻辑思维能力有更高的要求。所谓逻辑思维能力，通俗地说，就是围绕问题或目的，化繁为简解答或解决的能力。一个出轨事件，群众关注口红色号、入住酒店；律师关注证据、过错、赔偿请求。技能只是表面动作，背后实质是分析问题的思维。思维的锻炼，是我认为律所给予职场新人最好的礼物。几年锻炼下来，你会发现，你和十分钟讲不清楚一件事、写五页纸不会分层不会分项的人，很不一样。

最后一个体现是气质。说起来有点虚，主要在举手投足和工作习惯中流淌。红圈律所对着装打扮和商务礼仪有较高要求，强调通过着装和第一印象获得客户的初步信任。以女孩为例，如职场轻熟女风、日系性冷淡风，办公室里的律政佳人们就是行走的教科书。他们的穿搭，比很多画报或公众号推送的毫无实操性的软文强。此外，言出有据、不知道不瞎讲、重要往来注重留痕、意见沟通首选电邮等工作习惯，也能让人在好看的穿搭外，感受到你受过专业训练的气质。

（三）独立

律所架构大多比较扁平化，无论是公司制还是合伙制，都以业务为导向。律师们为了项目，身体已然被掏空，这带来两个好处。一个，氛围轻松愉快民主自由（就我个人体验而言），合伙人没有太多领导架子，一心扑在项目上，有什么建议可以当面或电邮沟通。相较于某些国有企业、大型集团说个事得山路十八弯逐级上报，律所简单、直接得多。这种氛围，几乎没有培育办公室政治的土壤，让刚走出校园的新人便于集中精力，提升技能。另一个，律所要求独立自主行侠仗义。虽然你处于某个部门或团队，但大家都有自己正在跟进的项目或案件，你必须学会靠自己解决大部分问题。不仅如此，管好自己的一亩三分地之余，还要随时响应部门或团队其他突发的项目支援请求，救同事于水深火热之中。长此以往，你会收获比别人更多的成长。

此外，红圈律所在关注青年律师的培养和指引方面，做得很好。所内合伙人的分享、所际交流、定期培训、与泛法律服务机构或法律新媒体的活动合办，都有利于新人成长。更为重要的是，律所氛围中弥漫的扁平化和终身学习两种因子，对我们可能形成的独立人格大有裨益。你有很多机会独立使用自己的脑袋，向比自己资深的律师或你的合伙人说"不"，阐述己见，只要言之有据。

独立这项珍贵的品质让你未来在江湖闯荡中能基本分辨，谁在胡说八道。事实上，高等教育最重要的目标就是确保毕业生能够辨别"有人在胡说八道"。我们通过挑战和被挑战，通过直面异议和分歧，来学习这种能力，并在这当中找到自己的道路。

二、失去：逻辑可以把你从 A 带到 B，而想象力可以带你去任何地方

（一）可能更高的薪水

首先仍然是物质的，一份可能更高的薪水或奖金。红圈律师多为授薪制，其实就是固定薪酬 + 奖金。项目让你哭也好，让你笑也好，对你的收入都无关紧要。横向相比，同一个非诉项目中，券商一般基于项目成功或交易达成，对经办团队会分配较为丰厚的奖金。但在律所，除极个别团队或项目会在年终奖中稍有体现外，大多就像白鸽奉献给蓝天，星光奉献给长夜，权当成长和锻炼。

（二）充裕的闲暇

注意，是失去充裕的闲暇，不是没有闲暇。常有同行问，"你们在大所的，是不是特别忙啊？""不是。""不会吧，我前几天还看到 A 发朋友圈说凌晨两点还在喝咖啡赶文件⋯⋯"这样的非诉律师，的确有，但不是定律或常态。其实，这个问题得区分不同律所、不同团队和不同人。不同的律所有不同的加班文化，即使在同一个所，不同的团队情况差别也很大。

总体而言，律师就不是一个享有太多闲暇的职业，无论是不是在红圈律所。从监管机构到客户，都不会给律师留下充裕的闲暇。无论是身边的合伙人或我的同事还是我自己，带着电脑旅行、带着电脑回家是主旋律。记得 2014 年去台湾旅行，我的先生陪同前往，他当时同在红圈律所且项目火热。我们从清境农场出发，一路颠簸的盘山路，他全程都在车上盯着 ThinkPad。到了花莲，又是一整晚熬夜修改文件，才把项目完成，得以在清晨甩掉电脑，和我一起去看太平洋的疯狗浪。2016 年事务所安排旅游，大家去了马来西亚和新加坡，我正在赶一个并购项目交易合同，从吉隆坡到马六甲，都无心玩耍。终于搞定文件时，行程已过半，只剩星洲给我慢慢观赏。

这就是一名非诉律师的日常。看上去满纸辛酸泪，实则不然。一来，做完这些事，你会有小小的成就感；二来，轻松与否是相对的，总是轻松不见得是一件轻松的事情。只有挑过重担流过泪和汗，你才能体会卸下担子花儿在歌唱，那是一种通体愉悦的感觉。也正是因为没有太过充裕的闲暇，才让人更为珍惜那不多的空闲时光。

概言之，闲暇这件事是得是失，见仁见智。在我看来，工作强度在混吃等死和过劳而死之间有个精致的平衡，是最好的。

（三）一望无际的思维

对于法律人推崇的逻辑，爱因斯坦曾这样说：

逻辑可以把你从 A 带到 B，而想象力可以带你去任何地方。

这是我觉得对逻辑最中肯的说法。当别人说，哦，你是律师啊，难怪逻辑性很强！言下之意可能是：难怪这么无趣，难怪想象力这么匮乏。

逻辑思维是化繁为简的思维，问题导向，目的导向，所有与解决问题无关的信息，都要剔除。这种脑回路，对法律工作是必备的，但对于生活，就显得有些无趣。因为正是那些无关无用的东西，脑洞大开的想法，把日常乏味的生活折腾得生机勃勃。律师出身的人，考虑问题常常从合规角度出发。比如，一个项目扔出来，不关注挣不挣钱、如何挣钱，先看合不合法、合不合规，这也是法律人很难暴富的原因之一。

长期浸染在律所氛围中，难免会有思维定式。弥补的方法也很简单，多听，多走，多看。听，是多听法律圈外人的想法，前辈、父母、学弟学妹、创投圈、文艺圈、IT 圈……走，是多去惯常居住地之外的地方看看，旅行也好，出差也罢，每一次启程，都会将那个旧的自己留下。看，是多读书，多读不实用的书，多读不以有用为目的的书。纸张之间，不是方正之字，是日月辰星，大江大河，狐蚁神怪，大仁大恶。无边无际的纸张将思维抻展得一望无际。

我们曾以为自己在法学院付出的青春、头发、学费买到了一套有力的谋生工具,但每一项职业都与我们想象的,有太多不一样。我从律师工作获益良多,也受到局限,所谓"得失寸心知"。这段得失记录,不图有用,权当八卦消解神秘。

第五节　非诉律师的执业风险

一、我们拒绝了一位律师费极高的客户

大约在 2016 年,我和合伙人见了一位"特别的"客户。这位客户全身名牌标识明显,说话嗓门大气势足,对合伙人和我均以某总称呼。在合伙人离开会议室接电话的空隙,他问我,那位某某(指我的合伙人律师)是不是你们"所长"?我一愣,下意识地被他的用语逗乐,随即反应过来,他说的是律所主任的概念。在接下来的交谈中,他表示,希望聘请我们做他公司的常年法律顾问,为其正在快速扩张的创新型商业模式"把关"。具体是什么模式呢?客户激情洋溢地介绍,这是一种新型的商业大系统平台,通过招聘代理公司作为会员入驻平台,将消费者在线下的消费场景导流到线上。同时,平台进行消费返利,通过每日一定比例持续返还,直到消费金额全部返还完毕。每个代理公司、每位消费者都能从推荐和介绍的其他代理人、消费者创造的资金流中提取奖励资金。

虽然我们听得云里雾里,但从消费返利、发展代理会员等敏感特征中,仍然意识到这是一项风险极高甚至违规的业务。合伙人向客户询问提供纸质资料查阅,并了解其法律服务需求。这位客户表示,需求很简单,就是为他们的商业大系统新业务出函或法律意见书,供其提供给代理公司或消费者。"说了半天,是希望律所的信用背书啊!"我心里暗想。客户随后发来了业务资料,我们查阅后一致认为,所谓"新业务",存在被认定为传销的可能,甚至涉嫌犯罪。合伙人为了拒绝客户,报了一个极高的律师费价格,希望他"知高而退"。没想到,客户一口答应,并要求尽快出函。最终,我们向客户说明新业务的法律风险,以及可能存在的刑事法律责任后,婉拒了。

2018 年 5 月,这位曾经的潜在客户因涉嫌组织、领导传销犯罪被公安机关立案调查。据媒体报道,此案梳理出传销组织会员 119 层金字塔结构,全国共

抓获犯罪嫌疑人1257人，查封、扣押和冻结资产200多亿元，很多人既是参与者又是受害者。联想到两年前的会议场景，我在想，如果当初团队风险意识弱一点，接受委托为客户"站台"，不仅助纣为虐，自个儿也逃不了责任。

非诉执业中，这只是冰山一角，多的是与我们擦肩而过的花式执业风险。

二、与你五百次回眸的执业风险

（一）法律意见书那些冗长的声明

律师在出具法律意见书或正式文书时，正文前常有大段前提、假设或声明，文字看上去冗长、繁琐，实际蕴含了业务中可能与你五百次回眸的执业风险。这些声明值得我们认真阅读，并在出具文件时对应修改和恰当使用。

以出具法律意见书为例，正文前通常会作如下声明：

1. 为出具本法律意见书之目的，本所律师根据现行有效的中国法律、法规及规范性文件的规定和要求，严格履行法定职责，对公司提供的与题述事宜有关的法律文件、资料进行了审查和验证。同时，还查阅了本所律师认为出具本法律意见书所需查阅、验证的其他法律文件、资料和证明，并就有关事项向公司有关人员进行了必要的询问或讨论。

2. 在前述审查、验证、询问过程中，公司保证已向本所律师提供和披露为出具本法律意见书所必需的、真实的、准确的、完整的原始书面材料、副本材料或口头证言，以及一切足以影响本法律意见书的事实和文件；保证所提供的材料和文件、所披露的事实无任何虚假、隐瞒、误导性陈述或重大遗漏。公司保证有关副本材料与正本相一致，有关复印件与原件相一致；保证所提供的文件、材料上的所有签字和印章均是真实的，并已履行该等签字和盖章所需的法定程序，获得合法授权；保证所有口头陈述和说明的事实均与所发生的事实一致。

3. 对于出具本法律意见书至关重要而又无法得到独立证据支持的事实，本所律师依赖于有关政府部门、公司或者其他有关机构、人员出具的证明文件或提供的证言，或者政府部门官方网站的检索信息出具本法律意见书。

4. 本所及本所律师依据本法律意见书出具日之前已经发生或存在的事实，并基于对有关事实的了解以及对已经公布并生效的法律、法规的理解出具本法律意见书。

5. 本所及本所律师仅针对本次××事宜之合法、合规性出具本法律意见书，并不对会计、审计、资产评估、投资决策等事宜发表法律意见。

6. 本所对申报材料中的复印件出具的与原件相符的见证或鉴证意见，仅说明该复印件与原件核对无异，并不对该文件内容的合法真实性发表意见。

7. 本所及本所律师与公司之间不存在可能影响本所及本所律师公正履行职责的关系。本所及本所律师具备就题述事宜出具本法律意见书的主体资格，并依法对所出具的本法律意见书承担责任。

8. 本所同意将本法律意见书作为申请文件，随其他申报材料一起上报。本所同意公司在申报材料中引用本法律意见书中的部分或全部内容；但因公司引用而导致法律上的歧义或曲解的，本所及本所律师不承担法律责任。

9. 本法律意见书仅供公司为本次××事宜之目的而使用，不得被任何人或单位用于其他任何目的。

10. 本所及承办律师依据《证券法》《律师事务所从事证券法律业务管理办法》和《律师事务所证券法律业务执业规则（试行）》等规定及本法律意见书出具日以前已经发生或者存在的事实，严格履行了法定职责，遵循了勤勉尽责和诚实信用原则，对公司本次股票公开转让行为的合法、合规、真实、有效性进行了充分的核查验证，保证本法律意见书所认定的事实真实、准确、完整，所发表的结论性意见合法、准确，不存在虚假记载、误导性陈述或者重大遗漏，并承担相应法律责任。

（二）常见的执业风险类型

从上述声明可以看出，律师面临的执业风险具有多样性。客户提供资料不实、律师自身核查不当，都有可能使潜在风险成为真实责任。虽然执业风险有多种情形和原因，但归结到法律后果上，常见的有如下三种类型。

1. 被追究民事责任的风险

这是发生频率最高的风险类型。律师每天都在提示客户法律风险，却常常忽视自己业务行为的风险性。疏忽的不仅是年轻律师，有时连资深律师或合伙人都难以避免。这不是资历的问题，而是风险意识的问题。

在业务过程中，涉及交易结构、交易金额等商业性的安排，必须征得客户书面确认，提供的相关建议着重在文书和电邮中明确仅作为决策参考，不作为决策依据。涉及需要律师明确发表意见的事宜，必须核查相关材料，获得第一手资料，不可直接听信一方陈述，更不可使用"据客户所说"或"据我们所知"这样无法反映核查过程的表述。此外，慎重对待文件原件。核查原件需客户或相关方在场，核查完毕及时返还。如非必要且急迫，尽量不要收取或保管原件。重要文件交接时，签署文件交接清单作为交付确认的依据。

客户虽然是律师的委托方，在处理委托事项上与律师立场一致，但业务行为稍有不当，双方就会陷入对立。基于未尽勤勉尽责之义务、法律文书失实、原件丢失等原因，律师被客户起诉，要求赔偿损失的案例比比皆是。严重的，损失赔偿额甚至超过律所一整年的律师费收入。

2. 被给予行政处罚的风险

行政处罚的风险主要来自监管部门，如司法局或证监局。2010年6月修订施行的《律师和律师事务所违法行为处罚办法》，是依据《律师法》和《行政处罚法》制定的对律师和律所的执业活动进行监督的规范性文件。该文件集中展示了对律师应予处罚的违法行为，并对《律师法》中多处行为表述作了进一步细化，堪称律师"行政处罚小红书"，值得认真通读，以知晓执业红线。

此外，各地司法局会在官网上公开对律所或律师的行政处罚决定书，处罚决定里有律师在业务实践中真实的违法行为，堪称律师"行政处罚大集锦"，值得闲暇时浏览，了解执业生态。以北京市司法局为例，在其官网"政务公开"一栏的诚信记录项下，可以查阅行政处罚决定书。自2023年1月1日至12月31日，北京市司法局公示了23项行政处罚决定。其中，针对律师个人被处罚频率较高的，是因危险驾驶罪受到刑事处罚，进而依据《律师法》第49条第2款规定应予行政处罚的情形。①

3.被施以刑事责任的风险

说到刑事责任，最容易让人想到的是律师伪证行为，即《刑法》第306条规定的"辩护人、诉讼代理人毁灭证据、伪造证据、妨害作证罪"，但此罪名适用于刑事诉讼中，是刑辩律师的头顶大棒，非诉律师涉及此罪名的可能性较小。

就非诉律师在执业活动中的行为而言，易触发刑事责任的是《刑法》第229条规定的"提供虚假证明文件罪"和"出具证明文件重大失实罪"。《公司法》第257条和《证券法》第203条都对专业机构弄虚作假和提供虚假证明文件设置了罚则，并与《刑法》无缝对接。《刑法》第229条针对的就是包括律师在内的中介组织及其人员，如资产评估师、注册会计师或审计师，在业务过程中故意提供虚假证明文件（需情节严重），或者出具的证明文件重大失实（需造成严重后果）的行为。前者主观上是故意，面临五年以下有期徒刑或者拘役，并处罚金的刑事责任；后者主观上是过失，面临三年以下有期徒刑或者拘役，并处或者单处罚金的刑事责任。如果在证券业务中，律师提供与证券发行相关的虚假的法律服务等证明文件，情节特别严重的，面临五年以上十年以下有期徒刑，并处罚金。

三、防范执业风险的5个关键点

（一）了解你的客户和项目

反洗钱中有一项制度叫KYC（Know Your Customer），即充分了解你的客户，它要求金融机构履行客户身份识别义务，不仅实行账户实名制，还应当了解账户的实际控制人和交易的实际收益人。律师提高执业风险防控能力，可以从KYC中获得良好启示。本节开篇所讲的案例，正是在对客户及其业务有了一定了解的基础上，作出了放弃选择。

---

① 参见北京市司法局官网，https://sfj.beijing.gov.cn/sfj/zwgk/cxjl79/index.html，最后访问时间：2024年2月28日。

当我们与潜在客户洽谈时，都会对客户和项目情况进行了解，但不同的律师，了解的目的不一样。有的律师，是为了评估项目工作量，估算律师收费而了解。这没有错，但欠缺了一层考虑。了解客户和项目，首先是为了评估这项业务可能的风险以及是否存在利益冲突；下一步，才是评估工作量和报价的问题。带着不同的侧重点和客户沟通，所了解的信息自然也不一样。在接受委托之前，就对客户和项目有个整体评估，把那些高风险、踩红线、有利益冲突的业务排除在外，是最前端的风险防范。

（二）严格履行顾问合同义务

一旦决定接受委托，签署了常年或专项法律顾问合同，律师就应当严格履行顾问合同项下义务。一般而言，顾问合同中对律师的义务性要求主要有：

1. 应当勤勉、尽责地完成约定的法律事项服务，并以依据法律法规作出的判断，尽最大努力维护客户合法利益。

2. 应当在取得客户提供的资料后，及时完成委托事项，及时通报工作进程，对涉及客户的任何法律文件和资料都应当妥善保管。

3. 在合同履行期间，未经客户事先书面同意，不得为与客户具有法律上利益冲突的另一方就本项目提供法律服务。

4. 对业务中获知的客户商业秘密负有高度保密责任，非由法律规定或经客户事先书面同意，不得向任何第三方披露。

这四项义务条款，是非诉律师极易在执业过程中疏忽，进而与客户产生争议和纠纷的内容。比如，项目核查不尽责、保管的重要文件丢失、受理业务存在利益冲突（尤其在规模较大、多地设有分所或办公室的律所）、泄露商业秘密等。概言之，在顾问合同项下，律师核心义务就八个字——尽责、及时、忠实、保密。

（三）依靠团队和律所的智慧

非诉项目的业务特征是团队合作，越是复杂、疑难的项目，越要依靠集体智慧。在具体操作上，可以先由承办项目的律师或小组提供报告或交易文件初稿，并总结出交易目的、主要法律风险点、目前存在的疑难问题，在团队内分析讨论。结合不同律师经办项目的经验，修订报告或文件，重点关注结论性法律意见的出具是否有充分的事实基础，是否有对应的法律依据，以及是否在实践中有可操作性。依据团队智慧修订、补充、完善后的工作成果，不仅质量更优，也会切实避免一些在你视域"盲区"里的风险。

可以依靠的不仅有团队，还有律所整个平台。当你面对复杂问题拿不准意见时，可以虚心请教团队之外的其他同事，用律所的整体智慧降低自己的执业风险，这也是对客户的尽责。从客户的立场来讲，他聘请的，从来不是律师个人，而是律所。那么，客户委托的事项，理应获得律所整体智力的支持。

（四）重视工作底稿和项目归档

工作底稿和档案管理的重要性，再怎么强调都不为过。在很多律师眼里，整理底稿是脏活、累活（Dirty work），琐碎无比，顺手一推交给实习生处理就得了。对工作底稿的轻视往往隐藏着极高的执业风险。律师在核查过程中制作并保存的工作底稿，是律师履行勤勉尽责义务的重要依据，是未来面对潜在争议时有力的抗辩事由。非诉律师的工作，很多是脑力活动，无法事后证明如何"勤勉尽责"。当你辩解自己在尽调项目中已充分尽责时，你不能说为了客户的这个项目，我几天几夜睡不好觉，茶饭不思想的都是业务；但你可以拿出工作底稿，上面展示了针对客户的每一项关注重点，团队亲赴现场取得的重要文件、图片、访谈记录，整理成项、装订成册。什么是尽责，让底稿为你说话。

项目档案同样如此。对项目归档的疏忽，不仅发生在律师个人身上，很多时候律所层面都不重视。大家干活儿的积极性很高，收纳的积极性很低。伴随着项目完结，通常是成堆的资料、凌乱的文件夹、频繁的往来电邮，花点心思整理结案，将档案归档，可以像放电影一般把项目从头到尾又过一遍。哪个环节如何处理、哪次会议讨论了什么问题，心里清清楚楚。对项目的把控程度提高了，风险便会随之降低。

（五）购买律师执业责任保险

按照《律师法》的规定，承办业务时，由律所而非律师个人与客户签署法律服务合同。故而在发生律师违法执业或因过错给客户造成损失时，承担赔偿责任的第一主体是律所，而不是律师本人。但律所在赔偿之后，有权向有故意或者重大过失的律师追偿。这是律师执业风险的制度来源，从这个意义上讲，无论在具体项目中如何防范、控制执业风险，购买律师执业责任保险都是有必要的。

目前，国内尚未建立行业强制的律师执业责任保险制度。以律所为单位，由合伙人购买保险的方式也多存在于纸面，少有实践。律师执业责任保险制度更多地由各地律协主导。在具体操作上，一般由各地律协同保险公司签订年度保险合同，由律协作为投保人，出具一张统保大保单，统一承保条件，被保险人的范围包括该律协所辖律所及其全体执业律师，保费则由律所于律协年度考核时一并缴纳。

最后要说的是，控制欲望。灵魂的欲望，是你命运的先知。有的风险，并非来自不专业、不审慎，而是现实有限，欲望无穷。对于执业风险，有时要跳出工作圈，从更广的角度看待和评估。不只是非诉律师，任何职业都是有风险的，这点不比学习。对学业来说，你只有挂科的风险。而职场，诱惑太多，利益太多，冲突太多，纷争太多……说到底，是欲望太多。控制欲望，是执业风控的最后一步，这是律所不教但要自己去悟的道理。

第二章
非诉律师工作交往的那些人

天地万物，种类无穷无尽，皆为造物主之功，但天底下却没有一样东西比得上那两条腿的动物——男人与女人，那么变化多端。在我还是个孩子的时候，就已经发觉：人真是形形色色，无奇不有。因此，我从未认为哪个人特别无趣。墨守成规的也好，传统的也罢，甚至是极其无聊的人，若谈起自己做的事、熟知的东西，或是兴趣所在，无不散发出一种特别的吸引力——每个人自此成为一个独特的个体。有一个人最初给我的印象似乎呆板无聊，满嘴废话，让人呵欠连连。这人是新英格兰小镇的银行家。可是，突然间他话锋一转，谈到扣子的演变史，细说这个小东西的发明、形状、材质、功能和用途等，却叫我大开眼界。在谈论这个主题时，他那炽热的情感直逼伟大的抒情诗人。不过，我觉得有意思的，倒不是话题本身，而是他这个人。在一刹那间，他已变成一个相当独特的人。

我总是喜欢以一些人物为例来阐释，因为"人"比"概念"来得有趣多了。

——德鲁克[1]

---

[1] 〔美〕彼得·德鲁克著：《旁观者》，廖月娟译，机械工业出版社2012年版，新版序。

第一节　你的客户，没有不急的

一、客户是一种什么样的存在

任何一种职业，都有自己高频交往的特定人群。他们可能是你的客户，也可能是你的上级、同事或同行。在选择一种职业前，前辈们常说，要先理解你的职业。这种理解，建立在两个方面，一个是理解这项职业要做的事，另一个就是理解与之打交道的人。"事"和"人"，是当你面对一个全新的职业领域时，着手了解的最好切入点。与这两者的互动，能描绘出一幅关于你的"职业图像"。就像德鲁克所讲的，人形形色色，无奇不有，每个人都会凭借某些特别的点，成为一个独特的个体。因而，"事"和"人"所描绘的职业图像，不是刻板的、标签化的，而是流动的，有呼吸的。本章将向你讲述非诉律师工作交往中的那些人，旨在对非诉律师的职业图像能有几笔真实描绘。当你有意选择这份职业时，除了执业技能，相信也对即将打交道的人群充满好奇。

客户，是律师工作交往者中最核心的群体，他们是法律服务的委托方，是律师费的付费方，在常年法律顾问合同或专项法律顾问合同中，一般位列甲方的位置，故而被统称为"甲方"。与诉讼业务有所不同，非诉业务以机构客户为主，个人客户非常少。机构当中，又以企业客户居多，包括国有企业、民营企业和外资企业。企业之外，还有一部分政府单位。这个群体构成，决定了非诉业务的客户相对而言更去情绪化，不易出现与个人客户沟通时的情绪波动、性情反复的情况，但这并不是说非诉律师与客户打交道会更容易。因为机构客户往往意味着集体意志、较长的决策流程和审批时间，不像个人客户那样一个人说了算。于是你会发现，在项目中，客户的要求经常变化，事情来了十万火急，而你一旦回复，又石沉大海杳无音信。

这就是客户作为甲方的日常。我们要什么？不知道！什么时候要？现在要！一言概之，对律师而言，客户是一种必要且紧急的存在。

二、"客户急"这件事的本质是什么

客户A："这份文件很急，需要您今天回复。"

客户B："这个问题很急，请立即回复。"

客户C："同事在现场等着，合同麻烦您马上看一眼，没问题的话我们就签了。"

这都是律师工作中的高频对话，我听到过同事无数次就此抱怨，我自己也遇到过数不清多少次了。前两种还好，顶多表示紧急和盼复；最后一种，让人当场血压升高。律师的第一反应往往是，你那漏洞百出格式都没调好的合同，还希望当场就签了？第二反应是，当场签也行，别发给律师看啊，既希望律师"看一眼"，又希望回复"没问题"，想得挺美。当然，这桥段作为律师内心戏过一遍也就罢了，抱怨无益，终归还是要回到解决问题上来。

既然这是业务中的普遍情况，我们必须思考，当客户说"某某很急"时，"急"这件事的本质是什么？当客户要合同、催报告时，他要的是合同或报告本身吗？不是的，他要的是律师发现的问题，建议的交易结构；甚至有时，客户要的只是一个快速响应的姿态。想想那个关于钻机的经典案例。用户买钻孔机，要的是钻孔机本身吗？不是的。标准答案是，客户要的是墙上那个孔。在我看来，买钻孔机，要的是孔吗？也不尽然。用户要的是墙上挂幅画，进一步看，最终要的是整个房间文艺氛围的打造。如果今天我的工作是客户委托我买一台钻孔机，我会考虑：第一，除了钻孔机，有无其他更轻便节约的方法可以在墙上打孔；第二，是否需要配套几张艺术画片或北欧画框，契合打孔的最终目的。这样，就不至于在墙上打好孔后，客户催促：赶紧去买一个画框，咱们需要今天就挂上！

律师业务同样如此。面对客户的困难或问题，一者，你要关注他问题背后的最终目的，这决定了你提供的方案或建议的有效性。在事项本身就紧急的情况下，倘若你的回复不能一击即中，无疑会将双方都拖入更深的泥淖中。再者，对急切的事项，不要指哪儿打哪儿，推一步做一步，一定要多考虑一步。想得尽可能深远，处境就会愈加开阔。回过头看，那些频频陷入紧急和被动的情境，有多少是律师自己的问题？

三、如何应对客户急需的工作

对待客户急需的工作，应区分"急"的不同情形分别对待。

第一种，事情本身真的很紧急。比如，并购项目，事先约定了交割时间，必须在某个时点出具全套交易文件；挂牌项目，股转系统反馈了补充意见，必须在特定时间提交补充法律意见书；顾问单位发生员工自残事件，需第一时间协助客户处理……以上情形，无论基于时间节点还是事情本身的性质，都是真正紧急的类型。对待这类工作，不仅必须在相应的时间内完成，还要尽可能多做一步，将客户想不到或想到了暂时还没安排的事，先做一步。比如，并购项目出具了投资协议或股权转让协议等交易文件后，下一步便是变更登记备案。与客户沟通好时间进度后，可以尽早安排变更登记文件的草拟。

第二种，客户"瞎着急"。这个说法虽然不好听，但实务中不少见。并非所有的事项都急在节骨眼上，有的时候，客户也会提出貌似很急的工作要求，而这些要求，对事情本身并没有实质意义。比如，为了配合领导剪彩或视察，将已中止的收购项目紧急启动，并要求律师三五天内出报告，有"阶段性成果"。这类工作，对客户而言确实急迫，但这只是一种姿态。把握好工作的时间和程度，不必过于深究。必要时，还可与客户积极沟通，了解其对项目推进的真实想法，并告知律师工作的标准时间和流程，寻求对方的理解。

有的时候，客户出于对某项业务的不了解，提出的时间进度不切实际。以往业务中，有时会遇到客户无法预估监管部门反馈意见的时间、补充核查的时间，或者意外事件，进而对项目进度提出过于乐观的时间预期。针对这种情况，律师应当在第一时间就向客户说明，并提出修改建议。倘若置之不理，待到客户催促文件时才质疑时间表的合理性，不仅让自己陷于被动，也让客户对你的专业性产生怀疑。

四、能否与客户有更良好的沟通

应对完客户急需的工作,让我们多思考一个问题:律师能否与客户有更良好的沟通?无讼"夜聊会"栏目曾向我约稿过一个话题——哪一次与当事人的相处,让你收获颇丰?我记录了一次与客户相处愉快的经历。

对非诉律师而言,当事人的概念是很弱的,我们习惯称其为"客户",且多为机构——不同性质的企业和政府部门。这些客户套在一个叫"公司"或"单位"的面具下,很难有个性特征可言,业务过程既无铁肩担道义的热血,亦无唇枪舌剑的激辩。诚心说,工作过程可学习之处很多,但谈不上收获颇丰,至多是电邮颇多罢了。

但客户中会有让我印象深刻的人。她是一家信息科技公司的董事兼人力总监,这个职位塑造的大多是雷厉风行不讨人喜的师太,但她不一样,待人接物平易谦和,沟通问题利索果断。要知道,平日项目有太多时间不是花在项目本身,而是在沟通上。因为愉快合作的感情基础,一次工作结束后,我们相约晚餐。不同于以往与客户的晚餐,她在闲谈之间没有和我聊"互联网+",没有聊信息科技的未来趋势,没有聊几千万的融资……我们聊了最近看的书,聊了她养的狗狗——这个被她根据科学养狗书籍培养得会吃萝卜的家伙,聊了上学时都曾待过的城市,最后聊到了家乡……

那是一次愉快的晚餐,我并无任何智识的增长或业务的收获,但满心愉悦,她或许也一样。倘若一定要说这一次相处有何收获,或为何印象深刻,大抵是因为——回到生活。一个多么简单又稀缺的价值!我们的工作环境中,不乏专业、规范和严谨的榜样——在普遍追求过得去就好的主流中,这已然是令人称道的存在;但我仍希望遇到那些专业敬业之余能回到生活本身的人,那些温暖丰富的人,那些心灵热烈的人。在与之相处的过程中,收获不在于讨论了多少项目的成败,而是我们可以在内心和现实中构建多少美好。

以此作为与客户相处的常态,不现实。但并不妨碍你去相信并且追求,与客户的相处,让双方都收获颇丰。

第二节　你的老板，没有不"傻"的

一、合伙人，一个身兼多职的角色

在学校，老板指的是导师，而在律所，老板指的是合伙人。虽然很多律所在推行或探索公司化的管理模式，以期打破单个团队"小生产队式"的作业模式，建立业务部门和律师池制度；但不可否认，即使在公司制管理的律所，新人进入后，仍然会面对特定合伙人作为你的"上级领导"，他们或者是你所在团队的合伙人，或者是你所处部门的合伙人。

合伙人是个身兼多职的角色。对律师团队而言，合伙人既是这个团队的创始股东，又是CEO，同时还是业务员。他们既要负责管理，又要负责业务创收和项目承办，同时兼顾团队建设。不同于律政电视剧中的桥段，这个定位并没有给合伙人带来"霸道总裁"的即视感。相反，在与同事或同行的交流中，你常常会觉得，老板们很"傻"。比如，有的事明明他自己十分钟就能搞定，非要交办下来，你来做就得花两个小时；有的会议明摆着是务虚性质，非得全员出动，浩浩荡荡参加；新规出台，已做过法律研究发给他，和客户开会时还是得老一套；某位同事明明是"猪队友"，还对其视而不见，赞赏有加……

这些困扰，对新人如浓雾一般，有必要穿透聊聊。

二、合伙人的两种画像和特质

合伙人也有不同类型，有专注于做业务的"学者型"，有擅长于揽客户的"商人型"，也有注重讲政治的"官员型"。不同类型的合伙人，执业的立身之本不同。在曾指导过我的合伙人中，就有"学者型"和"商人型"，虽然同为"红圈律所"合伙人，他们的执业风格却大相径庭。

这位"学者型"的合伙人，性情温和。交办工作给助理时，他常常会用会议室的白板或桌上的一张纸，将故事背景、前因后果、主角配角都画出来，耐心地讲给你听。对新人而言，这是极好的指导模式，任何一项崭新的工作所带来陌生感和诸多疑惑，都在他的讲解中一一消解。偶有瞬间，你甚至会觉得自己重新回到校园。这样的好事，听上去让人艳羡。但他也有很多让助手困扰的地方，如严重不守时，有时在与客户的会议中，因为他的迟到，你不得不随时接应可能突发的各种状况。团队聚餐、内部会议就更别提了。

另一位"商人型"的合伙人，大气爽直。与前一位合伙人形成鲜明对比的是，他不会和你讲那么多故事。能三句话讲清的，绝不用五句。和客户沟通也是如此，讲一个问题，讲透了，就可以了。那种重复三遍的事，在他的概念中，是要多收律师费的。相应的，交办工作给助理时，他通常只讲大的梗概，剩下的剧情靠你脑补。审阅你交出的工作成果时，也不会面面俱到，把握大方向即可。于他而言，律师业务更像是一盘生意，大家在商言商，干净利落。对新人而言，刚入职场就跟上这样的执业节奏有些难。

从执业成长来看，"学者型"的合伙人对青年律师可能有更多帮助。而对于"商人型"的合伙人，在有了一定工作经验后再协助配合，会更适合。他能在客户管理和案件管理上，给你经验和启发。"官员型"的合伙人我没有直接协助过，不宜妄言。

随着对律所工作性质的认识，对所协助合伙人的观察，我发现身为老板，合伙人有两项特质，闪闪发光——一个是擅学习，一个是会聊天。在律师行业中，这是两项极为重要的能力——终身学习能力和沟通能力。

终身学习能力是向内的，关乎你的知识更新。在创新业务层出不穷的今天，律师能否及时更新知识结构，决定了能否在新业务中占得先机。依我观察，老板们无论是哪一种类型，在持续学习这一点上，确实是新人的标杆。按照他们的年龄、财富积累和社会地位，在条件相似的其他行业，很多人靠喝茶聊天撮合交易也能生活得很滋润。而我所能观察到的合伙人，无一不对新知保持敏感，持续学习。

沟通能力则是向外的，关乎业务开拓和客户维护。青年律师在和客户沟通时，大多只能做到有一说一，问题解答完便无话可说，场面顿时陷入尴尬。与此不同，有老板的场合，往往不愁话讲。大至中美贸易、人工智能，小至对方籍贯、写字楼租金，老板们总能聊得熨帖自如。虽为闲聊场合，但谈天说地背后，是资讯、数据、经历和见识的累积。会聊天，不是执业必备技能，我也见过不善言辞业务做得不错的合伙人。但这是一个加分项，除了能解决问题，还能给人带来愉快交流体验的律师，无疑会获得更多欣赏和信任。

三、律师如何与合伙人合作

律所多为扁平化的架构设置，无论是公司制还是合伙制，组织架构都简单直接。合伙人性质上是你的"上级领导"，但多数与律师之间是合作或协助的关系，上下级层级观念比较弱。这是我喜欢律师职业很重要的一个原因。受益于这样的工作氛围，对待老板，可以把他的缺点暂且搁置，更多地从如何愉快合作、如何更好协助上考虑问题。

（一）合伙人的时间比你贵

必须坦诚，很多时候合伙人交办的事项确实有点"舍近求远"。他一个电话可以找到客户，或直接联系到其他合伙人的事，非得交代你来问。你人不识、事不清、路不熟，搞定这事花了一小时。这情形，非但不是老板"傻"，更是老板的机智。如果他什么都自己做，要助理干吗？助理存在的价值，就是以较低的成本帮他节省时间。他的时间比你贵，不值得花在这种事上，所以交由你来办。想想合伙人的小时费率，你还会觉得他花五分钟，你花一小时，是他安排错了吗？

和合伙人沟通及协助工作，核心逻辑是帮他节约时间。他省下的时间，可以花在收费更高的事项上。对于团队整体来说，这才是科学的分工。而对青年律师而言，通过完成交办的事项，也能逐步提高自己的单位时间价值，让自己的时间逐渐"贵"起来，这正是执业成长的过程。

（二）非诉的核心是团队

从事非诉项目，业务核心是团队合作。上市、并购、发债、改制，不是一两位律师单打独斗可以完成的。非诉不崇尚孤胆英雄，呼唤的是并肩合作。对合伙人而言，需要将项目中的具体工作，根据难易程度拆解，分配给不同资历的团队成员。从实习生、律师助理、实习律师，到初级律师、中级律师、高级律师，阶梯式的人才队伍对应着各类项目的不同工作。

既然是团队合作，那就意味着，一方面，你不能将交办的工作再全部转给他人。你可以适当再分配，比如将更为初级或简单的工作交给实习生去处理，但不能自个儿完全脱身，什么都不做，这是一种职业自杀行为。律师的成长靠的是经验的累积，如果没有真实参与，就无法获得经验。另一方面，你也不能把所有遇到的问题，不分难易程度，全部攥在手里。超出你能力范围的，应尽快向合伙人或高级律师反馈，寻求指导和意见。而那些太过简单的事情，你如果捏在手里重复做，也很难真正成长起来。青年律师虽然不能"带团队"，但要会"用团队"。在团队合作的视角下，整合项目工作，做好自己能力范围内的分工，并适当寻求有挑战性的任务，这样才能更好地融合进团队中，取得个人职业成长。

（三）长远看待"无用功"

尽管律师投入了人力和时间，也不是所有项目都能顺利推进。十万火急地开工，做到一半偃旗息鼓是常有的事，这时，你会失落甚至抱怨。"老板为什么总接这些不靠谱的项目""这个客户每次都这样，嚷嚷投这个投那个，一个都做不成""又要投标，投标根本不可能中的，白费功夫"。可不是，工作中就有那么多事，你知道不一定有结果，但仍然需要做下去。不仅要做下去，还得认真做好。因为，一个尽如人意的结果，从来都是额外奖励。做一件事，和做成一件事，是完全不同的，没有逻辑上的必然联系。顶多是说，当你去做时，你有可能做成而已。这个道理，适用于生活和工作的一切场景，当然也适用于我们经办的项目。

一个投资项目，参与方有投资者，有目标公司，可能还有中间人、所谓的财务顾问；投资者若为股权投资基金，背后还有管理人，有自己的基金投资人；目标公司有自己的股东，股东中可能有外资，可能有国企；目标公司若为特殊行业，还有特定的监管部门……以上任何一方的动作，都可能对本次交易产生影响，都可能构成交易的实质障碍。律师作为参与方之一，仅仅是这项交易中的一个角色，并且不是主导交易的角色。到这里，你可以理解，老板在接受委托时，有多少超能力能够判断这个项目成还是不成了吗？

成事不易，这是我从学院到职场，最深刻的感受。但这不妨碍你全力以赴，奔赴每一个项目。那些暂停的，甚至中止的项目，真的一无是处吗？长远来看，也不尽然。"有用""无用"有不同的评价标准。置于项目本身来看，它可能是无用的；但若置于你执业生涯的经验积累来看，它就是有用的。工作中，不可能有那么多"拳拳到肉"，我们不是只有从成功的项目中才能学到东西。

第三节　你的同事，没有不忙的

一、什么是与同事相处的责任

如果把与同事相处看作一场通关打怪的冒险游戏，那么在游戏起点的友情提示中，我希望输入的是：每个人都是一个独立的个体。同事，顾名思义，大家共同做一件事。但这不意味着你只是这个集体的一部分。恰恰相反，你必须意识到，职场中的每个人都是一个独立的个体。这是你与同事相处的认识起点。未来的冒险游戏，你们是携手并进昂首通关，还是互相拖累惨淡出局，与对彼此的认知，有一定关联。

我曾在一次并购项目中，与项目组同事发生了激烈的冲突。原本我们私交尚可，但在项目推进中，我将自己视为协办律师，仅做辅助性的工作；与客户直接沟通，向合伙人汇报进展，在我看来是主办律师的分内之事。而她认为大家同属一个项目团队，有的工作已交办给我，我就该全程跟进。项目持续时间较长，误会渐深，终于在一次工作电邮结束后，争吵爆发。后来我反思这次冲突，发现其实项目工作本身并不是很困难，这个项目让人心累的原因在于，我与同事的沟通出现了问题。准确地说，是我与同事疏于沟通。按照彼得·德鲁克的说法，大多数人对同事存在误解，而且不肯承担沟通的责任。工作场合中的人际冲突，多源于此。

千人千面，工作场合，每个人必定只能呈现其丰富性的其中一面。我们常常遇到，某位内向羞涩的同事，居然参加了唱歌选秀节目并脱颖而出；某位不善言辞的同事，在聊到街巷隐秘美食时眉飞色舞。生活领域如此辽阔，狭窄的工作场合，怎能让我们客观地、完整地认识一个人呢？和同事相处存在误解，不仅无可厚非，几乎就是必然的。关键在于，是否与同事进行了沟通。在职场中，与同事相处的责任，不是对他有客观完整的认识，不是代替他完成本应由他承担的任务，而是充分有效的沟通。沟通才是我们与同事相处的责任。我们需要在游戏起点就意识到，未来冒险，每个人都是一个独立的个体。通关打怪中，你既需要对自己负责，又需要寻求适合彼此的协作方式。

二、如何卓有成效地与同事沟通

非诉业务依赖团队合作，项目大多时间要求紧，工作量大。一名律师往往一人分饰多角，同时跟进多个项目。在律所，我虽然因为加班在办公室待到过深夜12点，但我从来不是事务所里最后一个关灯的人。你永远不知道，谁会比你更晚。在大家都忙碌的状态中，如何建立卓有成效的沟通，是青年律师与同事相处的压轴命题。

律师之间的合作，主要分两种场景。一种是面对比自己更为资深的高年级律师，你处于接受工作的角色；另一种是面对比自己更为初级的团队成员，如律师助理或实习生，你处于分配工作的角色。不同的场景，沟通要点有所不同。

（一）如何接受工作

作为青年律师，接受高年级律师分配的工作任务，是最为日常的工作场景。对于接受工作任务，理解永远比动手重要。不是每位律师都有"学者型"合伙人的教授气质，与其指望给你分配任务的律师能清晰安排，不如确保自己能将分配到手的工作先明确。

搞明白工作任务的具体内容，是接受工作的第一步。你可以通过复述任务，来确认自己的理解无误。复述不是像复读机那样背诵一遍，而是将你所理解的工作事项，用自己的语言表达出来，在这个过程中，其实你已经开始消化处理任务指令了。

明确工作内容后，接着要问清楚提交工作成果的时间，最好是一个时间段，这样你可以为自己预留修订完善的时间。特别要说的是，当你已有其他事先安排的工作，时间上可能会与眼下分配的任务有冲突时，一定要及时提出，以便资深律师调整工作提交时间，或安排其他同事协助。你若不说，勉强接受下来，到期不能按时提交，或成果质量无法保障，无论对自己，对团队，还是对客户，都是最差的情形。

此外，还要重视工作反馈。哪些情况下需要反馈？主要有：项目重要时间节点、客户提出问题或意见、监管部门回复、工作推进有成果或遇到困难等。如果工作任务具有较长的持续性，反馈对项目推进和同事协作的重要性，甚至超过具体工作内容。我们有时会听到同事说，新来的某某做事情挺靠谱，就是不吱声，常常一声不吭就把事做完了。如果任务是即时性的，影响不大；但若任务是持续性的，这种只做事不反馈的风格，很难与同事高效合作。工作，是一个充满互动的场合，你不能及时有效地回应，别人就不会放心往你的方向施加作用力。

（二）如何分配工作

你或许会问，一名青年律师，我还能分配工作给别人吗？当然，在律师团队的人才梯队构成中，律师助理和实习生是辅助律师工作的。你完全可以向他们分配工作任务，但交给他们的工作必须是适合的。比如，在股权投资项目的交易文件中，有问题需要进行法律研究，同步草拟投资协议，那么你可以把法律研究的工作分配给助理或实习生；但如果让他们起草投资协议，你自己去做资料检索，就不适合。

除了分配的工作内容适合，方式也要妥当。你的同事，没有不忙的，说的不仅是合伙人或资深律师，也包括助理、实习生和团队秘书。千万不要觉得他们做的工作是初级的、辅助的，就可以任凭你呼来唤去不考虑效率。你做的工作对资深律师来说也很初级，你不一样觉得自己工作忙碌无比？职场中，无论你处于哪个位阶，都不过是"鄙视链"中的一环而已，不值得优越。放弃上下游的食物链视角，用协作通关的务实心态，才有可能获得来自同事广阔的支持。

具体来说，分配工作时应当讲清楚要做什么，如何做，什么时间需要完成。为了确保对方明白你的任务，可以请其复述任务内容，确保理解没有偏差。同时，与其确认工作成果提交时间是否和其他工作有冲突，是否需要调整。此外，要向其特别强调，遇到困难或疑问，一定要及时发问，及时向你反馈，不要让他们猜你的任务，也不要让你猜他们的进度。

在我还是律师助理时，团队中一位高年级律师，每次分配工作给我时，总会先将工作电邮发出，附上背景资料或参考文件，然后约定时间在茶水间当面沟通，明确工作内容、时间节点。一杯咖啡的时间，工作任务了然于心。受益于这种工作方式，到今天，我在分配任务时仍然首选"发出电邮＋当面沟通"的模式，并很感念初入职场，遇到高年级律师的指导和帮扶。

第四节 你的同行，没有不行的

"同行相轻"，似乎是国人由来已久的行业心态，律师也不例外。在这个高度竞争的行业里，经常看到轻慢对手，甚至诋毁同行的戏码。倘若真是"各以所长，相轻所短"也就算了，偏偏更多的是"以其所短，轻人所短"。[①] 不可否认，律师职业群体中确实存在专业或品格为人们所不齿的同行，但这不是互相轻视的理由。负面的、个体的情况，从来不构成放弃对整体进步和认同追求的理由。非诉业务中，往往客户方和对手方都委托了律师。如何与作为交易对手方的律师相处，以及进一步的，如何与职业共同体中的律师同行相处，是青年律师执业面对的人际问题。

---

① 正如鲁迅在《再论文人相轻》中所写的："真的'各以所长，相轻所短'的能有多少呢！我们在近几年所遇见的，有的是'以其所短，轻人所短'。"

一、作为交易对手方的同行

不是每一项非诉业务都有交易对手，如常年法律顾问业务，更多面对的是客户，一般没有对手方。与律师同行以交易对手的身份沟通，更多集中在投融资和并购项目中。买方和卖方都聘请了律师，买方需要律师进行法律尽调，核查标的公司的情况；卖方需要律师草拟交易文件，双方会就交易文件的具体条款，进行一次或数次不等的谈判。你与对方律师基于立场不同，所争取的要素很多时候存在冲突。在这个意义上，你和对方律师是竞争和对抗的关系。你们都需要勤勉尽责，极力为各自所代表的客户争取最大利益。

然而，非诉业务很有意思的一点在于，没有鱼死网破地对抗到底，很多时候需要双方都各让一步，最终在相互妥协中做成生意。所以，与诉讼律师的对抗性不同，非诉律师需要一些妥协思维。很多律师认为，妥协就是退让，退让就是怯懦，受客户之托，怎么能在谈判中退让呢？不火力全开怎么能体现自己的专业水准呢？于是，你会在项目中见到很多对抗到底，对交易合同的每一条每一款都争取到底的律师。当然，很大可能，这个项目也没法再做下去了。这样的律师，是我们戏称的"交易杀手"。要知道，在一个协商性的商业语境中，没有任何一方可以靠满足己方全部诉求达成交易。

非诉法律业务是为辅助商业交易而生的。通过律师提供专业法律服务，一方面，双方在交易活动中获取更充分、透明的信息，减少沟通成本；另一方面，清晰界定双方权利义务，减少后续可能存在的潜在争议或纠纷，以此促成交易，并尽可能追求效率和安全。因此，任何一方，都不是正义的化身或公平的代言。公平正义不是商业项目的价值追求，在保证不违规的前提下，商业价值最大化才是商业项目的价值取向。对非诉律师而言，每一条款都极力争取，往往是缺乏经验的表现。知道在什么情形下，对哪些诉求可以适当妥协，才是非诉的执业艺术，也是你与对手方律师的相处之道。

除了适当妥协，在项目中与同行沟通的另一个原则，是充分尊重。尊重关乎一项稀缺且日益被人们所放逐的权利——尊严。它是一种自重自尊的清气，无论代表哪一方立场，不以媚色示人，这是你作为独立个体的价值所在，也是你获得尊重的基础。但这不是单向的，尊重不能单靠自我认可就自动出现，它更是一种相互承认，需要协商的空间存在。当你认为对方律师理解法律法规有误，或未能了解最新的监管要求时，能否将贬低对方抬高自己的姿态，调整为协商和探讨？你释放出的以敬待人的信号，最终会为自己赢得尊重，既包括律师同行的尊重，还包括客户对你的尊重。人际交往中，尊重你的对手，也是你的尊严所在。

二、作为职业共同体的同行

除了在项目中与同行律师接触，还有很多场合可以和同行交流。比如，在实习律师期间，各地律师协会都会安排为期一至两个月的岗前培训班；或在律所正式入职后，由事务所统一安排的新律师培训；还有业务沙龙、座谈会、交流会或训练营，你可以接触到从事不同业务的律师同行。

在这些交流中，切忌"各以所长，相轻所短"。很多律师在交谈中，常常只会聊自己的专业，并将自己的业务领域作为标尺，进而认为别人都不懂，都不行。术业有专攻，大家专注的领域不一样。一定要相信，你的同行，没有不行的。不过是他在行的，不是你关注的领域而已。在和同行广泛交流的过程中，可多了解你认可的律师朋友的执业领域，并适当展示你所专注的业务领域和业务类型。一来，那些优秀的、专业的律师可能成为你的朋友，成为你私人订制智囊团的成员，帮助你提升解决问题的能力，应对那些同样属于法律领域，但你并不熟悉的规则和难题。二来，你所展示的专业性和执业领域，也会给其他同行留下印象，在某些时刻，成为潜在的业务源。我曾协助过一位合伙人，他在对待同行上有个富有洞见的观点——律师，最大的业务来源是同行。在他看来，事务所里的合伙人是他的第一层级客户。事务所在各地有多家分所，每家分所有多名合伙人，他们都有自己的客户源，但不是每项业务都是自个儿团队能做的。所以，案件介绍、项目合办，也是律师业务的一大形态。合办的基础，在于你和同行律师的相互认可，在于从"同行相轻"到"同行相惜"。

不仅是利益上的考量，如何对待同行，也影响着我们身处在一个什么样的职业共同体中。尽管很多学者已经论证了"法律职业共同体"的概念具有某种虚假性，这更多是法律人一厢情愿的假想，而不具有实用的、实践意义上的功能，但我不这样认为。共同体并不需要其中成员拥有的知识、思维方式及认知角度相似或相同。现代性的一大特征就在于"去魅"，在去除神秘化和神圣化的过程中，共识基础也在不断被洗刷，那种从认知到实践高度相似的情形别说在任何一种行业，放大到现代社会整体，都难再现。差异性是我们必须要面对现实。在处处流动着差异性的现代社会，追求职业共同体的构建，不是为了大家统一知识结构，或对问题得出相同意见，而是为了追求成员有共同认可的基本原则，在案牍劳形的琐碎工作中保有对理想社会的构建热情。就像罗伯特·N.威尔金所说：

法律的宗旨在于满足不断变化的人文需求，这个职业中最优秀的成员具有广泛的同情心，对同胞的目标和抱负极为关切。他们在周而复始的琐碎小事处理中，谋划着更美丽的前程。他们的教育和经验来自过去，但他们却影响着现在和未来。[①]

这样的说法兴许有些宏大了，但不可否认很多改变就是在枯燥、劳累的日常中认真而缓慢地发生的，关键在于你是否相信这种精神的作用，是否保有对职业成员的认可，是否怀抱对更好远景的追求。

---

① 〔美〕罗伯特·N.威尔金著：《法律职业的精神》，王俊峰译，北京大学出版社2013年版，第115页。

第三章
非诉业务,比方法更重要的是思维

1714年，英国议会拿出一万英镑来奖励能够确定经度方法的人。在此之前，水手和航海家们只能通过观察太阳来确定自己的位置，人们无法通过测量经线来确定方位。由于海上过于潮湿，海浪的冲击对钟摆运动影响也很大，所以摆钟在海上基本毫无用处。船员们无法准确地记录下时间，也无法通过当地时间来计算到底航行了多远。"经度问题"成为18世纪棘手的科学难题。

航船在缺乏经度信息的情况下，人力财力的损失是巨大的。"经度问题"一跃成为英国国家事务中的头等大事。彼时判断，经度是天文学家们的主战场。英王下令建立格林尼治天文台，并在委任状上责成官员"以最大程度的细心、尽最大的努力，修正天体运行表格和恒星位置，以便人们在海上能确定渴望已久的经度，从而完善航海技术"。[1]

天文学许多顶尖科学家都花了大量时间在解决这一问题，但最终获得奖金的是一个毫不起眼、没有受过多少教育的工匠，约翰·哈里森。当时整个欧洲学界——从伽利略到牛顿——都试图通过绘制天体图找寻解决方案。与此不同，钟表匠约翰·哈里森提出使用机械方法，并最终凭借一系列发明创造和不断改良，制作出了解决这个问题的"精密时计"海上计时表。

——戴瓦·索贝尔[2]

---

[1] 建立英国皇家天文台的初衷是，借助天文学的手段来解决经度问题。将所有遥远的星星都编入星表，以便能绘出一条航海路线图，供在地球洋面上航行的船员们使用。

[2] 〔美〕戴瓦·索贝尔著：《经度：寻找地球刻度的人》，汤江波译，海南出版社2000年版，第8~10页。

第一节　做苏格拉底式的提问者

科学研究发现，成功的解决方案与"领域差距"呈正相关。简单讲，就是越是外行的人，越有可能颠覆这个行业，真正解决问题。这种现象在今天更为突出。拿我们熟悉的移动支付来看，中国银联曾一度在支付领域发挥不可动摇的核心和枢纽地位。早年间，银联一直将 VISA 和 MasterCard 视为主要竞争对手，并担心随着中国加入 WTO 后兑现逐步开放，银联支付业务将受到前述二者的极大挑战。受到极大挑战没错，但万万没想到，挑战者并非金融领域的 VISA 和 MasterCard，而是来自互联网领域的——我们已每天离不开的微信支付和支付宝。

我们必须思考，为什么人们总认为行业内最权威、最大、最好的个人或机构，可以解决这个领域内最难的问题，而颠覆却往往来自圈外？因为我们通常相信，某个学科或行业内最聪明、受过最好训练的人，最有能力解决自己专业领域内的问题。我们却忽视了同一学科、同一领域专家团队接受的是相似的学术训练，浸淫在相似的实践环境中，因此极容易产生同样的思维偏差、盲点和无意识倾向。

说到底，跨界颠覆——无关能力，关乎思维。

律师从事非诉业务同样如此。我们不追求对每项业务都产生颠覆，但必须留意到技能之外的，那些被传统法学训练所放逐的，可能对我们执业产生更大影响的思维方式。

一、客户只需要 Yes 或 No 吗

律师是个技术活，是文科里的工科，需要切实解决问题。这决定了与客户的沟通需要达到的核心目标——有效沟通。

记得刚进律所实习时，最怕接到客户的咨询。每次面对电话那头焦灼的口

气或电邮上那句"问题很急,请尽快回复"时,我心里总是万匹骏马在草原奔腾,内心只有一个声音:"我哪知道啊!"一瞬间,特别体谅航空、网购各行各业的客服们。那时候总以为,需要给客户一个是或否的回答,一个现成的方案,就大功告成。然而当我揣着速速记下的客户疑问,向所里高年级律师请教时,才发现并非如此。

这些资深律师,很喜欢问问题。"这事能不能做,有什么法律风险?"你若想直接从他们口中获得 Yes 或 No 的回答,"图样图森破"(too young too simple)。他们不仅不直接回答,还会向你抛出一系列问题:

- 客户为什么要做这件事?(商业目的)
- 法律法规对此如何规定?(法律规范)
- 公司章程对此有无特殊安排?(章程自治)
- 实操中有无变通或突破?(实践操作)
- 有无签署相关合同?(当事人意思表示)

回答完这些问题,答案已呼之欲出——一种类似苏格拉底"精神助产术"的对话智慧。

二、从"精神助产术"中学些什么

苏格拉底的对话论证程序,我们都有所耳闻。在柏拉图写的一系列对话录中,苏格拉底常在其中扮演男一号。苏格拉底曾对朋友说:我母亲是产婆,我向她学到了接生术。不同的是,她是肉体的接生者,我是智慧的接生者。

精神助产,简单说,就是用对话(提问)来进行教育。在对话中,不把结论直接教给对方,而是通过不断提问,使对方陷入自我矛盾,一来承认自己无知,二来自己明确问题或得出结论。这在我们与小孩的对话中很常见,不同的是,帮助我们精神助产的,是那些好奇宝宝。大人常说他们"打破砂锅问到底",却也被他们问住并发现自己的无知。这种追问,起个正经的名字,叫作"诘问式提问法"或"究底式提问法"。

一般而言，标准的对话式论证，可分为四个步骤。一是讥讽，通过不断提问，使对方陷入自相矛盾之中，进而承认自己对该问题一无所知。二是助产，帮助对方抛弃谬见，使他们找到正确的、普遍的东西。三是归纳，从个别事物中找出共性，通过对个别的分析来寻找共性。四是定义，把单一的概念归纳到一般的东西中去。

当我们与客户沟通对话时，对这种提问方法要有所取舍。我们要把握的，不是通过讥讽让客户陷入自相矛盾，而是通过不断提问，明确客户真正要咨询的问题。这既是我们作为律师顾问需要明确，也是帮助客户自己明确。很多时候，当客户找到你，无论是洽谈业务还是咨询问题，她/他的诉求往往是不明确的，这就是我们总觉得客户鸡零狗碎说很多但不说重点的原因。律师工作的第一步并非回答问题，而是厘清问题。通过"究底式提问"，帮助客户明白她/他要问的是什么和究竟要做什么。这种提问，可以从三个角度进行：

- 问本身，"这是什么？"
- 问原因，"为什么这么安排？"
- 问行动，"所以呢/想要怎么做？"

学会这样提问，远比装模作样听懂后，给一个简单粗暴的回答来得恳切。

这就是精神助产术的思维，不急于给予答案，在探寻结论前，先承认无知，明确问题。说到底，苏格拉底式的提问，学习的不是诡辩，而是问题意识。有无问题意识，是业务沟通有效与否的关键。

非诉律师是解决问题的，更重要的是——非诉律师也应当是善于发问的。提问背后，蕴含着你对客户商业目的之关切、法规之熟稔和实践之审视。

第二节　向投资经理学商业思维

不同于诉讼业务民刑兼备，非诉业务主要围绕商事活动展开。所以在给业务分类时，诉讼可以区分为民事案件、刑事案件、行政案件。而非诉，一般分为资本市场（证券）、私募股权与投资基金、外商直接投资、银行与金融、房地产和建筑等。

需要说明的是，这是律所为便于业务归类而进行的简单囊括，并不是对非诉业务在学理或逻辑上的分类，更类似一种举例。随着社会发展，新的非诉业务类型也不断出现。比如，近年来，随着生物医药、新能源等战略性新兴产业的发展，有的事务所增加了健康与生命科学、能源资源等新的非诉专业领域。

虽然非诉专业领域众多，但不难看出，业务围绕的中心还是商业活动。这就决定了，作为一名非诉律师，需要有些商业思维。我们可以多向项目中的投资经理学习，他们是最清楚商业目的、最能一句话说清商业模式、最会推动项目达成交易的人。

一、关注交易的商业目的

初入行的人们，往往容易二话不说，埋头苦干。或者出于担心，顾及问多了显得自个儿无知；或者出于表现，希望接下任务就磨刀霍霍向猪羊。这是心里没底的做法，做出来的东西要么不符合要求，要么做完了也不知道这份东西要拿去干啥。

不仅是初入行的律师，有时即便是颇具经验的律师，也会疏于对项目商业目的的关注。两年前，我们受某私募基金管理人的委托，到北京做一个尽调。一看委托方是基金管理公司，我理所当然地认为，尽调目标应该是潜在投资标的，是客户中意的投资项目。但当我看到尽调清单上的标的公司名称时，才发现这是一家顶级投资机构下设的私募基金管理公司，并非标的项目。经过和客户确认、合伙人沟通后才知，客户的目的不是投资项目，而是要参与尽调目标发起设立的一支文化产业基金。

这有什么差别呢？差别大了。

如果尽调投资项目，我们会多关注项目的股权结构、实际控制人、主营业务、核心资质、所处行业监管环境等，为客户投资决策提供参考依据；而尽调基金管理人，我们会更多关注管理人本身的合规性，如是否办理了登记，是否进行专业化运营，是否开展有监管部门禁止的相关业务。同时，客户作为资金方参与尽调目标设立的文化产业基金，必然涉及管理费和后端收益，进而我们需要在尽调中核查，对方如何收取管理费，如何分配投资项目的后端收益，对管理团队的激励机制，获取投资项目的渠道和来源等。

我庆幸在出差前多看了一眼清单，确认过眼神。在后来的尽调反馈中，客户果然对目标的管理费收取模式、后端收益分配安排、内控制度和合规性格外关注。

二、了解客户的商业模式

商业模式简单来说，就是客户是怎么赚钱的。具体说来，包括客户向谁收钱，以及收的是什么性质的钱（比如技术开发费或软件许可使用费）。

或许你会说，这不是投行要关注的吗？律师只管合不合法、合不合规不就完了。你说得没错，但管好合法合规是非诉律师 60 分的要求，关注商业模式是 90 分的标准，你要哪一个？

我曾协助过一位合伙人 A 律师，他非常勤勉。他的工作特点在于对客户商业模式格外关注。不仅关注，他还身体力行地参与到客户商业模式的搭建、调整、改良中去。他有一家客户，原是做银行绩效系统考核的，做得不错，但早期偏重考核软件的开发建设，营业收入主要来自软件开发费用。其后客户寻求业务转型升级，A 律师积极与客户创始股东沟通、商讨，最终将单纯的绩效考核软件开发，转变为向银行提供软件开发 + 咨询服务的升级模式，营收不仅来源于软件，也来源于数据服务，未来可以在所掌握的银行绩效考核大数据上，再衍生其他增值服务。

这是 A 律师的过人之处。当你能够参与到客户商业模式的构建中时，至少说明：一方面，客户对你有足够的信任基础，这是维持现有业务的条件；另一方面，客户对你有一定的依赖性，这是开拓新业务的条件。

此外，了解客户的商业模式，还有助于对客户日常经营合同的审阅和修订。

试想一下，如果连人家怎么赚钱都搞不明白，如何期待我们能够为客户控制风险、保障权益？

三、于对立中寻求妥协点

非诉常与谈判相伴。一般尽职调查做完，如果结果通过，随之而来的就是谈协议。

在很多人的设想中，商业谈判是一个高端严肃的场合，一水儿的西装革履，一桌的精英范儿，在你一言我一语的刀光剑影中，落地两个亿的大生意。然而，实际情况是，谈判一整天，文件修订了七个版本，连着吃了两顿都城快餐，最后一方体力不支，挥挥手道：行吧，就按你们改的来。

谈判既是个体力活，又是个技术活。说它是体力活，是因为往往身体素质更强的那一方占据上风，另一方会因熬不下去而就此算了。听上去虽有些可笑，可这正是非诉业务的日常。说它是技术活，是因为商业谈判中，除了为委托方尽可能争取利益，常常也需要放弃一些利益，作出让步，寻求妥协。这是非诉和诉讼思维很大的不同。

诉讼是对抗性的，是非曲直往往有个对错在里面。所以，如果不是达成和解，我们的判决总能分出胜负来，所谓胜诉方或败诉方。律师在法庭上，也多以唇枪舌剑开战，一决胜负。与之不同，非诉围绕商业展开，更多是钱赚多赚少的问题，而不是大是大非的问题。在非诉谈判中，在合规的前提下，没有不能谈的条件，只有谈不拢的价格。这就要求作为非诉律师的我们，要学会妥协。

当然，学会妥协不是说不顾客户的核心诉求，一味让步或放弃利益，而是说，要充分了解客户最在意的是什么，最想得到的是什么，能为这项交易让步的底线是什么。在搞清这些问题的前提下，为客户尽可能争取更多。我在项目中见到过很多"交易杀手"型律师，他们不顾及达成交易的美好初衷，一味展示所谓的法律功底，对条款大刀阔斧地删减修改，设置不切实际的违约赔偿金额，最终不仅展示不了专业性，反而在下一次项目中便不见人影。

争取和妥协，是一块硬币的两面，没有谁能永远在上面或下面。上上下下才是生活本质，也是谈判智慧。

第三节　向产品经理学产品思维

这几年，互联网发展迅猛，无论从身边的程序员朋友身上，抑或从自己所使用的产品，如智能手机或 App 中，我们都能感受到产品经理不仅是一个职位，更代表着一种思维方式。他们追求用户体验的极致、重视口碑、小步快跑、迅速迭代，无一不是铆足了劲把用户服务得生活不能自理。

这种产品思维，以我行外人的理解，大抵是指从用户（客户）视角出发，有逻辑地分析用户需求和痛点（客户核心诉求），进而提供解决方案的思维模式。并且，这种解决方案的提供不是一步到位的，而是迭代实现的，通过重复反馈和快速响应，接近乃至实现需求。

律师业务属于服务性行业，存在诸多可向产品开发和工业制造借鉴的理念，比如对过程的精准控制、对标准件的组合使用和对成品的质量标准要求，在非诉业务领域尤其如此。有同行指出，在证券业务中，一个项目如同一款产品，由企业与各方中介共同打造，证券律师是负责法律模块的产品经理。确实如此，非诉业务中，有很大的空间进行业务模块化。比如，基于上海、深圳、北京证券交易所的信息披露和大量已上市、已挂牌案例，IPO 业务、新三板业务，有诸多资源促进传统非诉业务在产品思维下深度改善。

一、建立知识模块

产品经理在设计产品时，会用解耦的思路去拆解问题。所谓解耦，就是把整体拆解成几个相互独立的模块，进而分析和设计。与此相似，我们也可以将不同项目或法律文本进行拆解，将其中的共同问题，做成具有重复性的知识模块——类似建模——这要求团队有足够的服务经验和较高的业务水平。

在当前的项目开展中，比较常见且容易做到的是：给出文本模板。比如，开展法律尽职调查，资深律师可以给低年级律师尽职调查报告模板，指引其按报告结构和体例协助开展尽调核查。但这只是形式上的、结构体例上的，还远远不够。更应重视的是，拆解项目后，把共同问题所涉及的知识分析研究并模块化，最终使法律文本达到"形式上有文本模板，内容上有知识模块"。

举个例子。新三板项目中关联交易和同业竞争是个重要问题，通常在法律意见书的同一小节即"关联交易和同业竞争"这部分进行核查和阐述，但常有客户对这两者"老虎老鼠，傻傻分不清楚"，认为两者均系挂牌的实质性障碍。事实上，关联交易和同业竞争对申请挂牌的影响性质是不同的。关联交易并非绝对禁止，而是应当尽量减少，对于不可避免的应做到交易真实、定价公允，其"底线"是不能对关联方存在重大依赖，影响拟挂牌企业的独立性。而同业竞争是"红线"，不能踩，存在同业竞争的必须在挂牌前解决此问题。

我们根据项目经验进行知识整理，就关联交易和同业竞争问题建立如下知识模块：

表 3-1　关联交易和同业竞争知识模块

序号	核查指引	法律分析	初步建议
	关联交易问题		
1	● 披露发生关联交易的关联方名称、主体资格信息和与公司的关联关系； ● 披露关联交易的决策程序、内容、目的、交易价格、占主营业务收入或采购总额的比例； ● 核查是否存在关联方关系非关联化的情形； ● 结合前三点分析公司关联交易的真实性、必要性和公允性，判断其在哪个标准上存在问题。	● 关联交易，是指公司与关联方之间发生的转移资源或者义务的事项，根据实质重于形式原则认定； ● 根据监管机构的核查要求，关联交易应具有真实性、必要性和公允性，主要包括：规范的决策程序、公允的市场价格以及适当的占比； ● 如报告期内存在关联交易显失公允或存在其他利益安排，会存在认定潜在利益输送的可能，应采取措施规范；	● 建议由公司收购产生关联交易的关联方100%股权，将其变更为公司名下全资子公司； ● 若公司认为收购有困难，应逐渐减少关联交易占比，在报告期末能消除最好；确实难以避免的关联交易，公司应通过整改做到程序合规、价格公允，且关联交易占比一般应降至30%以下； ● 上述方案均难以操作的，建议将产生关联交易的关联方股权转让至非关联方，但双方应确保交易过程真实、公允，避免"关联交易非关联化"以规避对该问题的处理；

续表

序号	核查指引	法律分析	初步建议
		● 如报告期关联交易占比较大，会存在认定公司对关联方存在重大依赖的可能，进而对公司业务完整性及持续经营能力造成负面影响。	● 此外，还应在《公司章程》《股东大会议事规则》《董事会议事规则》及《关联交易管理制度》中，明确规定关联交易公允决策的程序及回避制度。
	同业竞争问题			
2	● 披露公司控股股东、实际控制人及其控制的其他企业的经营范围以及主要从事业务，判断是否与公司从事相同、相似业务； ● 若存在从事相同、相似业务，进一步从业务性质、客户对象、可替代性、市场差别等方面判断该等相同、相似业务是否存在竞争； ● 核查同业竞争是否有合理性解释，是否有相关规范措施。	● 同业竞争，是指公司所从事的业务与控股股东、实际控制人及其控制的其他企业所从事的业务相同或相似，构成或可能构成直接或间接竞争关系，根据实质重于形式原则认定； ● 由于挂牌成功后公司变为公众公司，同业竞争使得公司与存在同业竞争关系的关联方之间建立了潜在利益输送通道，控股股东利用控股地位，可能损害挂牌公司公众投资者的利益。	● 同业竞争的整改措施，常规建议的有四种：关、停、并、转，分别如下： （1）注销存在同业竞争的公司，该解决方式较为彻底； （2）同业竞争公司放弃继续经营竞争业务； （3）通过并购、重组等方式，将竞争业务全部整合到拟挂牌公司； （4）将竞争业务转让至无关联第三方。 ● 除了上述四种，在"同业不竞争"的情况属实的前提下，可建议公司通过对同业但不竞争进行充分解释来处理。

上述知识模块既可成为尽职调查报告的文字表述，也可作为主要法律问题摘要提交客户及各方中介机构讨论。通过对同类问题的归纳、对应法规的搜集以及整改方案的总结，形成项目"标准件"，不仅可以在律所或团队中共享，也可以在不同项目中组合运用，省得每个项目都"心在梦在从头再来"。就像有时程序需要修改，并不需要从头再写一遍，产品经理只需要重写改动那部分，把配置文件一改就完成了。知识模块的反复运用，能使工作效率显著提高。

不过，构建知识模块并不是说律师就不用智力劳动了。知识模块不是一劳永逸、生搬硬套的，而是——也仅仅是——尽量节约重复研究的劳动成本。它使团队成员不再把精力放在重复研究常见问题上，而是投入更新知识和深度研究中，关注对项目新问题或旧问题新角度的研究建模，不断丰富完善知识库中的知识模块。在这样的劳动分工格局中，才有可能生出创新来。

二、及时更新迭代

文本模板和知识模块都是有保质期的，这一点常为我们所忽略。知识模块不是墓葬古董，千年不改；将其视为生鲜品，方才常用常新。

及时更新迭代包含两个层面的要求，一个是更新，一个是快。知识模块是建立了，却一啃两年，引用法规失效了都浑然不觉，这种情况我遇到过不止一次。这是非诉律师要警惕的，也是可以向产品经理多学习的——小步快跑，及时更新迭代。"天下武功，唯快不破"，快速的响应速度和服务提供，能给客户一种迷之信赖感。

（一）根据法规更新迭代

都说律师是个终身学习的职业，苦也在此，乐亦在此。之所以需要终身学习，一个是社会高速发展，新项目、新案件层出不穷，另一个就是法规政策环境不断更新，对非诉业务来说尤其如此。非诉覆盖的资本市场、融资并购等业务，是新规频出且受监管影响非常大的业务领域。让人叫苦不迭的"周五见"不是说笑而已，而是每每周五，监管机构极其容易发布新规，体贴地为包括律师在内的业内人士留下充裕的周末学习时间。

作为一名非诉律师，要对自己所从事业务的监管环境有全面和较为深入的了解，不仅要知晓纸面规定，还应延伸做些研究，理解规定背后的监管逻辑，并保持对最新监管动态的敏锐度。一旦发布新的法规或政策，及时对文本模板和知识模块修订更新。

（二）根据客户反馈更新迭代

除了基于新规更新迭代，另一种情形是根据客户反馈更新迭代，这在电子产品和移动端应用上最为显著。小米公司就是一个典型的例子，小米在开发新产品的过程中，会号召几十万"米粉"加入进来，对MIUI优化改进提出建议，每周将具有代表性的意见汇总，及时完成版本迭代。在开发手机新功能之前，公司也会提前向小米论坛上的粉丝们透露一些想法，收集他们对新功能的意见，快速反应，对新功能做出改进。这使得小米相当于用低成本维持了一批极具极客精神的手机性能测试员。

我们在业务中出具的服务方案、操作指引，如股权激励计划草案、公司股份制改制操作指引等，往往是高频和反复使用的"法律产品"。对应不同客户在使用过程中遇到的问题，或集中补充更详细的解释，或优化某个环节的操作建议，这样我们有可能提供更为卓越的"法律产品"，从而为客户带来更专业高效的法律服务体验。

（三）回到用户需求

借鉴产品思维，最终还是要回到用户需求上来。产品设计中的用户需求有些类似非诉业务中的商业目的。正如某个产品，用户的需求不止一个，非诉业务中，客户的诉求往往也有多个，有时，不同诉求之间甚至是相互矛盾的。

比如，客户需要进行股份制改制，由有限公司整体变更为股份公司，那么股改就是客户的诉求之一。但是，客户目前股权结构较为分散，不利于公司控制权的稳定，那么创始股东便有很大可能在股改的过程中，通过增资或受让其他小股东的股权提高持股比例，强化控制权。然而，公司的创始股东可能不止一个，是"兄弟几个"当初一起创业，除了股权比例最大的创始股东有增持需要，其余几位股东往往更希望维持"分权"的治理结构，确保公司不变为"一言堂"。于是，你会发现，虽然只是一项简单的股改业务，但要做的不止股份制改制这么简单。我没有办法告诉你，这种情况下怎么做是对的，因为不同的立场，会有不一样的对错取向。但我希望向你揭示项目的复杂性，那些在法规、条款之外的，更为生动复杂的人情世故掂量。

这就是项目的实际。项目是可以类型化的，有知识模块，有文件模板，而实践却是个性化的，有无数故事在里面，充斥着各方博弈和利益考量。作为客户的顾问律师，我们不仅要了解客户需求，往往还需要帮助客户梳理需求，看哪些需求是可以保障或实现的，哪些是不建议尝试或对公司整体不利的，而非一味地客户说什么，是什么；指什么，做什么。律师受客户委托，遵照委托人的意志行事固然没错，但不能忘了，律师更是独立的专业服务者，应当有更高视野的自主判断。

所以，回到用户需求，并非满足用户所有需求。恰恰相反，我们需要正视客户诉求，并在合法、合规的前提下，尽可能保障客户的核心诉求。

法律是保守的，因为作为一种稀缺的社会资源，它的启动需要消耗较多公共投入，并且规则的创制必然落后于社会发展的节拍。但法律人的思维应当是开放的，移动互联网时代，并没有传统意义上的行业壁垒。纵观互联网发展史，业内航母公司被行业外中小企业吞掉的例子比比皆是。人类的努力是没有边界的，无论是对智识的追求，还是对思维的挑战。分工千差万别，不局限于所处行业，有交融的地方，就有创新的希望。

第四节　向广告商学可视化思维

按照惯常理解，可视化在法律领域更多运用在诉讼业务中。诉讼可视化与案例大数据、模拟法庭并列为天同律师事务所三大诉讼法宝。这种生动直观的表达方式，能更有效地说服法官，也能更好地获得当事人的理解，使追求更优庭审成为可能。可视化在非诉业务领域，同样有广阔的运用空间。无论在什么样的场景，使用何种工具，可视化的核心在于——"用图表说话"，能用一张图解决的，不多用两段话。

不仅尽可能多使用图表，可视化还要求使用图表所呈现的信息应当是清晰、简洁和美观的。清晰意味着信息真实、准确，没有遗漏或错误；简洁意味着信息不冗余，图表不重复；美观意味着图表的颜色、填充、箭头、图例等搭配得当。满足这三个要求的出品，便做到了广告商那句"漂亮得不像实力派"。

非诉业务的可视化运用，可以向广告商学习的，不仅是一句口号，其对品牌广告和效果广告的界分，对应非诉业务可视化运用的两种主要场景，对我们有诸多启发。

一、接受委托前的可视化运用：向品牌广告学习

（一）品牌广告——树立专业形象

品牌广告，又被称为"注意力经济"，可唤起或抓住消费者的注意力及对产品或服务的兴趣，进而树立企业的品牌形象。这个过程，与律所和律师树立专业品牌形象的场景相契合。日常业务中，我们所做的法律服务建议书、报价函、投标文件等，都是这个场景下的工作。人们往往认为，非诉律师就是写文件、赶报告。写文件没错，但并非都是交易文件，非诉律师，尤其是初入行的律师，在不能完全主办项目之前，工作的很大一部分内容就是法律服务建议书等前述文件的草拟工作。

一般而言，律所对这类文件会有统一模板或文本格式，一些注重品宣和市场的优质律所，还会有规范的素材，如以往业绩、代表案例、律所年报等供你运用。这么看来，我们似乎没有太多空间去尝试可视化。其实不然。律所能提供的，都是整体性的素材。针对当下要草拟报价或提供服务建议的项目，如果我们能梳理以往的业务，用可视化的方式（如绘制流程图）呈现出项目完整的工作程序，对律所而言报价会有更好的效果。虽然并不是为了解决某个具体问题，但就像品牌广告那样，我们绘制的流程图，可能在千篇一律的报价文件中抓住客户的注意力，进而为律所和律师树立起更为专业的形象。

（二）业务流程图——可视化的一个场景

比如，2014~2016年间，我们曾承办了大量中小企业申请新三板挂牌的项目。结合挂牌项目的工作特点，我们将申请新三板挂牌业务绘制为以下流程：

1	初步面谈，了解企业基本信息
2	律所内网进行利益冲突检索
3	确定律师工作团队，系统立案
4	签订专项法律服务合同
5	参加项目启动会，对接企业、券商和会计师
6	发送初步法律尽职调查清单，指导企业准备尽调资料
7	根据项目行业特点，整理相关法规，草拟已挂牌案例检索报告
8	开展法律尽职调查（查阅资料、人员访谈、走访等）
9	出具尽调补充清单，补充资料完善尽职调查
10	出具主要法律问题摘要，提交法律尽职调查报告
11	中介协调会，确定整改方案及预完成时间
12	指导企业完成规范化的各项整改措施
13	指导企业进行股份制改制
14	出具关于新三板挂牌的法律意见书
15	协助券商完成其他申报文件的制作
16	根据主管部门的反馈意见，出具相应的补充法律意见书
17	挂牌成功，项目资料整理归档
18	根据项目挂牌中的主要法律问题，撰写案例研究报告
19	项目相关法律研究的知识管理
20	结案，项目总结

图3-1 企业申请新三板挂牌法律服务流程

除了树立专业形象，可视化运用的另一个意义在于，让律师的服务过程被看见，让律师的工作和努力被看见。这不是邀功自赏，而是奠定与客户沟通和对话的基础。

二、接受委托后的可视化运用：向效果广告学习

（一）效果广告——只为可衡量的效果买单

效果广告，是新媒体行业很多以广告业务为主要收入来源的公司承接的广告类型。在效果广告中，广告主只为可衡量的效果买单，如用户的点击数、下载量、注册量或购买次数。所以，效果广告又被称为欲望经济，它不像品牌广告那样，只是初步引起你的兴趣，效果广告的目的是最终让用户认识产品或服务，促进销售，或引起其他消费者行为。

我们在接受客户委托后，进入项目的实质工作阶段。在此阶段，主要目的不再是让客户了解律所和律师，而是深入项目中。接受委托后的可视化运用，主要目的在于让客户和其他受众认识我们的方案或建议，促进理解，从而协助或指导客户下一步的交易行为。

（二）交易结构图——可视化的另一个场景

举个例子。在中国企业海外上市的过程中，我们经常听到"VIE架构"（Variable Interest Entity，即可变利益实体）。VIE架构最初被采用是为了规避中国对外资行业的准入限制，它缘起于从事增值电信业务的企业在境内很难融资或者上市，于是便想在境外融资或者上市。但如果在境外融资或上市，该等企业将会变更为外商投资企业，而我国当时的增值电信业务又是禁止外商投资的，于是境外融资的迫切需求和严格的外资准入限制成为该等企业发展阶段面临的根本矛盾。为了协调这一矛盾，出现了VIE架构这一变通做法，即外国投资者不通过股权控制的方式，而是通过协议控制的方式参与增值电信业务。

这个模式，头牌案例就是新浪在2000年运用VIE架构成功赴美上市，其后效仿者众，搜狐、百度、人人网、新东方、唯品会都是这一模式的采用者。2015年，随着暴风影音拆除VIE架构，登陆创业板并开启A股神话，众多已

搭建 VIE 架构的企业纷纷考虑拆除 VIE 回归，并委托律师指导 VIE 架构拆除。

VIE 的搭建是个技术活，拆除亦是如此。一般而言，拆除 VIE 架构主要步骤是：（1）境内公司创始人与境外投资者进行商业谈判，境外投资者或者选择退出，或者选择其境内平行基金在境内公司层面承接出资，并终止相应的 VIE 协议；（2）境内公司通过增资获得现金，增资来源可以是新投资者，也可以是前述平行基金；（3）境内公司股权结构如需调整，如涉及员工股权激励，同步进行股权转让；（4）通过增资资金收购 WFOE（Wholly Foreign Owned Enterprise，即外商投资企业）；（5）收购价款以股权回购的形式偿付境外投资者的投资，使其退出；（6）境外架构清算注销，境内 WFOE 保留或注销均可。

怎样向客户形象化地讲解如何拆除 VIE，以及核心工作步骤如何，我们可借助下图：

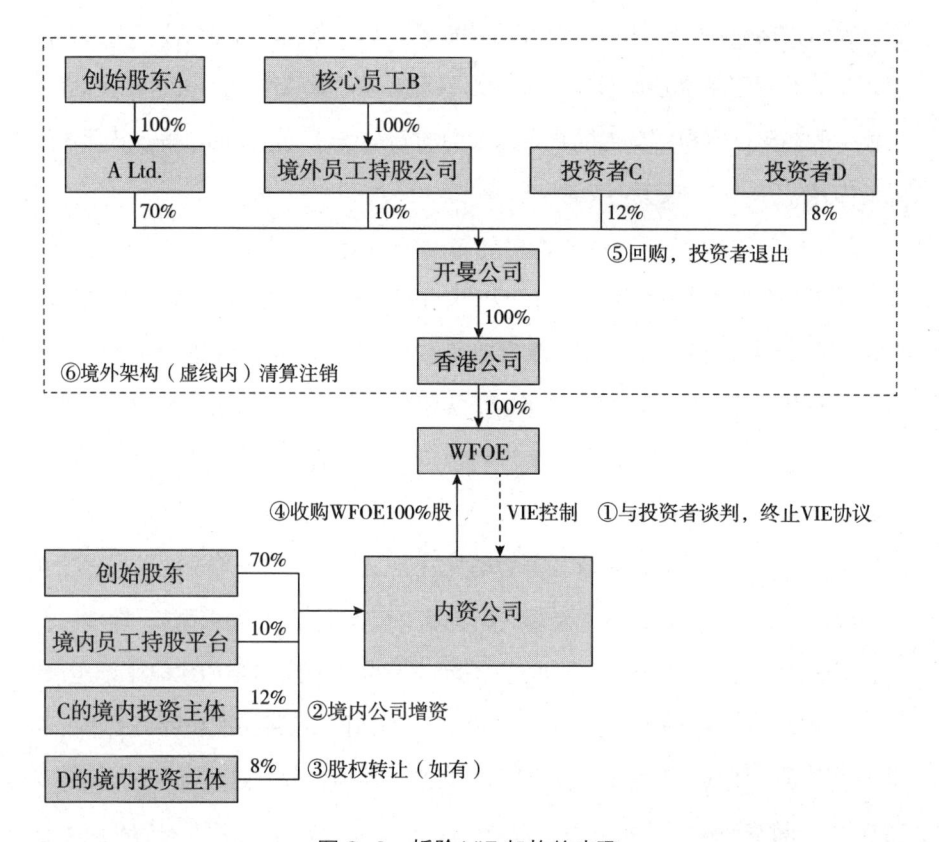

图 3-2　拆除 VIE 架构的步骤

当图表呈现在客户面前时，我相信，对客户理解和接受律师方案是大有助益的。非诉业务中，可视化运用最多的就是绘制交易结构图，将拟议交易的股权结构和交易步骤如上图所示，形象地展示给客户、中介或团队同事。很多时候，我们文字介绍要花数十分钟的内容，放在结构图中，5分钟就能讲明白。听的人对哪个环节存有疑问，也方便随时指出。

另一个建议是，配合上述交易结构图，我们通常还会制作一张工作流程表，表头如下：

序号	步骤	事项内容	参与方	核心文件	备注

通过工作流程表，将交易结构图中每个步骤详细分解，标明参与方及所需文件，并将风险提示和建议完成时间附在备注中，如此从整体到局部，从框架到细节，一目了然。

需要说明的是，绘制图表可以使用的工具很多，主流的如 XMind、Visio，日常的如 PowerPoint 或 Word 自带的绘图功能，包括配色方案。不用去追求哪一款工具更酷炫、更高端，因为再酷炫的软件，我们经常用的也只是基础功能。可视化不是花架子，而是要切实解决问题。任何时候，当你追求一张图表精密、美观，恨不能所有信息都放在一张图上时，你就可能进入另一个极端，叫过犹不及。一张图说不清楚时，那就画两张啊；Xmind 用不顺手，那就用 PPT 啊，完全没问题。运用可视化时，要常常想到，你手上的东西是个效果广告，客户只为可理解和可接受的效果买单，因此促进理解、解决问题才是根本。

一言概之，可视化是桥和船，解决的是过河的问题。

第五节　让我们把逻辑思维摆在最后

如同吉他是流浪歌手的冲锋枪，逻辑是非诉律师的洛阳铲。当我们介绍自己是律师时，别人下意识的反应就是，你应该具有高于社会平均水平的逻辑思维力。本章将逻辑思维摆在最后，不是说逻辑思维不重要，恰恰相反，它是律师工作的基础思维能力。逻辑思维和前几节学会提问、商业思维、产品思维以及可视化思维，是树干和树枝的关系。逻辑思维如树干，是律师的底层思维，支撑我们的分析角度；其他思维如树枝，是律师的上层思维，丰富我们的思考维度。

图3-3 逻辑思维和其他思维的树形关系

一、逻辑的本质：不仅仅是会分一二三四

"有逻辑"到底是一项什么样的能力，你可能会回答：层次分明。乍一看有点道理，细细想来也不尽然。工作中，我们经常遇到有的人讲话喜欢分一二三四。一上来就这个问题我讲三点，每一点下面再分三点……听上去似乎条理分明，但若细听所讲内容，你会发现，这一二三四点并非在同一个层面，它们之间是跳跃的、部分重复的或者互有遗漏的。你并不知道这几点互相之间有什么联系，为什么是这三点而不是其他三点，没有论证。于是，我们只能认为，这样的风格，即使会分一二三四，也不是有逻辑的体现，充其量是一场"头脑风暴"，想到哪儿说到哪儿罢了。

通过这样的场景，我们可以看到，表面的层次感不是逻辑的全部，甚至不是主要的。逻辑的核心，是事物之间的抽象联系。它倚赖一种确定的，而不是模棱两可的；前后一贯的，而不是自相矛盾的；有条理的，而不是混沌一团的思维来使大脑运行，这就是简单理解的逻辑思维。在具体方法上，需要用到概念、判断、推理等思维类型和比较、分析、概括、归纳、演绎等思维方法来驱动逻辑思维运行。

我们所熟知的法律条文，正是立法者对社会百态之现象进行分析归纳和高度概括后，将其凝结为抽象的、一般性的规则，进而无差别地反复适用。比如，现实生活中，诈骗行为手段多样，技艺高超。伪装中奖的、冒充亲人的，虽然花样百出，但在刑法的视野里，这些手段都被抽象为"以虚构事实或隐瞒真相的方法"统一概括。律师的工作任务，正是需要将抽象的法律条文与繁复的社会现象重新对应，建立联系，并论证这种联系，这是我们所熟知的法律适用的过程。

于此，可以进一步解释我在前文提到的现象：为什么人们往往认为，律师应该具有高于社会平均水平的逻辑思维力？这是因为，律师工作的两大"原材料"——事实和法律，需要逻辑这种工具，使其建立联系。律师不是事实和法律的生产者，但他是联系二者的搬运工，如何搬运，就是驾驶"逻辑思维"这辆战车。

二、逻辑的进阶：如何变成有逻辑的律师

明确了逻辑的核心是事物之间的抽象联系之后，如何变成有逻辑的人？尤其是，如何在律师工作中，做到有逻辑？结合逻辑思维的三个特点，即确定的、前后一贯的、有条理的，我们将逻辑的进阶分为三步。

（一）概念：准确的而不是模棱两可的

概念是最基本的。概念不清是制约有效沟通的典型因素。换言之，工作中的任何动作，从搞清定义开始，否则接下来的讨论都是浪费表情。准确运用概念是一项看上去基础，但不易做到的要求。青年律师在使用概念时容易犯的错误，一般有两种情形。

一种是概念模糊，即概念使用高频，大家习惯了大而化之，不去深究概念之下具体定义是什么。通常，一个语词使用越普遍，它的含义就越模糊。不信，

你在当下最热门的业务类型中，挑几个基础概念出来，不要说青年律师，有的资深律师也不见得有清晰准确的理解。概念模糊，影响的不仅是有效沟通，很多时候会实质影响我们向客户提供的法律方案。

举个例子，对于新三板挂牌业务，很多律师会用"新三板上市公司"的概念，我们去看很多所谓专业研究网站或微信公众号，"新三板上市"的说法比比皆是。其实，准确的概念应当是"新三板挂牌企业"。"挂牌"和"上市"是不一样的，挂牌企业的法律性质是非上市公众公司，而非上市公司。

区别远不止于企业性质，更严重的影响在于，当投资者对一家公司进行股权投资时，多半会在投资协议中约定一个回购条款，如自本次投资交割之日起4年内目标公司未能合格上市的，则创始股东按指定价格回购投资者所持有的股权。那么，所谓"合格上市"作为投资者常见退出渠道，是否包含目标公司在新三板挂牌的情形？从概念准确的角度来说，是不包括的，但实践中很多目标公司希望包括，以避免创始股东承担回购义务。如果你是代表目标公司的律师，就需要和各方明确"合格上市"概念具体所指，并协商是否增加公司在新三板挂牌成功的情形，作为排除回购权行使的条件，避免因为基础概念的模糊，使目标公司的权益得不到妥善保护。从这个细节不难看出，始于一个概念，可能影响的是投资条款设置和退出安排。

另一种错误，是概念多义，这和语言的特征有关。语言是流变的，当我们指着"帅"这个概念时，它可能表达的是一名男子相貌俊朗，也有可能表达的是象棋中的一个角色。

这在业务中，最常见的就是某个概念，具有对应的多种情形，每种情形关联的法律后果各不相同。在使用这个概念时，易忽略多种含义的存在，由此在法律研究或分析讨论中，要么遗漏其余含义对应的情形致使法律意见不完整，要么对含义的理解产生歧义。

比如，在公司法中，控股股东指的是，出资额占有限责任公司资本总额超过百分之五十或其持有的股份占股份有限公司股本总额超过百分之五十的股东，这是最常见的定义。然而，控股股东的概念还有另一层定义，那就是出资额或者持有股份的比例虽然低于百分之五十，但依其出资额或者持有的股份所享有的表决权已足以对股东会的决议产生重大影响的股东。后一种情形极易被我们忽略。于是在尽职调查中，核查控股股东，只看持股比例，见没有持股比例超过百分之五十的股东，便下结论说目标公司不存在控股股东。这个结论不仅是不完整的，甚至有可能是错误的，错误根源就在于忽略了概念的多义。

（二）判断：前后一贯的，而不是自相矛盾的

律师常常需要对某个问题发表核查意见，以私募基金管理人登记为例，监管部门需要律师对申请机构专业化经营的下述问题进行核查：

● 申请机构是否符合专业化经营的原则？
● 申请机构的经营范围或实际经营业务中，是否兼营可能与私募投资基金业务存在冲突的业务？
● 是否兼营与"投资管理"的买方业务存在冲突的业务？
● 是否兼营其他非金融业务？

在核查中，律师会收到不同类型的信息作为"原材料"，如申请机构关于主营业务的说明、重大业务合同、公司经营范围和高管访谈记录等。面对这些信息，律师需要分析、对比、归纳和概括，而非照单全收。

我们在此类业务中，曾遇到申请机构自认为符合专业化经营，并在访谈中拍胸脯保证没有经营冲突业务。但在查阅业务合同时，我们发现该公司存在民间借贷和众筹的相关合同。对于兼营民间借贷、民间融资、配资业务、小额理财、小额借贷、P2P/P2B、众筹、保理、担保、房地产开发、交易平台等业务的机构，这些业务与私募基金的属性相冲突，容易误导投资者。为防范风险，基金业协会对从事与私募基金业务相冲突的上述机构将不予登记。

上述情形中，访谈所得与文件资料二者之间存在冲突。逻辑学中有个基本原理叫矛盾律，大意是，在同一时刻，某个事物不可能在同一方面既是这样又

不是这样。[1]我们不可能给出申请机构既符合又不符合专业化经营的结论，那么就不能在此刻急于作出判断。我们必须进一步核查，比如，对比报表或其他相关资料，从财务往来中交叉验证是否确实存在借贷或众筹行为；再如，扩大访谈对象，对申请机构风控部门或财务部门人员进行访谈，了解公司业务真实情况；直到矛盾消除，直到不同渠道获取的信息能够前后一贯地反映相同的事实，我们才能发表明确意见。

在非诉业务中，律师获取信息的渠道往往是多元的，资料也浩如烟海，对这些信息进行分析处理是青年律师的基本功。在分析的过程中，我们会运用对比、概括、归纳、交叉验证等方法，这其实就是逻辑思维发挥作用的过程。你或许不知道同一律、矛盾律、充足理由律的具体表述，但你已经在无形之中运用它们了。

此外，不是所有事实都是法律视野里的事实，法律事实是一种法律拟制。社会生活中的某些事实，虽然为真，但不具备在特定领域为法律所评价的意义，这部分事实会在我们分析信息时被裁剪。比如，前述对申请机构的业务核查，公司可能提供了一长串奖项，这些荣誉是真实的，但不构成判断专业化运营的法律事实，这部分信息即使为真，也会被舍去。

（三）论证：有条理的、而不是混沌一团的

逻辑进阶的第三步，是建立信息之间的联系，并解释这种联系。这实际上是一个论证的过程，也就是"说理"的过程，所言说的"理"，无论是道理、事理，还是理由、依据，其实都是事物之间的抽象联系。我们不仅需要发现并建立这种联系，还要能解释这种联系。换言之，不仅需要自己"想得明白"，还要能向他人"说得清楚"。罗素曾说，一切哲学问题经过分析都是语言问题，而语言问

---

[1] 英文单词中的矛盾（contradiction）衍生自拉丁文的两个词根——contra（相反的）和decere（讲话），其含义就是自身反对自身，因为它所描述的一些东西不符合客观事物的本身情况。因此，避免矛盾就是避免谬误。如果说逻辑学的第一要务是反映真相，那么很明显，消除真相的对立面是最重要的事情。参见〔美〕D.Q.麦克伦尼著：《简单的逻辑学》，赵明燕译，浙江人民出版社2013年版，第32～34页。

题归根结底就是逻辑问题。逻辑不单单是思维层面的事,还是表达层面的事。

论证在非诉业务中的运用场景很多,比较集中地体现在法律意见书中。比如,合同审查法律意见书,需要论证被审查的合同内容是否合法、合规;挂牌企业申请定向增发股票的法律意见书,需要论证其是否符合定增条件。

除了在法律意见书中完整发表意见,有的时候,我们还需要对别人已建立的联系进行推倒重构,尤其是那些似是而非的联系,这实质是一种对谬误的厘清。比如,公司控制权是很多客户在意的事项。诸多创始股东认为,控股=控制权。对一家公司只要控股,就享有控制权;反之,要享有控制权,必须对公司控股。这是在客户中颇为流行的一种看法。什么是控制权?是持股比例超过50%吗?还是可以在公司说一不二,在工作群里随心所欲发语音?这几种看法有对的成分,但不是律师视角。作为一名律师,我们需要从逻辑和法律的角度来考虑。

控股的概念出现在《公司法》中,而控制权的概念,则在《上市公司收购管理办法》中有相关阐释。二者对比如下:

表 3-2 "控股"和"控制权"定义对比

《公司法》第 265 条第 2 项	《上市公司收购管理办法》第 84 条
控股股东,是指其出资额占有限责任公司资本总额超过百分之五十或者其持有的股份占股份有限公司股本总额超过百分之五十的股东; 出资额或者持有股份的比例虽然低于百分之五十,但依其出资额或者持有的股份所享有的表决权已足以对股东会的决议产生重大影响的股东。	有下列情形之一的,为拥有上市公司控制权: (一)投资者为上市公司持股 50% 以上的控股股东; (二)投资者可以实际支配上市公司股份表决权超过 30%; (三)投资者通过实际支配上市公司股份表决权能够决定公司董事会半数以上成员选任; (四)投资者依其可实际支配的上市公司股份表决权足以对公司股东大会的决议产生重大影响; (五)中国证监会认定的其他情形。

对照二者定义,可以清晰地看到,控制权≠控股。控制权和控股的联系在于,控股是拥有公司控制权的方式之一。这种联系表达了两层关系:第一,拥有

控制权与控股不能画等号，二者存在实质差别；第二，后者是前者的一个子集，通过支配表决权、决定董事席位、影响股东大会决议等，也可拥有公司控制权。建立或梳理事物之间的联系，有条理地呈现出来，而非混沌一团，是法律工作逻辑进阶的第三步。

不同于土地、粮食这样自然的存在，法律作为一种社会治理机制，是一种人为构建。它有一整套自己领域的逻辑框架和话语体系，能否熟练运用这套逻辑框架和话语体系来思考并表达，往往构成这个专业领域审阅新人的门槛。对律师工作而言，逻辑思维的作用在于清晰高效地思考并表达。这个"树干"扎实了，其他枝繁叶茂才有生长的意义。

第四章
非诉业务,比身体更重要的是情绪

压抑是文明的产物。不过这么说也不全对，因为比如狼的压抑攻击的机制非常强，它们的遗传基因中如果没有压抑机制的组合，狼这个物种早就自己把自己消灭了。这正说明人之所以为人，是因为能够逐步在前额叶区这个"硬件"里创造"压抑软件"的指令，控制爬虫类脑，从蒙昧、野蛮以至现在，人类将这个"逐步"划分为不同阶段的文明，文明当然还包括人类创造的其他。不同地区、民族的"压抑软件"的程序及其他的不同，是为"文化"。

古希腊文化里，非理性的戴奥尼索斯也就是酒神精神，主司本能放纵，理性的阿波罗也就是太阳神精神，主司抑制，两者形成平衡。中国的孔子说"吾未见有好德如好色者"，一针见血，挑明了本能与压抑本能的关系。

不幸文化不能由生物遗传延续，只能通过学习。孔子说"学而优则仕"，学什么？学礼和技能，也就是当时的权力者维持当时的社会结构的"软件"，学好了，压抑好了，就可以"联机"了，"则仕"。学不好，只有"当机"。一直到现在，全世界教育的本质还是这样，毕业证书是给社会组织看的。受过高等教育的人，脸上或深或浅都是盖着"高等压抑合格"或"高等伪装成功"的印痕，换取高等的社会待遇。

——阿城[1]

---

[1] 阿城著：《常识与通识》，中华书局2016年版，第26～27页。

第一节　让我们皱眉的，不是大象而是苍蝇

一、职场中的"高等压抑合格"

阿城曾讲过，人类通过后天学习，学会一种与本能作用相反的机理，叫压抑。比如，社交中彬彬有礼、长幼有序，工作中守时高效、理性克制，这些被文明引以为傲的工作习惯，无不和压抑有关。它压抑的，是人类天生懒惰、散漫、暴力、色欲之本性。受高等教育程度越深，"高等压抑合格"程度越高。所以，我们常常感慨，童年时的快乐最纯粹——一块糖、一条小河、一个足球，都够我们开心一整个夏天。其实，这不是纯粹与否的问题，成年人仍然可以有发自内心的纯粹快乐。关键在于成长和教育，为了换取高等社会待遇，你练就了"高等压抑合格"。

这让人们长期以来，不能很好地认识和对待工作场景中的情绪。想想看，我们和同事、朋友用得最多的问候语，就是注意身体；当我们和父母聊天、通电话，被叮嘱最多的，也是"多注意休息，注意身体"。身体是革命事业的注册资本金，于工作的重要性不言而喻。但我们会感觉到，身边很多人即使身体不错，状态仍然糟糕，所谓日常"丧"。这不是身体的问题，这是情绪的问题，是"高等压抑合格"的体现。

"高等压抑合格"在工作中无处不在。赶项目做尽调连续加班，外卖吃到食不知味，只能安慰自己这是减脂机会；辛辛苦苦做出的法律研究，老板批评根本不是他要的东西，只能劝诫自己终身学习是律师本能；修订了八个版本的交易合同，客户告知交易取消，只能告诉自己甲方爸爸永远是对的；自己拼尽全力队友浑身无力，既得干活又得背锅……这些都是我曾遇到过的工作场景，相信作为青年律师，你也似曾相识。它们不是工作中的巨大苦难，不是那种无法逾越的障碍，忍一忍、熬一熬，都能过去。但它们高频，无从闪躲，它们让我们工作得不快乐。不是常常如此吗？使我们不快乐的，从来都是一些芝麻小事，我们

可以轻易躲闪一头大象，却躲不开一只苍蝇。

二、如何有效进行情绪管理

既然无法闪躲，能否主动出击？从我个人的经验感知和观察来看，是可以做到并且卓有成效的。有效的路径，便是进行情绪管理。情绪管理，就是认识和驾驭自我情绪的能力。说"驾驭"可能不太准确，更多的是一种与自己的情绪和平相处的能力，是一种让理性等等感性的能力。那些情绪管理得当，被我们称为"情商高"的人，多能收获更好的工作成果和职业经历。我对这样的职场榜样进行观察，总结出他们管理情绪的共同点——对职业有深刻的理解，并对他人有深切的共情。

（一）建立对职业的自我理解

情绪管理，首先是认识情绪。认识是友好对待的前提。男孩女孩相亲，总要先天南地北星座口味聊一圈，就是为了增加了解，互相认识。当你把工作视为恋爱对象，你会发现，这种对职业的认识和了解是非常必要的，它是你情绪产生的环境。为什么新人容易在职场中情绪失控，而那些资深人士会有更为淡定平稳的情绪表现？因为后者对职业的理解比前者更为深远，换言之，后者对工作这个"恋爱对象"更为了解。

对职业的了解，具体说来，包括工作性质、工作特征、上下游参与方几个主要方面。以非诉律师的工作为例，律所的性质是独立的第三方中介服务机构，律师是一个服务行业，这决定了我们的工作价值在于提供专业的法律服务或解决（交易）方案，是谓"吃专业饭"。关联着这个性质，要求非诉律师的工作专业、严谨、及时，回复客户一句是或否之前，或需要查阅大量资料，或需要书面依据作为支持，逛街聚会笔记本电脑不离身是常态。我们没有明显的供应商，律师工作成本主要是时间和脑力，但我们有明确的客户。对非诉来说，客户多以机构为主，这是一般性的了解。除此之外，还要对工作有个性化的理解，这建立在你独一无二的工作经历中，并且要辅之以反省的习惯和抱臂旁观的眼力。

具体来说，手账是帮助你养成反省习惯的有效方法。手账不一定是那些花花绿绿的本子，电脑、iPad、记事本甚至收银小票，都可以成为你想法的容身之所。手账，其实就是随手记流水账的意思。在不间断地反观、流水般的记录中，你对自己职业的理解会不断加深。

当你建立了对职业越来越真切的理解，你会知道，所谓干一行爱一行，那是大瞎话。大实话是，干一行恨一行。正如近处没有风景，景致总在远方。工作，这个每天相处八小时以上的"对象"，很难让你有持续深爱的可能。但无法持久的深爱，不意味着不能友好相处。事实上，对工作而言，除了极少数对整个行业乃至社会作出巨大贡献的人，他们具有巨大热情，很多人只需要保持良好的情绪，保持一种细水长流的上进就足够了。

工作的实质就是一地鸡毛和一点星光。那些杰出的前辈，总能在认识到这个真相后，仍然选择全力拥抱它。我眼里的他们，为了那一点星光，不厌其烦地打理一地鸡毛，直到那束光，打到自己身上。

（二）建立对他人的深切共情

如果说认识情绪，可以转化为认识情绪赖以存在的职业，那么与情绪相处，便可以转化为与引发情绪产生的人和事的相处，最终归结为与工作环境中的他人相处。

麦肯锡一位合伙人分享过这样的观点：

无论在哪儿，决定你执业满意度的东西，其实不是公司的牌子，不是职位待遇（当然待遇很重要），而是你周围的4~6个人，包括你最近的"上级"，你合作最多的"平级"，以及你最近的"下级"。这几个人里，如果有全力支持你的导师，有无间的朋友，有得力的干将，就是职场最幸福的人了。[①]

以上，不能同意更多。职场的一切人和事，无非是人的事情，说到底都是人。你如何与不同角色、不同身份的人相处，影响甚至决定了你日常的工作状

---

① 《6年成为麦肯锡合伙人的女神：年轻人不要瞎着急，你才能慢慢找自己》，载搜狐网财经频道，http://www.sohu.com/a/167638229_403551，最后访问时间：2024年2月28日。

态，长远的职业幸福度。但这 4~6 个人的幸福搭配，毕竟是一种理想状态，是"别人家的同事"。在你的工作中，多的是看上去比你"傻"的上级，"猪队友"一样的平级，以及什么也不会的下级。当你眼中出现这样的黑暗搭配时，很有可能是因为，你缺乏一种共情能力。

共情，又叫同理心，是一个心理学的概念。与同情心的悲悯不同，同理心是一种能了解、预测他人行为和感受的洞察能力，强调"设身处地的理解""感情的移入"和"共感"。通俗地讲，就是心理换位，将心比心。将自己置换到合伙人、团队同事、秘书或实习生的位置，尝试从他们的视角考虑问题，你兴许会发现，自己那些愤怒、失落、抱怨、指责，没有那么理所当然。

孔子讲，己所不欲，勿施于人，与同理心倡导站在对方立场思考问题是相同的意思。但这只是整体性的原则，分拆到具体行为上，心理学对同理心的等级描述，对我们更有指向性。心理学研究将同理心描述为四个等级：

表 4-1　同理心等级描述 [①]

同理心等级	行为描述
A-1	很少从他人的角度思考问题，做事很少考虑到他人的感受；沟通时讲客套话，无法引起对方的共鸣，对方也不愿意将自己的真实想法说出来；不愿意倾听；安排事务几乎不考虑下属的需要。
A-0	能够从别人的角度思考问题，做事情会考虑到他人的感受；与人沟通比较真诚，愿意将自己的一部分想法表露出来；能让人觉得被理解、被包容；学会倾听，工作中尽量考虑对方的需要。
A+1	能够站在对方的角度考虑问题，想对方之所想，急对方之所急；能够使人不知不觉地将内心的想法、感受说出来；能够让人觉得被理解、被包容；能够用心倾听；在安排事务时，尽量照顾到对方的需要，并愿意作出调整。
A+2	将心比心，设身处地地去感受和体谅别人，并以此作为工作依据；有优秀的洞察力与心理分析能力，能从别人的表情、语气判断他人的情绪；真诚，说到听者想听，听到说者想说；以对方适应的形式沟通。

[①] 参见 MBA 智库百科"同理心"词条相关解释，https://wiki.mbalib.com/wiki/同理心，最后访问时间：2024 年 2 月 28 日。

等级描述表细化了同理性的行为指标，让"己所不欲，勿施于人"的古训变得更有可操作性。很多道理人们都懂，但很难去践行，正是因为大道理高度概括，无法为人们的行为提供具体指引。上表不仅可以提供评测，看看你的同理心在哪一个等级，也为我们建立更高等级的同理心提供了指引。

德鲁克曾在随笔集《旁观者》里提到，他"从未认为哪个人特别无趣"。墨守成规的也好，传统的也罢，甚至是极其无聊的人，若谈起自己做的事，熟知的东西，或是兴趣所在，无不散发出一种特别的吸引力——每个人自此成为一个独特的个体。能这样观察人、理解人、发现人的多元和独特，是管理宗师德鲁克的过人之处。这已经从被动建立共情进阶到主动发现个体的独特并欣赏这种独特。在这样的视角下，我们不仅能从与人的相处中获得正面的情绪反馈，更能从我们所释放的体谅和尊重中，收获"回音谷"般的体谅和尊重。

第二节　被客户投诉，你该怎么办

与诉讼业务不同，非诉业务的客户大多是机构，如公司、合伙企业或政府单位。因此，整体来看，非诉业务的客户理性化程度更高一些，毕竟机构是集体意志，少有个人情绪化的爆发。于是，在一些新律师看来，投诉是很陌生的事情。自己勤勤恳恳殚精竭虑，没发个劳模奖章已然是委屈，怎么还可能被投诉？

但事实上，从合伙人到律所，从律协到司法局，每年处理的投诉并不少。不要觉得投诉这样的负面评价离自己很远，任何执业都是有风险的，先考虑到负面情况有备无患，好过事到临头手忙脚乱。

需要说明的是，不同的投诉，行为性质、处理程序、法律后果不一样。先搞清我们有可能受到来自客户什么性质的投诉，再谈应对。

一、客户向律师协会或司法局投诉

此类投诉针对的是违反行业法规和执业行为规范的事儿。按照《律师法》

的规定，客户对律师或律所的投诉，既可以向市或（区）县司法局提出，也可以向律师协会提出。无论向哪个主体提出，同一事实一般不会重复受理。作为律师，在研究案件纷繁复杂的法律法规之余，我们有必要了解自己所处行业的基本法规和行为规范。与律师执业密切相关的主要有：

- 《律师法》
- 《律师执业管理办法》
- 《律师事务所管理办法》
- 《律师和律师事务所违法行为处罚办法》
- 《律师协会会员违规行为处分规则（试行）》
- 《律师执业行为规范（试行）》

前四项是律师行业的法律法规和司法行政管理规定，后两项则是律师行业协会的管理规定。将几个文件通读一遍，基本就能了解律师执业行为的红线在哪儿。值得说明的是，非诉业务通常需要青年律师作为团队中的一员协同工作，较少有个人单独执业的情况，故对于律师被投诉的高频行为，如在代理过程中虚假承诺、私自收费等行为，不大有存在空间。所以看各地律协或司法局开出的处分决定书，针对律师个人的，也是代理诉讼案件，尤其刑事诉讼案件的情况较多一些。

但这并不意味着，非诉业务与客户投诉绝缘。除了上述违反行业法规、行政管理规定的投诉，非诉律师更多面对的，是客户向律所或合伙人提起的投诉。

二、客户向律所或合伙人投诉

客户向律所或合伙人投诉，针对的不全是甚至不主要是律师的不合规行为，更多是抱怨或不满，是对律师提供法律服务质量的不认可。

据我观察，被投诉频率最高的前三名原因是：

- 反馈意见、回复电邮、提交工作成果不及时；
- 出具的法律意见或操作建议存在明显错误；
- 提供法律服务过程中，礼仪欠佳、态度恶劣。

这三种情况不足以达到执业违规的程度，却严重影响客户对律师的信任。在非诉业务中，青年律师其实不大"有机会"踩到执业红线（犯错误也是需要资格的），做出太失格的违规行为；但青年律师极有可能踩到前述三种情况的坑，进而遭到客户向律所或合伙人投诉。

若你不幸踩坑，正确的应对方式是：

①反观自己的行为，自己有错吗？有错跳到④，没错跳到②。

面对投诉，最重要的不是立刻解释或道歉，而是反观自己的行为，对行为作一个中立评价。可能你会觉得自我评价很难中立，一个可行的办法是，做一次换位。将自己和客户的角色进行互换，感受一下如果你是她/他，面对她/他的作为，你是否会产生同样的不满。如果是，她/他的作为就是你的行为。

②分析客户的情况，客户"有病"吗？有跳到③，否则跳回①反思。

有的客户基于特殊的性质，服务过程会有一些专业之外的要求。比如，有的国企客户要求律师必须将法律意见书按照《党政机关公文格式》调整，正文使用仿宋三号字，一式十余份。法律意见书内容较多，且律所出具的正式文书有自己的标准格式要求，但如果不按客户要求调整，可能会遭到客户向合伙人投诉。

这种情况，不是自己有错，是客户"有病"。据我观察，这种"官僚病"或"机构病"不在少数。典型症状还有，盖章请款流程能走一个月，发出需要审阅的文件马上就要回复，发出咨询问题马上就要解答，不然就是不专业、不高效、不热情。对待这种"病"得不轻的客户，不必委屈自己，直接跳到③。

③做好自己的事，保持高效、专业、礼貌。
④知错要改，知错就改。

有理有据的投诉，不仅不是坏事，还是自我更新的好机会。相比空洞无物的赞扬，言之有据的批评对我们的职业成长要好得多。这是我们认真对待客户投诉的原因，也是意义。

第三节 被老板误解，你该怎么办

对律所而言，老板即指合伙人。刚从事律师执业的新律师们，有更高概率签收来自合伙人的误解。一方面，是因为青年律师工作不熟悉，业务能力没入门，合伙人对工作成果有诸多不满；另一方面，也是青年律师与合伙人的沟通机制尚未成熟，不能很好地交流。

被老板误解，是影响我们情绪和工作状态的重要原因。业务不精可以雕琢求进，我们自个儿努力就可以进步；而沟通不畅，关联着对方的意愿和反馈，不是我们一厢情愿就能解决的。青年律师面对误解，往往无从下手。要么急于解释澄清，却得不到期待的反馈；要么固于坚守自我，却使自己陷入被动的工作氛围中。

谁都希望在一个愉快融洽、充满信任感的氛围中战斗，但这种氛围不是一蹴而就的，需要我们从言行举止的细节中去营造。在任何场合，处理"误解"问题，策略都是一样的。其一在于建立良好的沟通机制，这是对误解的"事前防范"；其二在于采取恰当的弥补措施，这是对误解的"事后补救"，工作场合也不例外。

一、如何建立良好的沟通机制

(一) 选择合适的沟通方式

通信异常发达的今天，从技术上看沟通不存在障碍；但从结果上看，不同的沟通方式，沟通效果大不一样。

常用的沟通方式不外乎电子邮件、电话、微信和当面交谈。对于工作联络，电邮是首选的沟通方式。书面表达可以完整呈现你要传递的内容，书面形式还使得交流过程能够被固定下来以便事后查看。比如，合伙人交办了法律研究或法规检索。在完成工作后，有的律师会通过微信的方式回复反馈，大段的研究成果刷几次屏都看不完；有的律师将一个法规链接发过去，一句话没有，合伙人没细看信息就被新的推送淹没了。这些情况，极易让合伙人对你产生误解，以为问题没研究透或反馈不及时，其实你工作早做完了，只是沟通方式没选对。正确的做法是，通过电邮完整回复，再用微信提示对方收取电邮。

当然，电邮优先只是一般性原则。在此之外，还应根据项目情况和工作任务的不同来选择。我们将工作任务从正式程度、重要程度、紧急程度和便捷程度四个维度来考量，不同沟通方式与之匹配性如下：

表 4-2 不同沟通方式匹配对比

沟通方式	正式程度	重要程度	紧急程度	便捷程度
电　邮	★★★	★★	★	★
电　话	★	★★	★★★	★★
微　信	★	★	★★	★★★
当面交谈	★★	★★★	★★	★★

需要注意的是，我们对某项工作的处理，有时应当叠加多种沟通方式。比如，紧急的工作汇报，首先电话沟通，然后微信或电邮总结沟通过程或交谈要点发至对方，作为备忘。

（二）说"不"，既是权利，也是义务

在职场上，坦诚地说"不"尤其困难。一切机构都存在某些等级组织形式，无论它多么努力地尝试做到结构扁平化，仍然要面对组织架构可能带来的无法坦诚沟通的挑战。

尽管有诸多挑战，坦诚说"不"，仍然是高效沟通和避免误解的不二法则。合伙人安排工作任务，你觉得不合适，要第一时间说出来；对项目有不同观点，对文件有不同意见，要第一时间说出来。"我不认可""我不这么认为""我可能有其他观点"——对律师而言，说不，不仅是权利，也是义务。因为客户聘请律师，是基于信任律师能提供有价值的服务，能为他解决问题；而合伙人聘请我们，是基于信任我们能协助他为客户提供有价值的服务，协助他为客户解决问题；而不是我们会说"Yes"，会回复"好的"。

不要觉得说了"不"，让合伙人有失颜面，便对自己职业发展不利。在众多组织中，律所作为专业性中介服务机构，是受层级观念和等级文化影响最小的机构，所谓"没有架子"。在这里，有研究就有话语权。一位合伙人的固有观点，不一定比刚做完法律研究的实习生意见来得准确。在我以往的工作经历中，合伙人乐于接受说"不"，只要你有充分研究和翔实依据。在整个律所中，大家普遍认可坦诚的意见表达，对犹豫和闪烁其词反而更为反感。这是律所文化让我喜欢的地方，也是律所作为专业机构，能持续为客户产出有价值意见的机制保障。

（三）没有人会拒绝诚恳

沟通的效果来自谈吐得体且态度诚恳。诚恳不需要像愣头青那样直冲冲，而是妥当修饰后的诚实表达，这是青年律师需要琢磨的技巧。对沟通而言，除了表达的内容，表达的态度也很关键。兴许你说的内容没错，但咄咄逼人的语调，很难让人接受。每个人都有自己的表达风格，声音洪亮的可以，细声细语的也行，但一定要把握态度的诚恳，它影响着沟通对象的情绪。

人们在交流中所传递的情绪，将进一步影响对方对交流内容的接受程度，可能是促进，也可能是阻碍。要知道，人类本来就是一种理性与情感并存的动

物，当我们进行沟通时，大脑中主管情绪的杏仁核无时无刻不在发挥作用。当我们流露出诚恳，且不问要沟通的内容，在情绪上已获得对方的正面反馈，这就最大限度地避免了误解的产生。

二、如何采取恰当的弥补措施

倘若事前防范有漏洞，仍使自己被老板误解，那么你需要及时采取恰当的补救措施。

（一）行动胜于抱怨

误解发生后，行动胜于抱怨。急于解释澄清，甚至谩骂抱怨，都只会使情况恶化。就发生糟糕的事情而言，明智的做法就是止损。你要意识到，一定会有比眼下更糟的情况，是否更糟，取决于你。

行动，就是你的止损措施。不妨自我分析下被误解的事件原委，看看是哪个环节出了问题。是自己的工作确实有瑕疵或失误，还是老板理解有误，抑或中间转达环节出了差错。分析出原因所在，对出问题的部分补救或完善。自己没做到位的，就不要说是误解，把工作做到位是王道；合伙人理解有误的，可以梳理清事情原委、自己的出发点和行为原因，将此前沟通可能遗漏的信息弥补上；中间转达出错的，应与转达方沟通，避免同样的问题再次出现。

（二）用正确的姿势道歉

人们通常认为，被误解是自己受了委屈，误会存在于对方，正义女神是自己。其实不然，误解的产生原因往往是双方的，试一试换位思考，你就会发现，对方可能也觉得被误解了，也很委屈，即便他是老板。所以，对于误解发生后的补救，除了就事论事用行动弥补，我们不妨尝试用正确的姿势道歉。道歉，是一种补救关系和消除隐患的人际关系解决方案，看上去很平常，不就是一句"sorry"的事儿，有何难？遗憾的是，"sorry"不是结束，只是道歉的开始，很多人以为这就是道歉的全部。

我们来拆解一个姿势正确的道歉方案：

①从说对不起开始；

②表达对此事的认识；

③提出新的请求和愿景。

这才是正确道歉的三部曲。对不起只是开始，在熟悉的人际关系中，如果只有这三个字是非常怠慢的。想想你和伴侣生气吵架，对方道歉只有一句对不起，你会消气吗？谁不希望对方除了一句对不起，还有洗心革面的深刻认识，外加鲜花礼物和约会请求，这样的道歉姿势哪还有误解存在的空间。

工作也是如此。当我们被老板误解，意识到自己的行为也有过错或瑕疵，道歉是补救信任关系的解决方案。真诚地说对不起，表达自己对此项工作或事件的认识，提出希望完善的地方，合伙人会感受到你的诚意，进而反思自己有误的地方。人就是这样一种将心比心的动物，你若迁怒，他也发怒；而你若诚恳，他也友善。

最后想说的是，我观察到，我们受到的误解，绝大部分来自沟通问题，而非对错问题。事实上，诸多误解没有是非对错，只是行事不同，理解不同。律师在执业心态上的成长，也包括放弃凡事用对错下判断，要能包容在自己惯常行事风格之外的做派，以及在自己惯常理解之外的看法。这是我们从误解中能学到的执业心态成长。

第四节　今晚加班，你该怎么办

有人调侃，非诉律师不需要加班，因为根本不存在下班。说法是夸张了些，但作为一名律师，加班确实是家常便饭。行外人对律师职业最大的误解，恐怕就是"律师是个自由的职业"。其实，律师是个形式自由实质不自由的职业，它对你工作的场域没有要求，客户不会在乎这份合同是在咖啡馆里、在卧室床上还是坐马桶上写出来的，但他在乎你什么时候可以发出这份合同。时间节点、时限要求，是律师经常需要加班的导火索。

你可能注意到了，我说的是导火索，而不是原因。事实上，时间再赶，也不必然意味着你需要加班。比如，你有高效的工作习惯，可以在正常工作时间内完成事项；或者你身处高度协同合作的团队或平台，紧要事项可以调配同伴协助推进。以上都不行的情况下，才需要你黑着眼眶熬夜加班。

还有一种情形是，项目工作并不多，也不赶，但对事务所或所处团队而言，加班是一种文化，这就是被很多青年律师所诟病的：有事没事，人都得坐在那儿。这种情形，准确说不是加班，算"磨洋工"更合适一些。

于是，在你今晚要加班前，我们先聊聊，你为什么要加班。

一、先别忙着干活，你加班的原因是什么？

据说，面试中最经常被问到的十大问题之一是，你对加班的看法。用人单位希望听到的回答中，既要包含你愿意接受加班，又要包含你意识到应该提高效率。我不这么看。加班从来不是员工单方面的事情，而是多种因素化合的综合场景。加班也并不能与专注敬业直接画等号，那些虚假奋斗，除了感动自己和消耗生命，没有任何意义。

在非诉律师的日常里，常见的加班原因有以下几种：

（一）因时间节点的紧迫

受限于时间节点而要加快工作进度，最典型的就是回复监管部门的反馈意见。对于上市、并购重组、定增等非诉业务，法律意见书会和其他申报材料一并报送监管部门审核。监管部门对申请材料提出反馈意见，并要求在特定的时间内，如10个工作日内，作出回复，提交补充法律意见书。

看上去有10个工作日，但还得考虑预留出合伙人审阅修改、事务所内审、申请签字盖章等流程的时间。加上研究反馈意见，补充尽调，与客户确认问题或提供资料，再留给律师的动手时间，就非常有限了。在我经历的项目工作中，每一次监管部门出具反馈意见，加班就是固定节目。这种加班，是必要的也是甘愿的。律师可以通过连续的努力，为已经投入诸多精力的项目争取一个好的结果。这类加班，往往带有责任感和早日摘得革命果实的期盼。

（二）因工作事项的突发

不同于前一种情形的"计划内"，工作中有时会有突发事项，需要律师第一时间给予客户意见或建议。比如，一家生产型企业的常年法律顾问客户，员工在工厂内发生自残事件，客户会紧急求助律师，如是否属于工伤、能否通过社保给予就医费用报销、用人单位是否有责任、能否与该员工解除劳动合同等。这类紧急状况是不分工作时间的，需要律师加急处理并给予客户建议。

有时，合伙人也会交办一些临时突发的工作任务，往往是第二天就需要的某个文件或问题研究，需要我们及时给出答复或初步成果。面对这类加班，虽然心里略有焦灼，但在发出成果的那一刻，你是有长进的。

（三）因律所或合伙人的要求

不是每一次加班都像前两种情形那么必要，很多加班有一个莫名的原因，叫"老板/上司还没走"。从公司到律所，这都是很普遍的情形。在律所里，通常视合伙人的工作风格或团队情况而定。有的团队确实有所谓"加班文化"，这种氛围不仅无助于提高工作效率，反而鼓励人们千万别在工作时间内做完。青年律师初入行业，对律所较大的工作强度原本就需要一个接受过程，如果还有不必要的加班，会使职业幸福度大打折扣。

对工作而言，理想的状态是在"混吃等死"和"过劳而死"之间有个妥当的平衡。不拒绝紧迫必要的加班，离开有"加班文化"的团队或平台。我们没有必要用自己的生命，去迎合别人的敬业演出。

二、四个妙招，提高我们的工作效率

分析加班原因，讲的是外在的事。回归到内在，我们要做的，根本上就是提高工作效率。

我们完成一项工作，通常会有两个时间，一个是工作时间，另一个是计费时间（billable hours），后者适用于按小时向客户收律师费的情形，原本是外资所的计费方式，随着中资所的外资客户群体逐步扩大，按小时收费也成为国内顶尖律所的常见收费模式。这就要求，一方面，律所的办公系统有完善的工时录入功能，通常将一小时划分为 10 个计时单位，即 0.1 小时 /6 分钟为一个单位收费时间；另一方面，律师写进工时系统的计费时间和工作内容要经得起追问，不能有水分，否则会受到来自客户的严峻挑战。

比如，审阅修订一份《投资合作协议》，你从 10 点打开文档，12 点修订完毕电邮发出。这期间，除了审阅修订文档的时间，你还接了另一位客户的电话，花了 12 分钟；倒咖啡喝水去洗手间，花了 20 分钟；回复手机微信，花了 10 分钟。看上去完成协议修订的工作时间是 2 个小时，但计费时间其实是 1.3 小时。衡量工作效率高低的方法之一是，比较你的工作时间和计费时间，看二者是较为接近还是相差甚远。如果是后者，在埋头加班之前，你可能更需要考虑提高工作效率。

以下四种方法，有助于你在砍柴之前，先把刀磨好。

（一）请教同事或前辈

律师是个手艺活，无论是诉讼还是非诉，技艺多靠言传身教所得。这个行业，没有太多创新的东西。日光之下并无新事——尤其是非诉业务。这不是一种盲目和自负，而是意识到我们要处理的每个问题、每份文件，一定有同事或前辈处理过，所谓"已有的事，后必再有。已行的事，后必再行"。

在项目中遇到监管机构反馈意见时，首选的做法是，第一时间和其他同事交流此前收到的反馈意见和处理思路，疑难问题尽早在律所内发出求助电邮，请教其他合伙人或律师团队的建议。这样就不限于一个团队、一个分所的项目经验，你可以获得比想象更多的知识成果，拥有更广阔的视野来处理问题。有时，还可以在交流中获悉最新的监管态度和方向，显著缩短加班做重复工作或无用工作的时间。

（二）与对方直接沟通

如果加班要处理的是突发事项或交办任务，最好在工作之前先与对方直接沟通。首选面谈或电话，尽量避免转达、微信或凭自己想象。青年律师往往无法直接面对客户，所研究、处理的问题多为转述或交办，因此容易在尚未清楚问题之前，便急于寻找答案。这样的加班注定是低效的，一定要想尽办法向对方获取尽可能多的信息，如研究目的、交易背景、希望达到的效果、特别关注的事项等。这样加班才有针对性，投入的时间才有意义。

（三）尽量切断社交媒体

最后但最重要的是，尽量切断社交媒体，暂时告别喧嚣的外部世界。微信、抖音或小红书，只会分散你的注意力。社交媒体对时间的吞噬悄无声息，是提高工作效率的隐形杀手。如果必须使用社交媒体工作，如有沟通记录或文件往来需通过社交媒体传递，建议把它们统一转发到自己的邮箱。然后退出个人账户，以防分心。

（四）营造舒适的加班氛围

加班意味着深夜干活，这原本是身体和大脑休息的时间，现在要用来高速运转。如能有一些增加舒适度的小物件，工作效率会有显著改善。比如，按自己的口味偏好煮一壶咖啡或泡一杯茶，若出差在外，可以带挂耳咖啡或茶包，确保你有充沛的精力进行思考。虽然这看上去不太健康，但在必须加班时，保持清醒的头脑胜过貌似健康的昏昏欲睡。

还有一种薄荷香筒，是薄荷味的鼻用吸入剂，放在鼻下轻嗅，有阵阵清凉感。除了提神醒脑，也给自己一种清醒思考的心理暗示。必要时，还可以有一副降噪耳机或一些小零食。别小看这些七零八碎的物件，有时会意外提升我们工作的舒适度。

提到咖啡，想起了 La Marzocco。这个意大利的顶级咖啡机品牌，1927 年创立于欧洲文艺复兴的发源地——佛罗伦萨，设备优雅耐用。在今天一线城市的独立精品咖啡馆中，咖啡师将这个品牌出产的机器作为梦想机型，并昵称为"辣妈"。La Ma 的掌门人 Piero Bambi，面对来工厂瞻仰机器锻造过程的咖啡师说："你们能学到技术，但是热情，只有通过在工作中的奉献、爱、自豪和尊敬才能获得。"正是这个家族近百年来对追求完美咖啡机器工艺的热情，才有了"辣妈"这样的咖啡机顶级品牌。

回到加班，除了提高效率，或许可以尝试换一个视角来看待。不从被动接受任务，一种"不求甚解"的视角，而是从主动打磨，希望自己经手的东西做得更好的视角去看待。如 Piero Bambi 所说，我们在工作中能学到技能，但是热情，只有通过在工作中的投入和奉献才能获得。也正是因为这份投入和专注，让我们收获自豪和尊敬。

今晚加班。那不妨多一分投入和热情。

第五节　轻看困惑重读书

一、没有什么困惑是看会儿书平复不了的

念本科三年级时，曾一度为未来读研或求职的规划问题感到困惑。我给非常信任也深受学生尊敬的 X 老师写了电邮，袒露内心苦恼——那种既希望上进又难以静心努力的焦躁心境。X 老师在回信中回应了我的困惑，顺着我当时的倾向选择给了我鼓励，让我不至于觉得自己的想法空洞幼稚（事实上确实空洞），又用朋友的口吻告诉我他对这个问题的看法，并强调这只是建议，不一定对。那次电邮给我的影响，不在于鼓励和建议，而在于电邮主题。X 老师在邮件主题中写了一句正文只字未提的话语，他说：

轻看困惑重看书。

后来工作了，有一次到湖南某五线城市处理一个行政处罚听证。客户的产品被市场监管部门开出了"罚单"，我们研究案件后认为处罚依据不足，受托赴当地参加听证。那是一个偏远的小县城，我们在高铁、火车、大巴加面包车四趟换乘后，终于在盛夏下着暴雨的傍晚，狼狈抵达。晚上，住在198元一晚全县城算好的宾馆，无法入睡。隔壁房间麻将桌的嘈杂吵得我心中烦躁，房间散发着浓重的烟味，陈旧恶心。我心生抱怨：为什么要接受客户这些乱七八糟的委托，到这样莫名其妙的地方来。我扫了一眼泛黄的床单，压根儿没打算睡，打开箱子里带的闲书。

那是一本讲日式茶道的书。它说，今天人们常讲的"一期一会"，其实是从日本茶道发展而来，是日本传统文化中的无常观的心境。它主张，在有限的时光中，我们可能只和对方见面一次，因而要以最好的方式对待。一期一会，不仅是对人，更是对事，对物，对每一种存在。茶道，通过水、饭、谈、茶，完成静心清志。

看了一会儿，慢慢静下心来。我开始往窗外打量这座雨中的小县城，街道笼罩在水雾中，灯光氤氲，偶有红红绿绿的广告灯牌在闪动，和我家乡的县城很像。一瞬间，气氛温柔起来。这些工作旅程中路过的小城镇，这些匆匆一眼擦肩而过的人们，我虽不安居于此，可能与他们也无更深交集，但同样是一种经历和遇见。

我在笔记本上写下：收起自己的傲娇和优越感，以诚相待，不负所托。随即翻开案件材料，全力准备第二天的听证。

当然，不会每次打开书本都这么正中下怀。书本不是忘忧草，只是让你暂时从被束缚的困局中抽脱，进入另一个视野或世界。此后，每每遇到焦心烦躁的时刻，我都会翻几页书。不求解惑，有啥看啥。我发现，没有什么困惑是不能通过读一小时书逐渐平复的，如果有，那就读两个小时。

二、法律人读书日常的七点心得

心得一：什么是读书，什么不是

社交媒体上的文章不是阅读，是消遣；律师办公桌上的工具书、案头书也不是阅读，是检索。我们每天花大量时间浏览社交媒体上的资讯，那些干货、速成，但请注意，这顶多算资讯，与读书相差甚远。

我们经常看到，"五分钟了解……""关于……不得不知的 8 个干货"，诸如此类。这种标题，很容易挠到假装读书的人心上的痒痒。但就我个人经历及观察身边基本功扎实的朋友，无一不是认真下了功夫，啃了硬骨头，干货湿货都读了，花了成百上千上万分钟，才真正通透地知晓某个问题，并触类旁通由点到面。

这是学习乃至读书的真相。要想弄明白一个复杂的知识点，要想在某个专业有实质性提升，要想真正感受到读书的乐趣，就不要去相信那些速成、秘诀；不要相信几分钟、几张图能讲清一个问题。阅读能力是非诉律师的基本功，老老实实看几页书，这份力气省不了，也省不得。

心得二：读书不是表演，不是社交

读书是自己的事，不是活动，不是表演，不是社交。各种读书会，不能说没用，但用处主要不在读书本身，多在读书之外，比如结识几个朋友，大家聊聊天。我不反对读书会，甚至赞成你在学校时加入校园里组织的各种读书会，以外在氛围培养自己的阅读兴趣。但一定要分清楚，读书会和读书是两回事，前者重点在"会"，后者重点才是"书"。你只有读了书，才有"会"的基础，否则不过是空谈，是消遣，是社交而已。

读书本质上是一种孤独行为，读者回到自己的精神世界，不再被社会信条所约束，因而才更接近灵魂自由的状态。波兹曼说，自从有了印刷的书籍，一种传统开始了——孤立的读者和他自己的眼睛。从这个意义上看，阅读是一种"反社会行为"。它不该是人云亦云的，不该是万众瞩目的，不该是众口一词的，而是私属的，独特的。

心得三：跳出自己的阅读舒适区

每个人都有自己的阅读偏好，比如法科出身的同学，比较多地偏爱人文社科类的书籍。阅读偏好一者和自己的兴趣有关，再者和一段时间内你所关注的问题有关。依照这两个轴线来组织阅读，是成体系的，是好的。

但我们还需要有意识地跳出自己常规的阅读范围，熟悉的作者，关注的实务领域，在此之外看些别的书。或许，你会觉得那个区域无趣且陌生；或许，你会认为那些作者不知所云甚至一派胡言；这都没关系。总在舒适区徘徊，阅读便只是一种叠加，而不是开拓。不断强化的认识，有可能让我们偏激，而不是丰富。这就是为什么有的人读了很多书，但我们并不喜欢他的待人接物，总觉得刻板极端。读书是会产生作用力的，尽量通过不同的力平衡和丰富我们的气质，而不必从每一本书中都寻求深得我心的感叹。

心得四：勤做笔记，留下痕迹

无论是消遣地读，还是实用地读，都要做笔记，留下痕迹。不留痕迹地读书，就像水滴入水里，涟漪三下，了无踪迹。

笔记不要求完善、工整，写划摘录无不可。消遣有消遣的记法，严谨有严谨的记法，关键在于记。我不习惯在书籍上写划太多，一般单独记在笔记本上，有日期、摘录或心得。有时跨越不同的时间段，读书心得会前后呼应；又或此前记录下的疑惑，后来某天学了新的东西，有了回应。

心得五：读不太热门的书，读代表作之外的著作

很多人读书，常常不知从何读起。于是，热门、畅销、代表作、排行榜成了茫茫大海中的灯塔，晴朗夜空上的北极星。这不是坏事，是读书入门的一种路径。但如果始终依赖这个路径，就不是好事。

畅销程度和书的质量不是完全成正比的，就像很多票房大卖的电影不见得是好电影。你需要在主流认知之外，培养自己的独立判断。怎么培养呢？去读一些不太热门的书，读作者代表作之外的著作，是一个可行的方法。而且，你读完之后会发现，兴许你最受启发的，是作者代表作之外的作品。比如，我很喜欢冯象老师，人们熟知他的代表作是《木腿正义》和《政法笔记》，但我最中意他的，是《宽宽信箱与出埃及记》。[①] 这不是标榜独特，是在读书中找到自我的方式。

心得六：读注释

读注释，是一种从原材料入手的读法。现在社交媒体上的文章，为了编排方便，都看不到注释了，有的投稿要求中便直接写明，勿添加注释。对读者而言，这其实很可惜。如果文章是一座小房子，那么注释就是房间内的一扇扇门。关上它，你只能在作者搭建的这一座房子里转悠；如果打开，你便有通向其他领地的可能。还记得《哆啦A梦》中魔幻的抽屉吗？注释就有点这个意思。

---

① 冯象老师的评说方式很特别，笔意是英美范儿的（他是哈佛中古文学博士和耶鲁法律博士），内容却是中国本土的素材和经验。好似撞色的衣服设计，给人耳目一新之感。文章多为短篇，你会讶异他居然是这样解读的。隐藏在短篇之下的，是深刻的洞见。

通过注释，读者可以知晓作者的知识谱系，找到新的阅读去处，它们会告诉你，其然背后的所以然。

心得七：读一本，是为了读下一本

读一本书，是为了读下一本。一本书，不会为你提供答案，反而会带来更多疑问；一本书，不会满足你的好奇，反而会激起更多怀疑。所以，我冒昧地判断，那些总问别人要书单的人，多半不是真心看书的人。要了也不会买，买了也不会看。梦里走了三万里，醒来还躺在床上。

从你愿意翻开的任何一本书开始，顺着内容、作者、注释、出版社、领域就可以衍生出无尽的阅读轨迹，无数可以读的下一本。在柔顺的纸张里，尽享远方的人和事，未知的物和景，石破天惊的思想，离经叛道的观点，以及润物无声的抚慰。

第六节　没有记录，就没有发生

一、无讼虚拟奖状

我的电脑里，保存着一张来自无讼 APP 的虚拟奖状，没有印章。不同于以往以资鼓励却很少有资的红章奖状，这张浅绿色的虚拟奖状，创下了我写作以来，单篇稿费最高的纪录。稿酬达到了征税标准，没觉得扣税心疼，反而觉得真光荣啊。这篇花一个多小时写的闲文，以及青年节的奖励，开启了我在无讼的专栏写作。过往自说自话的书写，开始向有受众感的写作进发。

这是 2015 年深秋，我刚拿到崭新的律师执业证。作为新人，在无讼的这篇获奖文章——《在我还是少年时，我为什么选择法律》记录下了当时的心境：

时至今日，很难讲为什么在法律的路上一路高歌。在我还是少年时，为什么选择之缘由异常简单，就是脑子清楚说话顺溜。而此后为何青山不改绿水长流，与其说是热爱，不如说是偏见。

我偏见地认为，工作可以忙碌，但不能机械重复；我偏见地认为，生活要过下去，而不是熬下去；我偏见地认为，大多数人在三十来岁就死了，日后的大半生不过是自己的影子，日复一日装腔作势的重复他们在有生之年的所作所为，所爱所恨，所思所想……

而法律——这个终身学习常学常新的职业——这个能有效预防老年痴呆的职业，除了让人说话越来越顺溜，脑子越来越清晰，更让我保持开放的头脑，旺盛的好奇。

就这样在执业之余，写了一整年。慢慢地，除了无讼，可以写的平台越来越广，多数集中在法律新媒体的公众号。新媒体的好处是快，快写快发快读。坏处也是快，文章几乎只有 48 小时的阅读生命。这让有纸质偏执的我，颇感遗憾。

于是，我把写书评影评的平台转向纸媒。在《法治日报》和《法治周末》，书写轨迹从高秉涵到席拉赫，从《榫卯》到《无罪谋杀》。每次收到编辑老师寄来的报纸，真是快乐！当然，还有一张张颇有仪式感的稿费单。

如今，无讼的作者专栏上，还有我早期写作的 36 篇文章。关于律师、工作、职场、心情、书评影评、执业成长……干货湿货兼备，有鸡汤也有子弹。我收到越来越多约稿，有时是讲课和录课，将文章所写进一步内化，变为课程进而输出。这些年，无讼已转型为以视频课程为主的学习平台，当初的作者专栏被折叠得不见踪影，过去发在各公众号的文章也已沉没不知所踪。但刚执业这些年，从写到讲，变为一瓶揣在兜里的魔法药水。需要时，打开服用，便能闯荡江湖，大杀四方。有人说这是一种技能，我却觉得，这是一种自我成长。

二、吾辈自有乐地

2017 年，我开了一个公众号。那时和好友，中午常在一起喝咖啡。她说要不你开个公众号吧，现在发那些文章，四散各处，不好找。一想也是，在别人的平台发东西，总归有限制，自己刨块自留地，想写啥写啥。其实，当时也有顾虑，担心热情一过写不下去，这块地就给抛荒了。现在看来，是多虑了。公众号到目前为止发了100多篇文章，均为原创，执业、读书、咖啡、旅行，菜色比我当初刨地时想的丰盛得多。

我就埋着头，一时兴起种一颗，不想写了就停下，这是个舒服、自我的状态，尽管不符合新媒体领域的写法。除了自我表达，公众号写作给我的生活带来很多乐趣。比如和师弟师妹们的交流；再如遇到行业内仰慕的前辈，拜访时他会突然说，我知道你，我看见过他们转发你的文章。呀！虚荣心得到大大的满足。我始终认为，作为一名青年律师，应当站起来能说，坐下能写。输出虽然耗费时间，但其所带来的价值，从不辜负你所花的时间。

律师工作所带来的丰富法律实践，是写作的上好素材。很多感悟和思绪，你不记下，就不会再有了。回看早些年写的执业随笔，我很庆幸，好在当时写了下来。写作是需要时空场景的，很多东西，一旦离开彼时心境，就写不回来了。

没有记录，就没有发生。

当然，不是每一次写作旅程，都能令人满意。有时，你的文章不一定会收到正向反馈。在我看来，一方面，写作要有受众感，了解"为谁而写"和"写给谁看"，才能提升文章的可读性；另一方面，写作一旦结束，作品就脱离创作者而独立存在，认可也好，被骂也罢，不必过多关注。你只需要，持续地写就够了。

公众号写到今天，不依靠他人的平台，已成为我畅快表达的园地。它让我收获了一些读者，他们的留言，让我看到了文字的力量。不仅是表达的力量，更是传播和连接的力量。屏幕或纸张，方寸之间，却能连接如此丰富的人，以及辽阔的思考空间。同声相应、同气相求。所谓以文会友，大抵如此。

这就是书写的馈赠。只有经历思考，才能沉淀文字；只有落笔成文，才能穿越时间。

三、哪些素材可以写

如果你接受以上诚恳的忽悠，跃跃欲试，那么哪些素材可以多加关注呢？

结合律师工作特点，大概有以下三类。

（一）业务研究

律师工作，少不了法律研究。每一次研究，除了出具备忘录或回复电邮，对感兴趣的问题可以再深入一点，系统研究后形成业务文章。业务研究，是提升准确运用概念、深入分析问题能力最有效的写作素材。

在写的过程中，口头交谈里那些概念的胡乱错配得以清晰。比如，项目洽谈时合伙企业和公司不分，大谈合伙公司；比如，基金产品和基金管理人不分，搞不清备案和登记是两回事；比如，GP（General Partner，普通合伙人）和管理人不分，嚷嚷管理费分配……这些黑暗现场出在客户身上也就算了，人家毕竟不是专业干这个的，但有时听到律师朋友们这么讲，不禁哑然。

对于办完的项目，进行总结反思，也是业务写作的优选素材。实务中的案件，涵盖了真实案例和疑难问题，本身自带可读性。对任何一个细分领域的技能总结、对任何一个项目的全景式复盘，都可。重在写透，举一反三，以小见大。

（二）执业感悟

任何感悟，都是一种抽离自我的观察，让我们对自己有一种抱臂旁观的视角。

写执业感悟，一定要真实、诚恳。一些信息比如人名、公司名可以隐去，但细节、事件等事实性的东西，务必要客观真实；想法、感触、得失，可以是个性化的表达，但一定要诚恳，发自内心。词不达意，有可能是写作技能的问题，但言不由衷，就是写作态度的问题了。这样写出来的东西，一个字，糟，两个字，没劲。

执业感悟要真实、诚恳更重要的原因是，它很有可能影响到别人。虽说文章自创作完毕那一刻起，就不属于作者了，它的解释属于不特定的读者，但作者终归要为你的作品表达负责。执业感悟的受众面，更多是一些比自己年幼或尚未经历此事的人。他们对某个职业，多有主观臆想，所谓"看上去很美"。这不是一个批评，只是一个描述。很多时候，人们都只看到贼吃肉，没看到贼挨打。而在这个世界，一切看上去的美好，背后哪个不是伤痕累累、呕心沥血以及漫长的寂寞和孤单。

真实、诚恳的笔触，会关注到这不易察觉的幽暗，并将它呈现出来。

（三）有意思、有影响的人

做律师，很多时候需要和人打交道，这是困难的地方，也是有趣的地方。谋局不过人心，处世无非人性。观察和记录工作中有意思、有影响的人，这类写作虽不具备实务性，但充满张力和智慧。

在项目尽调中，我喜欢做访谈。与目标公司的创始股东聊，听他讲创业经历、起伏转折，从别人的故事里可以听到很多有意思的事；与客户的上下游或供应商、采购商聊，从他们的视角去了解尽调目标，顺便听听行业八卦。挑其中有意思的记录下来，不必追求厚重、深刻，轻松、平常也是很美的。

至于有影响的人，更是非记录不可。他曾带给你的启发、帮助或感动，如何能在记忆里抹去。他给你带来的影响会随着记录延续，在记忆中欣欣向荣地生长。并且，有可能通过你的记录，如水波粼粼再触及其他生物。

四、读写不分家

（一）读写相连，无笔记不读书

读写不分家。当你希望提高写的能力时，不妨从读开始。对于阅读而言，重点不是在哪读，甚至不是读什么，而是带本子。很多人觉得记笔记太麻烦了，看书半小时，如果整理笔记，就要多花2~3倍时间。然而，就我个人阅读经验来看，笔记会给人创造知识成果带来无穷益处。简言之，你能写什么，不在于你读了什么，而在于你记了什么。我们往往对自己的记忆力迷之自信，直到用时才发现，不仅不记得内容本身，连在哪看到的都忘了。

经验证明，最朴素的方法最长效。如果你希望从知识输入进阶到知识输出，不妨试试先打造自己个性化的阅读笔记。这些记录，会成为写作灵感的"引子"。开卷也好，升华也罢，往往就在日常笔记里完成灵感碰撞。

（二）保持学术作品的阅读

工作之后的阅读有两个特征，一是务实，二是碎片化。人们往往较多关注和自己专业领域有关的实务知识，如能今天读完明天就用便是极好的。实用主义导向的阅读，不是不可，而是太刚性。它将人置于一种读什么就必须兑付点什么的紧张境地中，很难有开阔的视野和牢固的根基。读书的一大乐趣是探索发现，务实地读，抛弃了这种可能性。虽有所得，仍不免遗憾。碎片化的问题更加明显，缺乏系统性的思考和训练，导致我们对于深度思考和严肃讨论，往往无能为力。

一个弥补的方法，是保持学术作品的阅读。不一定需要多，但要有。学术作品通常保有良好的理论基础和写作规范，对于弥补职场实用主义阅读的缺陷，有好处。

如今，我们处在一个变化极快的世界，任何话题热度，最多一周就会消散。应对层出不穷的不确定性，是每天确定的事情。或许，比起父辈，我们会更加迅速地衰老，尽管我们坐享更丰富的物质。精神愉快与物质多寡没有那么亲密的关系。我们需要在职场进阶、强身健体之余，思考如何疗愈无所适从的自己，如何葆有平和快乐的心境。

宋代赵希鹄曾在《洞天清禄》中写道：

人生一世间，如白驹过隙，而风雨忧愁，辄居三分之二，其间得闲者才一分耳。况知之而能享用者，又百分之一二。于百一之中，又多以声色为受用，殊不知吾辈自有乐地。悦目初不在色，盈耳初不在声。

写作，就是这样一件悦不在声与色的乐事，你不妨一试。

第五章
从学院派到真正解决问题

我们知道，武侠小说写的那些精妙绝伦的武艺，都是文人虚构的，跟古人的技击、现在部队训练的格斗术，是风马牛不相及。恰好我们的主流法学也是花架子，只能在核心期刊里飞檐走壁，立门派结恩仇；出了课堂，就没它的事了。当然，课堂本身也是一事，而且重要性不亚于司法执法、解决纠纷。什么事呢？那就是诸位上大学，接受新法治意识形态的规训，成长为"先进文化"和"先进生产力"所需的顺服的劳动力，那个名为"公民"或"理性人"的利己者。

——《对话冯象：法学如何重新出发》[1]

---

[1] 苏力主编：《法律和社会科学》2014年第13卷第2辑，法律出版社2014年版，第256页。

第五章　从学院派到真正解决问题

第一节　背过这么多法条，仍然解决不了问题

在很多人的眼里，法学院的孩子，四年就干了一件事：背法条。他们总是不无佩服又略带心疼地看着你："学法律啊，得背不少书吧！对了，我有个问题咨询你啊，我七姑的八姨要离婚，这房子怎么分啊？"不只法学，每个专业都有自己的学科脸谱。说起医学院，就是解剖；说起信息科学与技术学院，就是修电脑……

我无意撕下脸谱，去探究法学教育的真实样貌。但想到初入职场的新律师们常聊的司法考试和律所实务的关联性，学校所学和工作所用的契合度，能明显感受到，就今天的法学教育而言，学院和实务是割裂的，尽管多数法学院的培养计划中都为参加实习设置了必修学分。这种割裂的集中体现便是，我们法学院输出的毕业生在进入律所后，普遍面临一个共同的疑问：为什么我们背过这么多法条，仍然解决不了问题。

一、法条、法考与工作的关联性

我本科就读于法学江湖中的五岳剑派，所谓"五院四系"中的"五院"之一。法学院学生天生有考证热情，常年以低通过率扬名四海的"法考"是法科学子的头等大事。总的来说，法考不是一个智力活，而是一个体力活。一者，复习时间长，三至六个月不等，对专注有要求；再者，考试时间长，卷四的三个半小时如史诗般磅礴浩荡，对膀胱有要求。这两个要求能做到，问题不大。我参加法考那年，班里通过的同学超过半数，我们的班长甚至考出了人神共愤的440多分。

法考将14门核心课程收罗其中，但整个本科所学，不止14门。算上选修的婚姻继承、犯罪学等，法学相关课程超过20门。这些课程不只是法条，还有基础学理、各派学说。并且，让我们记住的往往不是具体的法条，而是某个原理、某种学术主张。

这些课程中，我现在想来还记得的，只有法理学。其他课程都当应付考试，学完就过去了。唯有法理，这不以具体部门法为研究对象，追根溯源地探究法科哲学的理论，让我沉迷其中。高等教育出版社和北京大学出版社联合出版的那本法理学教材，大红色封皮，从上课、考试到后来保研复习，我前后翻了七八遍。还有法律出版社橙黄色封皮的西方法律思想史，被翻得比法理学还沧桑，满满当当都是笔记。每次复习，我习惯在结束学习后记下日期和当天吃了啥。翻开内页，这儿写着糖炒栗子、梅花糕，那儿记着山东煎饼、桂花糊，平添不少乐趣。

无论课程还是法考，意义都不在于那堆法条，而在于习得一种学习能力，增加几件认识工具。法条和法考本身，与我们往后的工作关联程度是很弱的。前文提及我们取得高分的班长，后来去了监管部门工作。他曾在给学弟学妹的文章中坦言：

行业监管部门的最大特点，就是业务工作为主、专业性强。我们所在的专业领域，如果放在法律行业来看，打个不恰当的比方，就是法律职业考试的时候直接被放弃的那部分。但是，大量的部门规章、规范性文件又导致整个监管规则极为庞杂。所以，基本上每个法律背景的同事都是从头开始学起。

不止监管部门，律所亦如此。从事非诉业务，仅就资本市场业务而言，庞杂的规则体系几乎是以全新的面貌呈现在我们眼前。上学时，遇到过老师讲课旁征博引收不回来，最后留一个星期过一遍课本就进入考试，大家愤愤不已。工作后发现，这真是再常见不过。每一次项目，每一个交易，都是一门全新的课程，有太多新东西要学。做研究，写报告，出方案，全凭在校积累的那点学习能力——而非——在校背过的那些法条。法条和法考内容本身已不重要，通过其修炼的阅读能力、思维能力和研究能力，是比记忆法条影响更为深远的东西。

二、学校没教我们的那些事

我们在法学院通过法律职业考试，为进入律所拿到一块敲门砖。然而，这离成为一名能切实解决问题的律师，还很远。不仅是因为前面已讲的纸面法条与工作实践的关联性不高，还因为真正解决问题的一些要点，学校并没有教给我们。

（一）问题也分好坏，切莫自我陶醉

根据自身的经验，对于青年律师，我最多建议的就是：废寝忘食工作之前，先确认问题的好坏，再安排你付出的时间及研究、解答的程度。否则，大概率的场景就是，你熬个通宵做研究写出的备忘录，第二天就被告知这个问题没必要处理了，它对项目推进没有意义。

一直以来，我们习惯了看到问题就解答、有限时间内交答卷的思维方式，很少有人教我们去思考问题本身。我们几乎不会去怀疑，那些白纸黑字印在纸上的问题，可能本身就有问题。没确认好问题本身是否有价值，无论你给出多么完美的答案，无非都是用 100 分的解答牵手了 0 分的问题，产生不了价值。

下面这段话，是安宅和人对麦肯锡咨询工作的思考，值得反复研读：

> 所谓专业工作者，就是指不仅要具备特别的技能，更要运用该技能从顾客一方获得报酬，同时提供有意义（有价值）的输出成果。[①]

所以，对专业工作者而言，必须冷静思考有价值的工作成果是什么。作者给出了一个价值矩阵：以议题度为横轴，以解答质为纵轴，处于右上方上限的，才是有价值的工作。否则，借着劳力、蛮力沿着左方向上，不过是一种事倍功半的败者之路而已。（见图 5-1）

[①]〔日〕安宅和人著：《麦肯锡教我的思考武器》，郭菀琪译，北京联合出版公司 2014 年版，第 4 页。

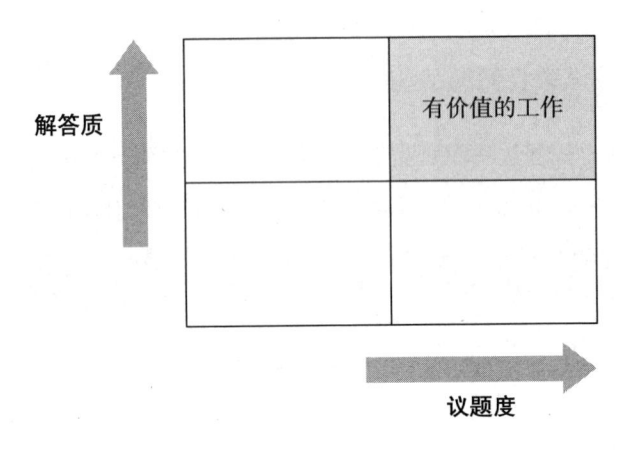

图 5-1　工作价值矩阵

左方向上的轨迹是不是很熟悉？以前的我也是一样，做了不少艰辛但不产生价值的工作。这些工作，往往议题度本身就有待商榷，进而无论如何付出时间，提高解答质，从客户的角度来说价值仍然为 0。从我们的角度来看，这无非是一种敬业工作的自我陶醉，并不能获得提供有意义的输出成果带来的执业成长。久而久之，你只会在旷日持久的低质量输出中为自己的体力和耐力感动，一边加班，一边为朋友圈大家热烈转发的《加班到三点，成年人的世界是你想象不到的心酸》点个赞。

或许，你还会困惑于要研究或解决什么问题，不是你来定的，是客户提出或合伙人交办的。因此，看上去你不能决定议题度的横轴。但作为具体承办这项工作的律师，你是可以有所反馈的。你觉得议题有问题，可以及时提出，并给出你认为更有价值去处理的问题，尽量让你的工作起点往横轴的右边前进。当你无法判断时，可以请教合伙人或其他同事，探讨眼下要处理的问题中，真正具有工作价值的问题是什么，由此锁定核心，将工作时间聚焦于真正解决问题上来。

问题也分好坏，放弃拿到问题就回答的"考试做派"，专业工作者应当致力于有价值的成果输出。

（二）工作只有可行方案，没有标准答案

凡事求得一个标准答案，是学生时代的典型思维。世事讲对错，问题都有正确答案，不会就选 C，非黑即为白。看看，这些烙印你中招了几个。它们带来的影响就是，执着于寻求标准和正确，不注重探究可行性和是否有其他方案。

比如，客户要做员工股权激励，具体"做"的方式并没有标准答案。持股方式上，可以采取直接持股，由受激励的员工直接持有公司股权，也可以采取间接持股或混合持股，通过设置持股平台，使受激励的员工间接持有公司股权；若采间接持股，在持股平台的架构设计上，可以通过有限公司，也可以通过有限合伙达成，都是可行的。这么一排列组合，整个股权激励操作方案不仅没有标准答案，反而有了多种可行方案。律师的工作价值，不仅在于提供可行方案，还要能在确保合规的前提下，结合客户的实际情况，为其分析每种方案的"熨帖程度"，进而选出契合度和可行性均可的方案，供客户参考实施。

合伙人的意见不是标准答案，只是指导意见；监管部门的回复不是标准答案，只是监管方向；同事已做过的法律研究、写过的法律文件也不是标准答案，只是参考模板。不经思考就一门心思寻求标准答案，一定无法交出有价值的工作成果。对聘请了律师的客户而言，无所谓标准与否，可行更重要；无所谓是否唯一，如果有两个以上方案，最好把优劣分析和对比表都做出来才像样。

此等观念，不是学术训练要教授的内容，或者说学院教育不屑于教授这些。对法学院而言，意识形态的规训才是立院之本。如冯象所说，在接受新法治意识形态的规训后，成长为利己的、顺服的劳动力，谓之"公民"或"理性人"。认识这点后，可以暂且放下铁肩担道义的热血（放下，不是放弃），暂且放下对标准答案的执着。时刻提醒自我，跳出思维定式，眼光向下，流转到工作中每一个生动、鲜活的问题上来。

第二节 假把式要逾越的鸿沟

尽管你已经知道了什么是有价值的工作，可是，知道并不意味着就能产出有价值的成果，更有可能成为光说不练"假把式"。要想快速提高解决问题的能力，最关键的是越过"假把式"面前的鸿沟。

一、问题意识匮乏

问题意识和前一节提到的议题度相似，但和"问题"是不一样的。简单来说，问题是一个个问号，而问题意识是为什么会有这个问号。它是对问题的进一步追问，而非问题本身。比方说，你的问题是"女朋友为什么生气"。如果你的问题意识是通过思考，希望未来和女朋友避免争吵愉快相处，那么思考中就会较多关注现任女友的性格或喜好。如果你的问题意识是研究两性关系，为来自水星和来自火星的不同群体友好相处提供建议，那么思考中就会更多关注女性群体本身的思维特性。当一个5岁小孩问爸爸，人死了是什么意思，他只是疑惑于这个现象；当一个哲学家思索，人死了是什么，他可能探索的是死亡的意义、人生的价值乃至生命的本质。于是，你会发现，问题意识决定了我们思考问题时往何处去，走多远，探多深。

具体到律所工作中，问题意识关联着解决问题的一项重要技能——确认问题要点或交易目的。客户常向律师咨询很多问题，这些问题并不清晰，大多是一堆细枝末节的信息，而问题本身模棱两可。这时，你的工作出发点并非卷起袖子马上开工，更切忌信口开河。你要做的第一件事，是帮助客户明确问题，确认他做这件事的目的。其后，根据客户补充反馈的信息调整问题，尽量使你工作的起点位于价值矩阵的右方。这样提供的建议才有针对性，事半功倍。

项目交易也如此。无论是草拟尽调报告还是交易合同，首要的是，向合伙人或交办律师确认这个项目的交易目的是什么。同样是草拟一份股权转让协议，转让背后是为了控股目标公司还是仅仅为财务投资，在核心条款的安排上相差甚远。明确问题要点或交易目的，需要的就是具备问题意识。

下面举例阐述，如何带着问题意识为客户寻求解决方案。（见图5-2）

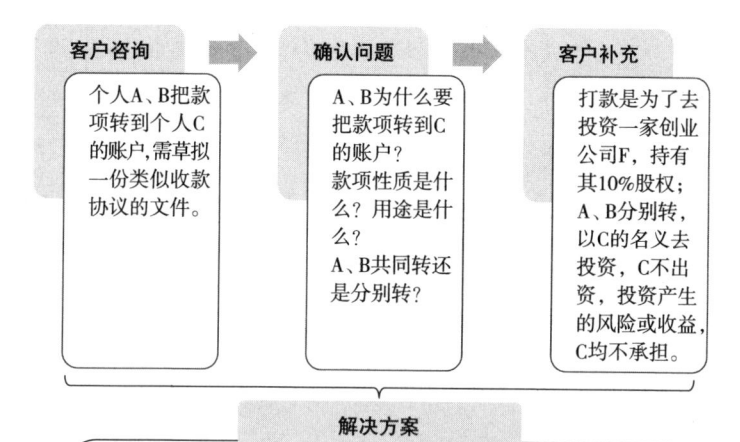

```
客户咨询 → 确认问题 → 客户补充

客户咨询：个人A、B把款项转到个人C的账户，需草拟一份类似收款协议的文件。

确认问题：A、B为什么要把款项转到C的账户？款项性质是什么？用途是什么？A、B共同转还是分别转？

客户补充：打款是为了去投资一家创业公司F，持有其10%股权；A、B分别转，以C的名义去投资，C不出资，投资产生的风险或收益，C均不承担。
```

解决方案

1. 要草拟的文件不是收款协议，而是委托持股（即代持）协议，收款只是委托持股中的一个行为。
2. 打款目的是代为投资，款项性质是投资款，用于投资F。
3. 委托持股协议由A、B分别和C签署，需要重点拟定A、B作为委托方和真实出资人，与C作为受托方和名义股东之间权利义务的划分。

图 5-2　确认问题要点或交易目的：以委托持股协议为例

二、逻辑框架混乱

逻辑框架，主要是为思考问题和解决问题提供骨架。大部分人讲话喜欢分一二三四，看上去似乎很有逻辑，但这四点里面，是互为因果还是层层递进，看不出来，完全不知道它们之间有什么关联。若你把其中一二换成别的，也无大碍，这就是逻辑框架混乱的情形。当然，逻辑不能包打天下，并非所有的问题都需要逻辑框架，比如领导讲话，重点是领导讲，逻不逻辑不重要。

但回到律师执业，逻辑框架就很重要。你不可能告诉客户，这个方案是你头脑风暴的结果。律师工作的本质除了出卖时间，核心出卖的就是逻辑思维能力。记得在研究生的课堂上，经常要提交课堂论文或课业研究。我们会被老师挑战，为什么一二三四是这四点，是在一个什么逻辑框架下可以展开这样的分析。你必须要证明，从A到B是有原因的，是不可替换的，而非拍脑袋的结果。

印象最深的是我的毕业论文，研究的是司法过程中运用法律方法的两个维度。我研究生时的导师——上学时期对我影响深远的——周赟教授，看完初稿后给出下述意见：

本节和下一节大概是全文最成问题的两节。其中最典型的是，你分别罗列的这几项内容，是否处于一个逻辑层面？如果是，是否组成一个圆洽的逻辑框架而没有遗漏也没有重复？

这个问题的另一面是，你分别列举的这几项因素是怎么来的？是大脑风暴？还是依据什么材料统计而来？或依据某种理论框架？

你不一定必须调整（如果实在太难调整，当然只好不调整），但一定要预先准备好相关问题的答案，以备答辩时可能之需。

直到现在，每次做法律研究或写业务文章，我都会用他当年点评论文的视角问自己，为什么是这几项？这几项是否处于一个逻辑层面？能否组成一个圆洽的逻辑框架而既没有遗漏也没有重复？

不同类型的业务需要用到的分析逻辑不一样。我将最具普遍性的内容提炼出来，组成思考问题的一般性逻辑框架，如图5-3。

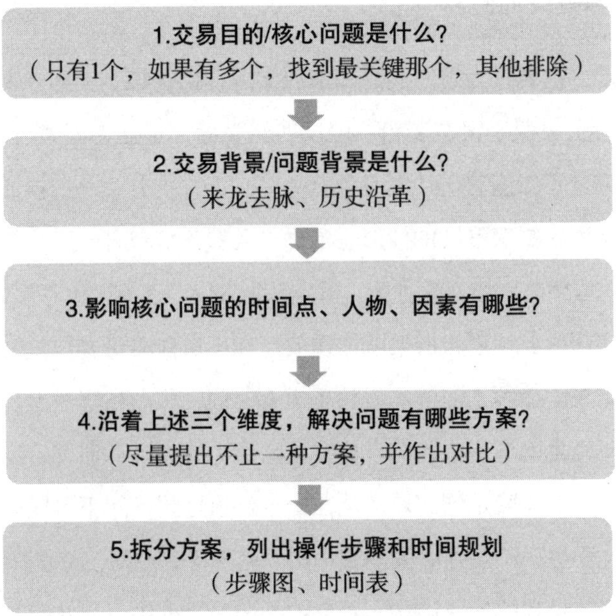

```
1.交易目的/核心问题是什么？
（只有1个，如果有多个，找到最关键那个，其他排除）
            ↓
2.交易背景/问题背景是什么？
（来龙去脉、历史沿革）
            ↓
3.影响核心问题的时间点、人物、因素有哪些？
            ↓
4.沿着上述三个维度，解决问题有哪些方案？
（尽量提出不止一种方案，并作出对比）
            ↓
5.拆分方案，列出操作步骤和时间规划
（步骤图、时间表）
```

图 5-3　思考问题逻辑框架五步法

需要说明的是，上述步骤在操作中可以贯穿 MECE（Mutually Exclusive Collectively Exhaustive，即相互独立、完全穷尽）分析法，确保每一步骤既完整又独立。MECE 分析法是麦肯锡的第一位女咨询顾问巴巴拉·明托在《金字塔原理》（The Minto Pyramid Principle）中提出的一个重要的原则，说的是对于一个重大议题，进行不重叠、不遗漏的分类，借此有效把握问题的核心，快速找到解决问题的方法。MECE 分析法的精髓就八个字——相互独立、完全穷尽。相互独立意味着，每项分析中没有交叉和重叠，不做重复用工，保证效率；完全穷尽意味着，每项分析中没有空白和遗漏，保证全面周密。

青年律师交出的工作成果，重复和遗漏是两大硬伤。重复的引用、重复的论述经常出现在同一份尽调报告或备忘录中。相较于重复，遗漏的影响更糟糕。重复只需要删去即可，而重大遗漏，很可能对问题定性产生实质影响。学会用逻辑框架搭配 MECE 分析法，可以最大限度厘清你的思路，并对纷繁复杂的信息化繁为简，进而找到解决问题的最优方案。

三、现实关照淡薄

提出解决方案不意味着问题得到解决，从纸面到实践，还有很长的路要走。那些方案做得漂亮，执行起来无法落地的情况大家并不少见。兴许你会认为，律师受客户委托，只负责提供方案和建议，如何落地是客户的事。但我建议，从做律师第一天起，就树立关照现实的意识，将目光在纸面和实践中来回流转，用观察现实所得来修正我们的方案和建议，增强其可操作性，而非剪裁现实，使之勉强套进你"完美"的纸面方案中。

来看一个发生于 2015 年的具体案例。

客户是一家大型餐饮集团，在国内华南区有 19 家公司。由于历史原因，之前设立了较多公司，其后带来管理及运营上的诸多弊端。更重要的是，由于各个公司注册地的地域差异，造成产生的所得税不能合理抵消，客户希望通过重组，注销部分公司、合并部分公司，以实现如下目的：

● 优化华南区 19 家公司的税务，减轻总体承受的税务负担；

● 该等重组对华南区 19 家公司的正常经营、管理不产生实质性影响，其名下经营证照、门店、员工以及租约不发生重大变更，使公司业务运营平稳、安全地过渡。

经过研究分析，结合客户的具体情况（华南区 19 家公司属同一控制下的企业），我们提出可通过吸收合并的方式实现重组目的，吸收合并的方式为两家/多家公司主体合二/多为一，吸收合并的一方存续，成为合并后的法律主体，继承被吸收合并一方的权利和义务，被吸收合并的一方则解散。我们分析了在这种方式下华南区 19 家公司名下经营证照、门店、员工、租约等进行变更的可行性，并尽量将变更事项减到最小范围。

在减轻税负的问题上，根据《财政部、国家税务总局关于企业重组业务企业所得税处理若干问题的通知》（财税〔2009〕59 号），《财政部、国家税务总局关于企业清算业务企业所得税处理若干问题的通知》（财税〔2009〕60 号），以及《企业重组业务企业所得税管理办法》（国家税务总局公告 2010 年第 4 号），企业合并重组行为可以按照不同情况，适用特殊性税务处理或一般性税务处理。前者为企业提供了"优惠规定"，即在特殊性税务处理的情况下，被合并企业无须被视同清算，而是由合并企业接受被合并企业的资产和负债，并以被合并企业持有资产负债的原有计税基础确定合并企业的计税基础。简言之，上述资产和负债的转移不会产生任何额外税负。[1]

可以看出，如果能争取适用特殊性税务处理，对客户有极大利好，这成为我们拟定重组方案的重要目标。华南区 19 家公司分别处于广州、深圳、珠海、中山、江门、惠州、佛山、东莞 8 个地方，其中广深两地的公司亏损严重。为了充分利用现有企业的亏损，保证重组完成后能够将现有企业的累计亏损全部

---

[1] 如需适用特殊性税务处理，合并行为原则上应满足以下条件：(1) 具有合理的商业目的，且不以减少、免除或者推迟缴纳税款为主要目的；(2) 企业重组后连续 12 个月内不改变重组资产原来的实质性经营活动；(3) 企业合并属于同一控制下且不需要支付对价。

弥补，我们提出选择广深6家累计亏损的公司作为存续主体，如此，其他公司未来的盈利可以用来弥补亏损公司的累计亏损，以达到降低企业所得税税负的目的。①

我们最终出具了一份自认为漂亮的重组方案，既利用了政策上的优惠规定，又完美回应了客户希望达到的重组目的。然而，这份方案最终被客户搁置下来，未能推进。究其原因，系被合并企业多为注册在珠海、中山、江门等地的盈利企业，将其与广深亏损公司进行吸收合并，涉及跨地市的税源转移，要想在实践中与各地税收主管部门沟通，取得同意，难度极大。更别提客户情况涉及多地税收主管部门的沟通，难度更甚。我们提出方案时，只考虑到最大程度利用现有企业的亏损，忽视了实践中与税收主管部门沟通的困难。我们只考虑到，客户是否满足全部或部分适用特殊性税务处理的条件，忽视了实践中税源转移的敏感和难度。现实关照的淡薄，是这份重组方案的硬伤。纵使我们关注了客户的重组目的，提出了符合法律规定、逻辑框架清晰的方案和步骤，最终也止步于纸面，未能落地。

作为一名非诉律师，真正解决问题要从思考问题开始，带着问题意识明确客户的交易目的，提升议题度；其后将问题置于适当的逻辑框架中按步骤分析，五步也好，七步也罢，提出步骤图和时间表；到这儿还不算完，将你的成果置于现实场景中审阅，完善可操作性，确保方案的生命力。这样，才算跨过了假把式面前的三大鸿沟，在问题高地上成功插上属于你的小红旗。

第三节　三个策略，提升解决问题的能力

在问题高地上看着迎风招展的小红旗，你可能有些得意，或者是欣慰，总算迈出了从学院派到实力派的一大步。回望解决问题的这一路，走得并不顺畅，

---

① 如果由盈利企业作为合并后的存续方，将累计亏损的企业进行吸收合并，这些企业的累计亏损将无法结转弥补，或者由于受到弥补限额的管制而无法充分结转弥补。

轨迹歪斜呈蛇形，你开始意识到兴许走了些弯路。你开始反思，尽管已成功解决问题，但过程是否值得优化？解决问题的能力是否还可以再提升？

用游戏视角来看，玩家在游戏的过程中会配置一些装备，显著增加战斗力。相似地，工作日常中的一些策略看起来虽不起眼，但日积月累，可显著增加你的战斗力。前一节关注的是能否解决问题，本小节关注的是如何更好地解决问题。

一、重建属于你的法律文本库

法律文本可以算是非诉律师的吃饭家伙，它既是律师的工作成果，也是工作原材料，甚至是某些特定项目的业务门槛。有的项目，律师团队能否顺利承接，关键在于是否有此类项目参考的模板文本。只要有文本，凭借敏锐的研究能力和以往项目经验，基本都能受托承办。某些项目需要不同的律师团队合办，除了工作量的考虑，有时也是因为一方有案源但没文本，另一方有成熟法律文本可参考使用。

法律文本如此重要，日常工作中的积累和整理，便成为不同能力层次律师的分水岭。那些实力出众的律师，针对不同类型的项目，往往有完备的法律文本可快速上手，腾出时间研究项目中的个性化问题。

律所层面也对法律文本非常重视。部分顶级律所有专门的知识管理系统，其中分门别类整理了不同类型业务常用的法律文本，作为参考模板。这是顶级律所的过人之处，也是职场新人进入顶级律所可享受的"隐形福利"。但是，不是所有律所都有知识管理系统和理念；即使有，你也需要重建属于自己的法律文本库，这是和你个人能力提升紧密相关的智库。

以我的经验，积累法律文本有以下方法。

（一）从自己已完成的项目中积累

自己经办完成的项目，是积累法律文本最直接的途径。当你完整经历完一个项目时，从报价函、法律服务建议书到备忘录、法律意见书、核心交易合同，再到相关决议、函件、结案报告，你可以搜集整理出一整套法律文本，对应这个类型的项目。需要注意的是，整理时要删除客户信息，与项目有关的协议条款、交易信息等也需要完整删除，确保文本清洁。

（二）从与其他团队/部门/办公室合办的项目中积累

项目合办是青年律师学习的好机会。每个律师团队或部门，基于专业所限，一般承办的项目是类型化的。比如，做国内资本市场业务的团队，对外商直接投资项目就比较生疏，但客户有这个需要。通过跨团队、跨部门的合办，可以学习到另一领域的业务，哪怕不深入，粗浅了解有个概念也是好的。更关键的是，通过合办项目，你可以接触到另一领域的法律文本，可能成为往后从事相关领域业务的基础学习资料。

不同于企业或银行中设置的轮岗制度，新人进入律所，往往处于特定团队或部门，没有所谓"轮值"的机制。而青年律师对自己的兴趣、专长究竟更适合哪个业务领域并没有妥当的认识，这就像摸彩球一样，抓到哪个是哪个。合办项目，一定程度上弥补了这种不足，让青年律师得以了解自己团队之外的业务。

同时，很多锐意创新的律所也在探索"律师池"制度，获得律所聘用的新人不进入特定团队或部门，而是处在一个律师池当中，不同团队或部门的业务都可以根据工作时间和工作量的情况，从这个流动的人才库中匹配新人予以协助，从而使青年律师获得更广阔的执业视野。

（三）从政府机构公示的参考文本中积累

近年来，政府机构的信息化建设进步显著。在政府机构的官网上，信息公开、政务服务、法律法规文本等栏目，不仅为事项查询或办理提供了极大便利，也为青年律师积累参考文本提供了路径。

以广州市市场监督管理局为例，进入官方网站，在"政务服务"项下，可以看到"服务须知"和"表格下载"。在"服务须知"栏中，提供了一系列合同示范文本，如住房租赁合同、物业服务合同、买卖合同等。在"表格下载"栏中，分别列明了内资、外资登记表格和材料规范，以及相关登记范本。比如，对于内资有限责任公司设立登记，登记范本中可查到公司章程模板，法定代表人、董事、监事和经理的任职文件；对于股权转让，可查到股权转让合同范本。（见图5-4）

图 5-4　广州市市场监督管理局政务服务图示

另以中国证券投资基金业协会为例，进入其官网，在"政策法规"项下，点击"自律规则"，可以看到协会发布的各项规范性文件，其中不乏基金业务的核心工作指引和参考文本，如私募基金管理人登记指引第1号、第2号和第3号，分别对管理人的基本经营要求，股东、合伙人、实际控制人，法定代表人、高级管理人员、执行事务合伙人或其委派代表，作出核查要点指引。此外，还可看到《私募基金管理人登记申请材料清单（2023年修订）》，以表格的形式对核查材料的内容要求分类列示，非常清晰。（见图5-5）

图5-5　中国证券投资基金业协会政策法规文本图示

诸如此类的参考文本不胜枚举。一个核心的方法是，首先了解你专业领域的政府主管部门，其后多熟悉它的网站，在各项业务遇到对应事项时，你就能知道那些可供参考的文本资源藏在哪儿，进而取得事半功倍的效果。

（四）从信息披露网站公开的文件资料中积累

政府机构提供的是通用的示范文本，信息披露网站则能查到上市公司个性化的公告和相关文件。比如，在巨潮资讯网（中国证监会指定信息披露网站，见图5-6），能查到上市公司首次公开发行及上市的法律意见书、公司公开发行可转换公司债券的法律意见书、公司实施股票激励计划某特定事项的法律意见书等。你既可以按相同行业积累法律文件，也可以按照文件中分析的某个具体问题整理积累。

四种方式中，这是含金量最高的一种学习路径。你的学习范本，不限于自己经办的极其有限的项目，不限于团队和律所，目标扩展至众多公众公司，其中有全国各地的律所提交的工作成果。在这里，你可以深切体会到，青年律师眼中"高端"的上市业务，是一项模式化程度很高的业务，问题的分析和处理都有"套路"，颇有些"日光之下，并无新事"的意味。当然，这不妨碍其成为青年律师积累文本和研究学习的优良路径。

图 5-6　巨潮资讯网信息披露图示

二、放弃知识管理的执念

通过前述方式,你重建了个人的法律文本库,面对问题时不再有新人的无从下手。下一个策略,我想说的是,放弃知识管理。

知识管理是这些年兴起的热词,随着知识付费观念的逐渐被接受,多数人都会付费订阅学习专栏或在线课程。律师作为知识密集型产业,更是热衷于此。不只学习知识,很多人还希望管理知识,终身学习、知识管理几乎是律师行业不证自明的"执业正确"。但你也会发现,那些热衷于上课、听音频、参加集训的朋友们,似乎并未见得有多大提升;抑或你自己就是其中的一员,你能切身感受到那种乍一听醍醐灌顶,长久下来并无长进的无力感。这是一些新律师和我聊过的学习困惑,我将其称为"知识陷阱"。

知识陷阱的问题在于,总以为听过就是学会,收藏就是学习。于是精力花在接受他人的输出、整理自己的收藏上。诚然,接受他人输出是学习的前提,但若陷于知识管理的执念,只会让你在低效学习的密林里迷失,无法真正提高解决问题的能力。事实上,如果期望在某一领域有所收成,重点不在于知识管理,而在于将散落在各个时间、空间的知识碎片进行消化,使之成为你自己的智识,然后再进行知识的创造和输出,这才是提升能力的完整链条。

再次强调,提升的重点不是管理,是消化和创造。判断是否消化了所学的知识,有个简单的方法,就是看你听过的课、看过的文、参加过的培训、合影过的沙龙,事后给你一张纸,你能写下多少内容。至于创造,则是进一步的,看你写下前述内容后,能衍生多少新的内容。这里的内容,可以是观点,也可以是问题,更深一步的疑惑或好奇。只有完成从外在接收到内在重构这个过程,你的大脑才有可能和这些外部信息"搭上线",知识才真正从"别人的"变成"你的了"。

具体到律师业务中,推荐两个方法践行知识创造。这两个都是不起眼的细节,但能用好的话,能力将提升于无形之中。

一个是将平时习惯收藏的文章、课程打印出来,用笔写写画画。仅满足于手机阅读是没有前途的，用笔划过每个观点，翻过每页文字，你的思路会随之打开，评述、疑问都记在边上。文章也不可看完就扔，用活页夹装订起来，长此以往，这就是你的律师执业教材，私人定制，翻版必究。

另一个是便签记录法。这里的便签是泛指，它可以是手机上的便签程序、刚买的咖啡的收银小票或者小卡片，无不可。用来做什么呢？用来记下你那些一闪而过的思路、观点、研究冲动或待确认的问题。被记录下的东西有时甚至无法描述它究竟属于哪种类型，或许只是一个"念头"，但可能对解决问题至关重要。这种一瞬间的闪念，有时甚至胜过长篇累牍的知识。当我们面临难以解决的问题时，人们更多关注到体力过程，如彻夜通宵；却忽视了解决这个问题中的那些精神过程，它们不易被察觉，不易描述，却像精灵一般跳跃在大脑中。便签记录法，可以让你抓住那一闪而过的精灵，为知识创造或解决问题留下接入口。

三、打造你的强大智囊团

提高解决问题的能力，不能只靠自己。有时还可以借助外在力量，尤其是在面对生疏领域或工作经验尚浅时。非诉业务中，很多项目的中介方不只有律师，还有券商、会计师、评估师参与其中，多与不同角色的中介机构沟通学习，建立友谊。在项目中结识的券商朋友、会计师朋友，很多时候会成为你在下一个项目遇到问题时请教的对象，他们对各自领域实务问题的把握，可以快速解决你的疑惑。我曾在项目中有幸结识可靠的券商朋友，此后对重组并购领域有模糊不清的问题时，向其请教或与之讨论，总能有很多收获。这位朋友不仅能够解答我的难题，还能提供相关的研究成果或文章资料。于我而言，这就是强大的智囊团成员，这种专业性也是律师值得学习的地方。

除了自己结识的朋友，你敬重的前辈也有可能成为智囊团的一员。比如，律所中某个领域的顶尖律师，当你遇到需要权威意见的问题时，可以写电邮向其求助，按我个人的经验，他们通常都会回复你的。

如果你能和不同领域的可靠对象保持良好的沟通，遇到问题时，都能寻求建议或帮助，那么这个强大智囊团会极大提升你解决问题的实力。值得提醒的是，任何帮助都是相互的，除了向你的智囊团求助，你也需要尽可能多地为对方提供法律方面的帮助，让对方从他的角度，在他的智囊团中，也有一名可靠的律师朋友。这样双向互助的关系，更能长久稳定。

第四节　四条定律，练就超级表达力

一、演讲能力还重要吗？

（一）重要还是不重要，这是个问题

如果我说，演讲能力是律师的核心竞争力之一，大概没人会反对，印象中律师就是要能说会道的。况且加上了"之一"，和娱乐圈新闻惯用"疑似"一样，是永保正确的护身金牌。然而仔细想想，情况并非完全如此。从宏观来看，今天的公共表达环境，不大可能有自由演说的空间。包括律师在内的法律人，无论怀抱多么饱满的法治热情，不大会有海德公园的演讲者之角。多说不妙，围观就好。从微观来看，律师业务诉讼和非诉的划分，决定了不是所有律师都需要去"打官司"，征战法庭，唇枪舌剑。如此看来，演讲能力，对非诉律师而言，似乎没那么必要。

然而，对青年律师来说，情况又稍有不同。一方面，即便是从事非诉业务，也经常需要向客户进行案件汇报、尽调反馈或法律培训，无论叫什么，实质都是一次演讲。青年律师如果有幸接受合伙人的提名，自然要全力以赴承担这项光荣且艰巨的任务，这是很好的锻炼机会。另一方面，资深律师或合伙人出场，通常自带背景掌声，青年律师可没这个待遇。如何让你的演讲有人听，是比具体讲什么更需要先考虑的问题。如何让你的演讲干货与幽默齐飞，文采共思想一色，是本节讲的主要内容。

（二）神奇的 TED 演讲

想想那些年听过的"尿点"频频的演讲，都有哪些特征？枯燥地念报告、傲慢的说教、重复的口头禅、冗长的PPT……都是好好说话的终结者。每次公众表达前，都应当警惕一下，别不小心成了自己都讨厌的那样。空想无益，还需要一些好的范例引导自己,并反复思考一个问题:演讲中,真正重要的东西是什么。

大部分人都知道 TED 演讲,这个被参与者称为"超级大脑 SPA"和"四日游未来"的演讲大会,曾见证了无数富有创造力的观点和产品诞生。[1]比如,后来风靡全球的 CD 光盘、第一台苹果电脑。TED 的创始人克里斯·安德森(Chris Anderson),不仅打造了一个神奇的平台,也目睹了很多优秀演讲者的惊艳表现。在他看来,成功的演讲确实有一些共同的特质,他给出了优秀演讲的四条建议。[2]这四条建议运用于律师演讲的场景,可以构建一个优秀演讲的基本框架。通过反复练习,进而提升(并非快速提升)律师的演讲能力以及公共表达能力。

二、优秀演讲的四条定律

(一)聚焦于一个观点

演讲不同于脱口秀,那种三秒一笑点,五秒一包袱的,是相声,而非演讲。好的演讲必须聚焦于一个核心观点。

观点通常与主题相关,但主题就像一颗土豆,一块牛肉。我们说今晚吃土豆,并不是吃这颗生土豆本身,而是要清洗、削皮、切丝、打泥,主题也是如此。我们需要对主题进行处理,所谓破题,才能找到主题之下你希望传达的核心观点。举个例子,之前参加某项活动,演讲主题是爱。这颗土豆太大了,需要处理。首先爱这种宽泛的情感需要具体化,我把它细化为热爱,进一步修饰为发自内心的热爱。我希望传达的观点是,当下那么多浮夸的充实和热闹中,人们大多

---

[1] TED 大会早期由科技(technology)、娱乐(entertainment)和设计(design)领域的人士汇聚一堂,分享他们对专业领域的思考和探索,TED 也因这三个领域的缩写而得名。后来随着不断发展,TED 几乎覆盖了所有公众关注的领域。2001 年,克里斯·安德森买下了 TED 会议并运营,他把这个会议变成一个非营利机构,每年举行一次大会,大会演讲做成视频放在互联网上,供全球观众免费分享。

[2] 克里斯·安德森对如何让公众表达变成影响力作了行之有效的思考,参见〔美〕克里斯·安德森著:《演讲的力量》,蒋贤萍译,中信出版集团 2016 年版。

追求效用，缺乏对事物发自内心的热爱。

最糟糕的情况是，主题不作处理，上来就讲一个不咸不淡的感人故事，收尾处猛来几句激昂的号召。这样的演讲我听过的还不少，这是各位从小就讨厌的演讲类型，那为什么当我们站在讲台上时，就摆脱不了这个路数呢？所以，千万不要理解为演讲就是讲故事，讲感人的故事、搞笑的故事，不是的。如果要听故事，去听说书就好了。

在工作汇报或法律培训中也是如此。你可能会问，工作汇报当然不止一个观点啊，培训有时也是多方面的，很难局限于聚焦一个观点。其实不然。汇报的内容可以很多，但核心观点只有一个，这个观点和你汇报项目的交易目的或客户诉求有关，内容都是围绕这个展开的。培训同样，无论客户多么希望你能展开一场全方位的培训，你都需要在沟通中和他明确这场培训最主要的目的是什么，比如，是业务合同的法律风险、劳动用工的合规，还是员工股权激励。

（二）给听众关注的理由

一个演讲，重要的不是你讲了什么，而是听众听到了什么，所以，请给听众关注的理由。

1. 故事

要吸引听众的注意力，首先离不开讲故事。这与前文并不矛盾，一言概之，演讲离不开讲故事，但不能只讲故事。故事的好处在于，它有两个强大的功能：提供解释和引发共鸣。尤其在面对普通公众而非专业同行时，这是效果显著的演讲技巧。

比如，要给客户做初创企业融资的法律要点培训，除了讲融资流程、谈判要点、投资协议等"硬知识"，我会考虑插播美团收购摩拜、CVC 收购俏江南的故事。听众往往对硬知识不敏感，而对风起云涌的资本市场故事别样关注。通过故事插播，一来将投资协议中各项经济性条款及优先权利如何演绎阐释清楚，二来帮助客户建立基本的融资常识，认识到企业和资本既相互需要又不能完全依赖的微妙关系。

需要注意的是，插播故事时，一定要提炼，要赋予故事一定的意义。说到底，故事不是演讲的核心，只是对观点的支持。

在公众表达中分享故事，克里斯·安德森提炼的这四点请牢记：

（1）故事要有一个引起听众共鸣的主人公。

（2）通过激发兴趣、制造悬念或危险等形成故事的张力。

（3）适当提供细节。如果细节太少，故事会显得不够生动，如果太多则会显得拖沓冗长。

（4）要有令人满意的结局，或有趣、或感人、或给人启迪。[1]

2.细节

言语生动，情感真实，是一个好演讲的标配。生动和真实从何而来，就从细节中来。为什么很多演讲让人觉得假大空，就是因为缺乏细节。谁都生活在细节里，但在下笔或开口时，多数人什么也记不起来。而出色的表达者（无论口头还是书写），总能让事物在他的表达里复活。对细节的把握来自感受力，我们可以通过阅读来加强。记得汪曾祺在讲到故乡的美味高邮鸭蛋时，他是这么说的：

筷子头一扎下去，吱，红油就冒出来了。[2]

一字传神，这就是细节的魅力。

让我印象深刻的，还有马尔克斯在《没有人给他写信的上校》中的描写。一位没有名字的老上校，一直苦苦等待政府给他寄抚恤金。日出日落，15年过去，政府换了七届，始终没人想起给他写信，更别提寄钱。书中写道：

上校打开咖啡罐，发现罐里只剩下一小勺咖啡了。他从炉子上端下锅来，把里面的水往地上泼去一半，然后用小刀把罐里最后一点混着铁锈的咖啡末刮

---

[1] 〔美〕克里斯·安德森著：《演讲的力量》，蒋贤萍译，中信出版集团2016年版，第77页。
[2] 汪曾祺著：《故乡的食物》，江苏文艺出版社2010年版，第67页。

进锅里。①

"刮进锅里"——大师的表达方式，三言两语，就能击中你。

3. 道具

你还可以用道具来配合演讲，常见道具如PPT、短视频，也可以是其他物件，它们可以帮助你导入正题或配合举例，吸引听众中好奇宝宝的注意。

芭比娃娃就曾成为李敖的秘密武器。当时因不满我国台湾地区军购预算的追加条例在"立法"机构院会中过关，李敖特别带上芭比娃娃来到"立法"机构，怒怼军购案是个骗局。面对围观民众，他从塑料袋里拿出芭比娃娃，说道：

我有一个秘密武器，不要怕，是温柔的芭比娃娃。芭比娃娃很便宜，可是买了以后很麻烦，她要换衣服，她有女朋友，她女朋友还有男朋友，结果一买就买了一屋，买来买去没完没了。所以买个芭比娃娃不严重，可后续的钱可不得了。你清清楚楚知道，63亿（军购案）是个骗局。②

不用说，这个秘密武器比振臂高呼更引人注意。

（三）用听众熟悉的概念表述

用听众熟悉的概念，就是将你要讲的内容与听众的直接认知，找个桥梁或做一次转换。这么做的好处在于对听众的听觉造成冲击，进而引起思考，或留下印象。某次演讲活动，参与者之一是某品牌汽车技术部产品技术科试验工程师团队成员，开讲需要自报家门，她这家门名字长就算了，听完也不知道是做什么的。于是她在说完部门全称后加了句，"我的工作，俗称汽车品质找碴儿员"，一秒清晰。

---

① 〔哥伦比亚〕加西亚·马尔克斯著：《没有人给他写信的上校》，陶玉平译，南海出版公司2018年版，第1页。

② 参见《李敖用芭比娃娃"温柔"阻挡军购案》，载新浪网新闻中心栏目，https://news.sina.com.cn/c/2007-01-11/230710977622s.shtml，最后访问时间：2024年3月11日。

这种转换，用陈少文老师的话说，叫作口语化表达。他在给本科生的一封信中，曾对口语化表达有过特别好的讲述：

当我们在讲述萨维尼和蒂堡那场关于编撰德国统一民法典之必要性的世纪论战时，需要告诉听众，之前的德国迟迟没有形成统一的民族国家，因而四分五裂。这段话放在书面表述里，没有任何问题。但在口语表述里，就有欠火候。因为，"四分五裂"这个形容词只是你的主观感受和概括，而不是听众的直接认知。无法对听众的听觉造成冲击。

因此，你需要做一次转化。换作我，我会这样表述：在1871年德国第一次形成统一民族国家之前，在德国这块相当于中国云南省面积大小的国土之上，竟然分裂为1789个大小国家。

你看，当你这样形容的时候，"四分五裂"这个词语所无法带给你的深刻感知就会永久地留在听众的记忆之中。但是——还不够！这个信息还必须和人们的日常生活经验发生关联。我可能会这样继续：这下你应该理解了，为什么我们在小时候所看的格林童话里，灰姑娘动辄就可以遇见王子，那是因为，他们至少有1789个王子。换到中国，可能也就相当于乡长的儿子而已。[1]

与此相似的，还有车浩老师对非法经营罪的介绍：

非法经营罪是转型时期的形象代言人，诞生于1997年。它是投机倒把罪的后代，简称投二代。[2]

以上都是运用本条定律的经典。演讲者希望表达的内容并不因贴近听众，

---

[1] 陈少文：《给法科生的信46：你所说的，你自己懂吗？》，载微信公众号"法伯乐"（2017年10月27日），最后访问时间：2024年3月11日。

[2] 车浩：《玉米案的三重楼：历史、技术与权力》，载微信公众号"中国法律评论"（2017年2月23日），最后访问时间：2024年3月11日。

所谓的接地气显得浅薄，反而因口语化引人入胜。对演讲而言，思考要尽可能深入，表达则要尽可能简单。

（四）让你的观点值得分享

让你的观点值得分享，是指如果这盘土豆牛肉上桌了，要让人有拍照发朋友圈的冲动。

什么情况下，我们有发朋友圈的冲动？美颜程度至少30%的照片？吃喝玩乐团队建设？都是。还有一种经常在朋友圈刷屏的，就是"金句"。金句中一半以上可能是鸡汤，但甭管是汤是料，金句的实质，其实是一个值得分享的观点。演讲中，拥有值得分享的观点，是让演讲流动起来的好方法，更是一个演讲打动人心的关键所在。

让观点值得分享，离不开你自己的思考。讲故事也好，口语化也罢，归根结底要有经思考得出的观点和结论。我们经常在命题作文式演讲中，听到参与者讲工作的辛苦，自己的奉献。经典四大场景是：家人生病顾不上，妻子生娃不在场，积劳成疾胃病犯，寒冬腊月不离岗。我对这样爱岗敬业的劳动者表达尊敬，但演讲仅止步于此实在平庸得很。且不说这种工作高于一切，家人排队靠边的价值理念是否值得大书特书，仅就讲自己经历的辛苦和困难，也没讲出特别之处来。生活本来就是一场负重旅行，谁不辛苦呐。其实，你可以在讲完经历之后再想想，经历这些辛苦和困难的意义是什么。我想，或许是困而知之，就是你成长中所有的领悟，其实都是在困境中得到的。困境本身不值得赞颂，但真的身处其中，觉得很难了，也要向泥泞中的自己伸出手来，困而知之。是谓，所有的辛苦，都是礼物，五味之后，才会富足。所以人们才喜欢讲，人生没有白走的路，每一步都算数。这会是我的观点，而不仅在于讲一个平淡无奇的故事，自己恋恋不舍，听众去意已决。

到这儿，我们可以回答开篇的问题了——演讲中，真正重要的东西是什么？不是自信，不是舞台展示，也不是流利的语言，而是有价值的思想。真正打动人心的，是一个值得传播的观点。这样的观点，离不开表达者的阅读积累和独立思考，这似乎不是四条定律可以提升的地方，反而有点功夫在诗外的感觉。

第六章
奔向冰球所向，而非冰球所在

"谁还需要邮差？你说过，没有人现在还会写信，都上网了。"

"那又怎么了，邮差又不是只会送信。"

——《邮差的白夜》[1]

---

[1] 《邮差的白夜》根据真人真事改编，影片讲述在俄罗斯北部的一个偏僻的小村庄，村民主要通过一名驾驶着一辆机动小船的邮差与外界联系的故事，于 2014 年 9 月 15 日在意大利上映。

第一节　未来律师职业的发展趋势

一、法律职业发展面临的挑战

牛津大学教授理查德·萨斯坎德在其著作《法律人的明天会怎样？法律职业的未来》中，对法律职业整体趋势作了观察思考。他在书中讲到，未来法律职业的发展，将面临三大挑战。[①]

第一个挑战，是法律服务市场面临越来越多的事多钱少。在他看来，全球化经济迅猛发展的趋势，不会一直持续。全球经济会有放缓甚至逐渐衰退的过程。那么，伴随着全球经济的发展节奏，各大公司会削减预算。

这一点，我们今天感受颇深。尤其是受过去几年全球新冠疫情的影响，各行各业都在削减预算。在企业内部，预算控制首当其冲是法律合规部门，因其是一个成本部门。一般而言，公司会继续保持在营销和渠道上的投入，这是驱动业务的发动机；也会尽力保持在研发上的投入，为了建立硬核的产品能力。于是，多数情况下先行考虑的，便是削减法务部门的预算。

萨斯坎德提出，未来经济发展放缓，会导致所有的公司都面临"钱少"的现实，但是事儿却是越来越多的。因为法律发展越来越精细，规则的设定越来越缜密，导致在监管和规则下要处理的法律问题，将会越来越多。

比如当下数字经济时代备受关注的数据合规，如果倒回 10 年或 15 年，正值从互联网到移动互联网快速发展的时期，那时哪有数据合规什么事儿。用户信息被收集，哪有目的限制原则？哪有最小必要原则？各大互联网厂商，只要给用户发个一块钱的红包，大家喜闻乐见。在那个时期，用户个人信息保护、

[①] ［英］理查德·萨斯坎德著：《法律人的明天会怎样？法律职业的未来》，何广越译，北京大学出版社 2019 年版。

数据合规，都不足以成为一个问题。但是，随着《网络安全法》《数据安全法》《个人信息保护法》相继出台，监管日趋严格。公司的法律问题和合规事务，必定越来越多，然而预算并未增加，这是第一个挑战，事多钱少。

第二个挑战，是法律服务市场的准入放宽。相对而言，法律服务行业是一个较为精英化的职业。至少，它需要一个专门的学院派学科教育，这导致整个职业的成本也好，门槛也罢，相对较高。但是法学院扩招、整体就业形势严峻、职业资格考试培训成熟等，综合导致律师这个行业事实上准入门槛在逐渐放宽。这意味着，进入法律服务市场的从业者越来越多。

2023年，司法部发布了《2022年度律师、基层法律服务工作统计分析》。[①]据统计，截至2022年底，全国共有执业律师65.16万多人。律师人数超过1万人的省（区、市）有23个，其中超过3万人的省（市）有8个，分别是广东、北京、江苏、上海、山东、浙江、四川和河南。[②]全国共有律师事务所3.86万多家。以我执业的广州来看，目前广州律师人数突破两万人，律师事务所数量超过800家。观察此类数据统计，重点不在于当下数据有多大，而在于不难看出，近年来这个数据一直是增长的。这是法律职业面临的第二个挑战：准入放宽，进入行业的人越来越多。

第三个挑战，是信息技术的飞速发展。技术迅猛发展带来的显著影响，是大量基础的法律服务不需要再请律师来做了，这部分基础工作将被机器和技术所替代。

比如，近年来不少法律科技公司在研发上线"合规宝"或"审核宝"之类的科技产品，用于各类合同的自动审阅和修订完善。针对企业日常的采购协议、租赁协议、软件开发协议等，输入一定数量的各种模板，让机器进行学习。只要样本量足够大，学习模型就能知晓这一类型的合同中，高频风险都是

[①] 参见《2022年度律师、基层法律服务工作统计分析》，载司法部官方网站，https://www.moj.gov.cn/pub/sfbgwapp/zwgk/tjxxApp/202306/t20230614_480741.html，最后访问时间：2024年2月21日。

[②] 据前述司法部统计数据，广东律师人数在全国率先突破6万人，是全国第一律师大省。

哪些，再配套修订完善的优化条款，按照程序运行一遍，合同便可审阅完成。日常合同审阅，原本是律师担任公司常年法律顾问时，一项主要的工作内容。然而，当技术先进的合同自动审阅工具上线后，直接削减了对基础性律师工作的需求。

萨斯坎德的这三个判断，颇有洞见。它呈现的，不仅仅是某一个国家和地区、某一个时期的法律职业问题，更是在全球化发展和技术巨大进步的当下，法律行业面临的整体性危机。

二、数字时代，青年律师需要具备哪些特质

任何挑战，都意味着淘汰与进化并存。身处数字经济时代，一名青年律师要谋得长远的职业发展与进步，以下三个方面的特质，尤为重要。

特质一是终身学习。只要你在律师这个行当里，终身学习就是执业底色，如影随形。如果不保持终身学习的态度和习惯，只凭程式化和刻板化的方式来工作，很容易被技术所替代。要知道，你的竞争对手，从来不是坐在隔壁座位的同事 Amanda，而是科技公司研发的法律技术新产品。

特质二是对实务的敏锐。众所周知，学习法律的人多有立法者和裁判者的心态。看一个事物，通常先判断其合不合法、合不合规，职业性地下定论。这种做法很容易扼杀商业项目，尤其是大量非诉商业实践的合作可能性。新事物的萌芽，总是伴随着风险和质疑。作为非诉律师，对风险的把控，要嵌入企业所处行业和阶段、公司实际情况以及交易目的，依人依时依事来综合性分析。律师喜欢讲风险，但只对客户讲风险，是非常危险的。客户要的，从来不是只告诉他风险，而是要告诉他，在这个事情有风险的情况下，想达到目标，有哪些道路可以选择。鉴于我们的目标是要过河，一名好的非诉律师，要解决的是桥和船的问题，而不是告诉客户，风大浪大，过河有风险。至于那桥和船，是不是名字叫作"法律"，没那么重要。

另外，合规二字，本质上是一个建构性的概念，不是天然正确的。比如，40年前严厉打击的投机倒把，部分商业模式放在今天已是市场经济不可或缺的

组成部分。

这就是合规的内涵，它是建构性的，取决于特定的社会经济条件和社会发展阶段。这就要求有志进入法律行业的青年人，不管你从事的是不是律师这个职业，都应当对实务问题有敏锐度。当你下判断和做结论时，要再想一想，实务中还有哪些丰富的，或者复杂的样态，保留开放思考的可能性。概言之，对实务的敏锐，集中体现在对风险切合实际的分析，以及提供综合性解决方案的能力。

特质三说来有几分虚无，我认为是想象力。想象力，乍一听和法律职业没有太多关系。法律人，尤其是律师、检察官、法官这般典型的法律职业画像，人们天然觉得，职业标签主打一个严谨。严谨缜密，的确是一个标准法律人的状态。但我觉得，恰恰因为这是标准法律人的画像，在未来发展趋势中，如果你仅能提供一个刻板印象下的对应服务，很容易被技术所替代。

不妨想一想，无论科技怎么发展，最不容易被技术替代的是什么？

在我看来，第一是逻辑思维能力，第二是社会生活经验，第三是伦理道德感受，第四便是肆意奔放的想象力。这四项能力，是很难被技术所替代的。

无论是否从事法律职业，如果你的职业中有这四项要素，不管未来技术发展有多强悍，你都能够保有人文实践的可能性。技术替代了基础性的工作之后，一定会产生创新性的工作机遇，它们将会是那些更具创造性的事务。重点在于，当技术解放了人们对基础性工作的投入后，我们自身，是否有从事创造性工作的能力，这才是问题的关键。

第二节　律师会被人工智能替代吗

一、按摩师与按摩仪

2022年11月，ChatGPT发布后，在全世界迅速引发对人工智能及相关应用的极大关注。同时，国内外科技企业纷纷布局类似应用，其中包括微软、谷歌、阿里、腾讯、百度、字节跳动等科技巨头。

"我们让 AI 回答了关于中国咖啡的 N 个问题""我与 AI 对谈不良资产""为 AI 组织的一场美食编辑资格考试"……几乎每个行业都和它互动一番。这款对话式 AI 模型，根据用户输入的文本，自动生成回复内容。模型使用简单，只需以文字提出需求，就可以得到回答或创作文本。换言之，等于有了一个陪聊机器人。宋丹丹曾在小品中说，"有人花钱吃喝，有人花钱点歌，有人花钱美容，有人花钱按摩，今儿我雇个好活，有人花钱雇我陪人儿唠嗑"。如今有了 AI，可抢了陪聊这活儿。

你别说，这类机器人的表现确实亮眼，适合作为信息检索或法律研究的助手。更别提，它还能写出体面的发言稿和像模像样的论文。难怪各行各业都热衷于让 AI 回答，我的职业会被你替代吗？对于律师而言，不用说 AI，前些年热闹的法律科技，比如可自动进行合同草拟或审阅的产品，就已掀起过律师被人工智能替代的讨论。

律师能做什么？打官司？审合同？写文件？或许这是多数人的印象。这三项，也基本概括了诉讼和非诉业务的内容。概言之，律师的主要作用是提供法律服务。除此之外呢？以我有限的法律实践，律师除了常规的顾问角色，还有包括但不限于如下功能：心理医生，生活律师，辅导培训，念合同，"背锅"，交易撮合，治国理政。

广阔天地，大有作为。能创作文本和回答问题，就把律师替代，太局限了。不妨想想，有几个甲方 / 用户 / 老板能把自己的需求描述清晰呢？自动对话和创作，是语言类 AI 的显著进步。但说工作要被人工智能替代云云，太唯物了。人类有太多需求，是技术解决不了的。远的不说，比如肩颈酸痛。有了这么多按摩机、按摩仪，可以实现蓝牙智控、恒温热敷、物理揉捏，可人们依旧觉得手捏最舒坦。如果按摩师人还长得俊俏，就更好了。

二、律师能做什么

对于律师能做什么，实务领域的需求远比语言模型设定要复杂。执业以来，我对律师的功能边界，认识不断深化。以下概括，有听之见之，有亲身经历，不论来源真假，且当一乐。

用途1：降本增效

很多公司，每逢预算收紧，便先砍法务预算。这无可厚非，毕竟这是个成本部门。公司都活不下来了，哪来风险可控。于是，有的公司不设法务部门，要求律师驻场甚至内嵌到公司业务审批流程中。另一些情形，是公司福利待遇不错，用工成本过高。部分非核心事务，便委外处理。

用途2："背锅"

这是包括律师在内的中介机构的重要作用。有的公司在选择服务供应商时，最终定下的，不一定是细分专业最强的，更可能是名气最大的。经办部门的说辞很简单：已经找了业界Top1，做不成我们也没办法。这是典型的"甩锅"语境。所以有人说，AI永远不可能完全替代专业机构，包括律师、会计师、券商等，因为AI不能坐牢。"背锅"，在某些语境下，是专业机构的作用。

用途3：家教

私募基金管理人的高管，需取得基金从业资格。前些年基金业务泡沫五光十色时，一堆公司去拿基金管理人牌照。某客户老板，几次考试不通过，把律师急的，讲考题，划重点，最终顺利通关。

用途4：心理医生

做婚姻家事或刑事业务的律师，对此应该深有感触。在这个意义上，律师和医生共享谚语"To Cure Sometimes, To Relieve Often, To Comfort Always"。

偶尔治愈、常常缓解、总是安慰。在一些历史沿革、利益纠葛复杂的重大疑难案件中，梳理案情的过程，更像是心理辅导，帮助当事人疏肝利胆、化瘀消积。但再好的律师，都不抵当事人自己。那些以为请到业界大牛，就可以对案子做甩手掌柜的，实在是误解。

西方法谚有云：法律不保护权利上的睡眠之人。

不禁想到一位心理咨询师朋友曾和我说，再好的心理咨询，都出于就诊者的自愿。就诊者是主动的参与者，治愈的过程，是为了让他自己找到答案。我们每个人，其实都是自己的医生。婚姻、股权、借贷、合伙、劳动、投资，除了律师作为专业人士和心理医生帮你，你自己，才是第一律师。

用途 5：发明家

法律的表现形式在于规则和制度。律师在制度构建和规则创设上，有着天然的敏锐度。

20 世纪，在美国资本市场的兼并潮中，收购与反收购的商业大战时刻上演，由此衍生出各种各样的条款发明——白衣骑士、焦土战术、毒丸计划、金色降落伞……

2022 年，马斯克对 Twitter 的收购战中，Twitter 曾启动毒丸计划，意在对抗。毒丸计划同样是类似"二狗"的小名，正式名称是"股权摊薄反收购措施"。当公司面临恶意收购，为了保住自己的控股权，会大量低价增发新股，让收购方手中的股票占比下降，即摊薄股权，同时增大收购成本，让收购方无法达成控股目的。这是在 1982 年，美国大名鼎鼎的并购律师马丁·利普顿（Martin Lipton）发明的。

类似的规则创设还有很多。仔细阅读股权投资协议中的各式条款，你会叹服于律师对交易结构的巧思和创设。律师和商业交易只是部分践行了发明家的价值。更广泛的探索，在于社会制度的构建，尤其是法治社会的建设。正如法学家博登海默所说："别的发明使人类学会了驾驭自然，而法律让人类学会了如何驾驭自己。"

发明家和规则构建者，是我心目中法律人的至上价值。

三、律师在哪个层面提供价值

上可治国理政，下可辅导"背锅"。律师的职业道路，竟如此辽阔。事实上，每一种职业都有宽广的面向和可能性。为什么做，怎么做，做到何种程度，是经典三问。不必被职业标签和刻板思维困住自己。了解人世间万事万物需求之复杂，便能体会价值创造之多元。

回到职业语境，我们不妨进一步思考：

- 站在客户的角度，是在哪个层面用律师。
- 站在律师的角度，是在哪个层面提供价值。

对企业而言，要明白可以在哪些维度上用律师。以非诉项目为例，律师的专业身份，方便把交易双方想讲没明讲，要说不好说的问题放到台面上，风险去到哪儿，红线在哪里，解决方案有哪些，理得清清楚楚。

尽职调查如此，交易谈判亦如此。好的非诉律师，一定是深度参与交易的Deal-Maker，而非只讲风险不给方案的Deal-killer。睿智的客户，懂得如何使用律师防范风险促成交易。而不是赤手空拳亲自上阵，几番谈判下来，把天聊死，鸣金收兵。

对律师而言，要知道自己是在哪个层面上提供价值。换言之，明白自己挣的是什么钱。挣的是降本增效的钱，就别怨对方钱少事多；挣的是"背锅"的钱，就别怪对方有事"甩锅"。更重要的是，别固化自己的职业价值。价值不是别人送来的：机会来敲门，还带着客户和锦旗。这种桥段只会出现在梦里。价值是自己找来的。找趋势、找路径、找方法、找动静。所谓新兴业务，无不是在找的过程中诞生的。

人类的需求，永远在刚需之外，有千差万别的隐秘角落。技术进步确实让人瞠目结舌，但价值多元的世界，不是那么好对付的。预制菜再好，总有人想吃炭火现烤；速冻方便，总有人想啃老面馒头。按照天津朋友的说法，一块老肥（发酵完全的老面）蒸的馒头，蜂窝状的内部组织，松软口感带筋道嚼劲。面点师开心，和出的面情绪饱满；面点师低落，面揉出来也没个样。那工厂流水线的标品，哪有这带劲的口感和表现。

都说专业是律师的立身之本。没错。但我仍旧奢望，专业门槛之上的那一些温度、人文或趣味。有人叫它虚头巴脑，却是我珍视的价值。这是温度感。技术或许会替代专业性，但邮差又不是只会送信。

第三节　数字经济时代，如何拓展创新业务机会

一、构建职业可能性

在《小说的艺术》里，米兰·昆德拉提出，生活是一个陷阱。人生下来，自己并没有去要求，就被关闭在不是自己选择的注定要死亡的肉体里。我们被外界所决定，被一些谁也无法逃避的境况所决定。[1]那么，在成为陷阱的世界中，人的可能性是什么？

在对可能性的塑造里，首要的是工作。你的职业，陪伴了你每天超过三分之一的时间。那么，在工作构建的"外部世界"里，你我能有哪些可能性？尤其是当问题聚焦在律师这样一个——时间不可规模化复制——的行当里。我们没有办法通过任何投融资、建造厂房、购买机器设备，就实现产量的提升。如果业务蓬勃发展，我们要想做更多、更好、更强，只能慢慢培养人才，办理一个又一个项目，花一个又一个年度计时"2000 小时+"，才能让我们的青年律师，真正成长起来，为客户解决问题。[2]

对个体而言，我们必须反复思考，有没有新的可能性？如何才能发挥更大的可能性，而不仅仅是盲目投入时间，感动自己。乐高公司前高管巴利·帕达在讲述乐高工作法时指出："组织的三大管理诅咒——浪费、滔滔不绝和自我陶醉——似乎总会随着时间的推移悄悄侵入有机体，即使在拥有受过高等教育的高管、运转良好的企业，也不例外。"[3]这三大诅咒，不仅对于组织，对于个体同

---

[1]〔捷〕米兰·昆德拉著：《小说的艺术》，孟湄译，生活·读书·新知三联书店1992年版，第24页。

[2] 在一次团队年终工作总结中，我们有5位律师的工作计时超过了2100小时。这意味着，对我们的青年律师来说，每天8—10个小时的工作是家常便饭。而且，这是系统里的工作计时，其中一部分是用于给客户发账单，收取律师费的。换言之，还有部分事项没法计入其中，但同样属于工作时间，其实并没有体现出来。

[3]〔英〕巴利·帕达著：《乐高工作法——让交付变得高效》，周爽译，中信出版集团2023年版，目录Ⅲ。

样值得警惕。

在我看来，职业的可能性，依托于三个关键词：赛道、平台、个人。赛道解决把青春和汗水，挥洒在哪片热土的问题。这是道路选择，方向性的。平台解决把青春和汗水，约一帮什么样的人和你一同挥洒的问题。你可以选择，可以自建，无论哪种，这是同伴选择。很多人认为，平台选择，选的是工作场所或场域。不是的，选平台，本质上是选人。好的平台不止构建工作场所或专业领域这么简单，而是奠定了这个平台的价值观，进而使得执业于此的人，有一些共同相信的理念，共同遵循的原则。

最后，回到个体。基于对的赛道和平台，个体要做哪些努力？技能方面，千头万绪，不一而足。底层逻辑，便是思考清楚这个问题：客户为什么要给你付费？

业界有个不假思索的论断：律师是靠出售时间换取费用的职业。乍一看，没毛病。我们工作计时，出具账单，干的不就是这事儿。实则不然。倘若律师仅仅是靠出售时间换取费用，那为什么合伙人费率 4000 元/小时，律师助理却只有 800 元/小时？

哪来的出售时间换取费用啊？客户买的，从来不是律师的时间，而是律师的头脑和见识。律师真正出售的，也不是时间，而是其认知和经验。只有把这个问题搞清楚，律师才有可能突破靠消耗时间透支自我的困局。

概言之，个体的可能性，最大的挑战，不在于技能，而在思维和心性。

二、开拓创新业务机会

近年来，我国网络安全和信息化事业发展取得重大成就。与此相应，数据合规和个人信息保护，成为法律行业中的新兴业务领域，备受关注。我和同事办理了大量数据合规项目。总的感受是，当前数据合规是一个受监管强驱动的行业。合规是有成本的。故而，实务中推动合规项目，需要某些特别的时间节点，或者外在力量和事件。监管，就是其中的重要力量。经统计，我们办理的数据合规项目，基于监管压力或通报下架危机而进行的合规专项，占比 70%~80%。

然而，当我们把视野面向未来时，会发现围绕数据相关的法律服务，其实不应称之为数据合规，而应称之为数据治理。也就是说，数据治理项下包含两个面向，一是数据作为一种生产要素，在收集、使用、存储、共享和删除这一数据全生命周期当中的合规边界，是监管部门盯着的，也是让企业感觉到要花成本去做的部分，具有压力感。企业做这项工作，出发点在于止损，在于怕处罚，这是一个面向。

另一个面向是什么？不是数据合规，而是数据资产。你永远只跟对方讲，这件事你不做会被处罚，如此情形下对方极为被动，只是消极应付而已。如何让人主动认可去做？你得告诉他这件事情有价值。换言之，不是因为怕被监管机构处罚而去合规整改，而是让企业更规范这个事情有钱挣，这就完全不一样。

在此思路下，我和同事对数据资产开展了一系列研究。目前，我们已经办理了多个行业数据合规的典型案例，比如为智能制造上市公司研发的新产品进行数据合规评估；为某新能源汽车搭建集团层面的数据合规体系，指导其经销商和门店合规处理车主信息；为某软件使用人脸识别技术进行数据合规分析等。让我们印象深刻的，是协助某客户办理的企业用电数据资产凭证的非诉项目。该项目生动诠释了数据从资源到资产的变现。

具体来讲，电网公司汇聚了大量企业的生产用电数据。从传统意义上讲，一个企业要向银行申请贷款，它需要提供抵押物，比如土地、厂房等。银行基于抵押物来评估，进而给企业授信和发放贷款。然而，当前中小企业普遍缺乏抵押物，以及融资困难而又急需资金。在此情况下，数据作为重要生产要素的作用，就发挥出来了。

企业可以授权电网公司把其用电数据打包为一个数据产品，电网基于企业的有效授权，把该等数据产品提供至银行用以评估企业的信用画像。这和企业收集用户信息，对用户进行精准画像原理相同。企业到底有没有在生产经营？通过实际用电量可以推断出其真实的生产经营业务量有多少，这是一项重要的分析指标。更关键的是，用电数据企业难以造假，数据在电网公司那里。因此，基于对该用电数据产品的评估，银行可以对企业的还款能力多一个参考维度，进而处理企业的贷款申请。

这是我们 2021 年成功办理的用电数据资产化案例。该项目中，佛山一家金属制品公司凭借用电数据，从农业银行成功贷到一笔款项。[①] 可以看到，这不是传统意义上的，企业基于监管压力而被动合规，更多的是把数据从资源到资产进行价值化的变现创新，这将是未来数据治理很重要的一个方面。

综上所述，当我们身处数据合规新型业务领域中，仍然需要不断思考：即便在所谓"新业务"赛道，还有没有创新的做法。未来数据相关法律服务中，至少有两块版图，一块是合规面向，监管所要求的；一块是资产面向，创造价值的。无论做好哪一块，律师都需要保持终身学习，保持对实务的敏锐。

---

① 关于该用电数据资产化案例，参阅冯清清、罗楚健：《凭用电数据可申请贷款！公共数据资产化如何影响你的生活》，载《法治周末报》2021 年 11 月 9 日智道栏目。

第七章

选择比努力重要

"这一切将通往何处？我们将会成为什么人？这是我们年轻的问题。年轻的答案也已揭晓。一切通向彼此。我们成为自己。"

——帕蒂·史密斯[1]

---

[1] 〔美〕帕蒂·史密斯著:《只是孩子》,刘奕译,广西师范大学出版社 2012 年版,第 94 页。

第一节　专或宽，如何选择业务方向

一、刚入行，诉讼和非诉如何选择

刚入行的新人，总会关注在诉讼和非诉之间怎样选择。这些年，无论是回到学校与同学们交流，还是在各类青年律师发展的论坛或沙龙，这都是高频话题。

执业以来，我一直从事非诉业务，包括数据合规、公司股权、风险投资、互联网和科技等。就个人经历而言，我的建议是：无须给自己太强的预设，保留一定的可能性。如果你决定做律师，尤其是在校的同学，别给自己限定特别强的倾向，比如一定要做诉讼，或一定要做非诉。律所招聘新人时，我们会收到很多简历。经常看到一些候选者简历优秀，但在邮件、简历或面试中表达出强烈的个人喜好。如下说法你一定不会陌生：

- 我希望加入做诉讼的律师团队，非诉全是写文件，太枯燥，我喜欢打案件。
- 我只能做非诉，我这个人不擅长和人辩论，不适合开庭。

这都是刻板印象。非诉怎么可能全是写文件？办理股权项目，需要和目标公司创始人访谈，了解公司的历史沿革、商业模式、供应链和产品等；办理数据合规项目，需要了解最新的监管趋势、客户的业务情况，和研发部门交流 APP 的产品逻辑和用户画像……为此类事务提供法律服务，待人接物贯穿全程，如何可能全是枯燥的文件呢？

更重要的是，如今很多律所的专业团队，业务不是单一的。非单一面向，不是说业务杂，什么都做，而是说整个律师行业更趋于向行业律师和产业律师发展。长期以来，诉讼和非诉，本身就是不负责任的标签，以此划分业务是非常粗放的。

比如，律师担任科技企业的法律顾问，在企业初创时，为公司搭建股权架构；接着公司发展壮大需要引进投资机构，协助其进行股权融资；创始人激励核心团队，协助推进股权激励；此外还涉及核心员工的竞业限制，以及品牌的知识产权保护。工作不止于此。企业在业务拓展中，会投资布局产业上下游的公司，需要律师处理股权投资；快速发展中可能遭受竞争对手的诉讼，或与业务合作方陷入纠纷，需要律师处理争议解决。可以看到，以上事务，诉讼有之，非诉亦有之。

诉讼或非诉，不是伴随着企业的生命周期划分的，它是伴随着企业的特定需求发生的。如果律师服务的是垂直于某个行业领域的客户，那么，是不是具备为其发展过程完整提供专业服务的能力，客户才会更信任你？而不是把上述事项费力拆解，分别对接十家八家律所。如果一个平台，它能有固定的客户群体或专长于特定的行业领域，那么这个客户群体哪怕现在不是，未来也一定是向着产业化方向发展的。在这样的平台，无论诉讼还是非诉都是有需求的，刚入行的新人如果有机会进入，都能在其中找到施展自我的机会。但是，千万别在进入这个平台之前，就先把自己限定死了。

你可以在入行之后，结合实践表达倾向性。比如，一个天生敏锐、反应敏捷的人，喜欢跟人辩论某些话题，表达观点和意见，则可能更偏向做诉讼；或者一个性格温和的人，擅长求同存异和促进共识达成，长于促成交易，则更适合去做非诉。你可以慢慢表达执业偏好，但不必还没开始，就通过自我想象，把自个儿框住了。

何况，实践纷繁复杂，气象万千，你怎么知道自己一定不喜欢呢？还记得新裤子唱的吗：

格子间的女孩，时间久了也很美。①

可以有所偏好，但要保留一定的可能性。

---

① 出自新裤子乐队歌曲《生活因你而火热》。

二、专精一类业务好，还是多尝试

与诉讼和非诉的选择相似，青年律师面临的另一个问题，是专精一类业务好，还是尽可能多地去尝试。这是青年律师发展中，大家经常讨论的"执业之困"。

这个问题没有标准答案，要分阶段。"执业"之"执"，是一个发展的概念，它是动态的。执业初期，接触的项目范围尽可能宽一点，对律师长远发展有益。刚一毕业，就说我的职业方向是跨境并购、破产重组、复杂商事争议解决，这只是一种修辞和期待，不具有实践意义。同学们在刚走出校园的那一刻，历事见人，实在太少了。认知方式、知识结构、信息资源，各方面都极有限。此时，要尽可能多地接触业务类型，参与到各种项目里，把基础拓得宽一点。在这个阶段，先通识性地理解法律业务的一般逻辑和实践方法，对未来执业大有帮助。

随着执业年限的增长，可能是两三年，也可能五六年，看个体差异性，就要有逐渐清晰的专业定位。那么，从广泛接触到专业定位，应该如何判断和聚焦呢？我理解可有如下三个维度：

第一，你是否喜欢；
第二，你是否擅长；
第三，该业务在未来是否有前景。

三个维度都重要。喜欢，决定了你为它的热情投入，不会觉得自己是在被消耗，不会成天琢磨工作和生活要怎么平衡。我始终觉得，平衡工作和生活是个伪命题。工作不是生活的一个组成部分吗？有什么可平衡的呢？当然，你可以去做时间上的取舍和调整。当你喜欢的时候，不会这般自添烦恼。所以，构建自我专业定位，首先要考虑的维度，是自己是否喜欢。

其次，是你要擅长。你做这些事，确实能比别人做得更好，愿意比别人投入更多，出品比别人更优。这才能让你在行业有活做、有饭吃。

最后，是这个领域要有发展前景。法律服务尤其是非诉业务，与社会经济整体形势的发展息息相关，也与国家战略和监管重点密切相连。比如，在倡导"大众创业""万众创新"的时期，创业投资和风险基金、私募股权等业务会有庞大的市场空间；再如，在重视网络安全、数据安全以及个人信息保护的监管趋势下，数据合规、个人信息保护等业务迎来蓝海发展期。分析自我专业定位时，要把视野扩宽一点，结合国家经济政策和行业发展趋势来思考，而不是盯着手头的仨瓜俩枣，患得患失。

上述三个维度，能帮助你在打好基础后，逐渐聚焦，成为某领域专业化的律师。但是，这并非终局。青年律师执业成长的终局，不是专业化。过去几年，我一直把专业看得很重，一度认为专业就是律师的安身立命之本。直到一次有机会与一位业界资深前辈交流，他讲到，专业化是有局限的。在他看来，专业化的尽头，是客户对律师的认可。换句话说，专业不是维护客户的最好方式，认同感才是。

注重专业没错，但专业化是有尽头的，不能把专业作为执业终局。

以上，简要描绘了一名青年律师执业成长的路径。从最初执业开始，积极参与项目和案件时，把基础打得宽一点。进入第二个阶段，要逐步聚焦，从偏好、特长和前景等维度出发，去建立执业领域，有自己的专业积累。到了第三个阶段，当你真正主动地去拓展和维系客户时，其实专业已没那么重要，它已经成为一个必备条件。此时，对人本身的认同，才是核心。到这个阶段，更多维系认同感的东西，反而来自你的阅读、经历、视野和见识。

所谓读书、历事、炼心。

三、执业路上的内心驱动力

在一次访谈中，交流的听众问我，执业之初动力十足，三五年过去，便会懈怠。如何才能保持充满热情的工作状态？有什么"秘密的"内心驱动力吗？

任何职业成长,都不是一朝一夕的事,必须考虑脚踏实地地投入。我对做事有投入的热情,或许源于我确实是一个喜欢工作的人。内心驱动力,其实没那么具象。但可以分享的一个感受,是我对时间的流逝很敏感。本科上学时在图书馆曾看过一本书,已忘记书名。书中讲到一个段子,说有人问上帝,人类什么事情最让你感到惊讶?上帝回答说,他们当中很多人,活得好像永远都不会死,却又死得好像从未活过一样。这句话在那个时刻,那个下午,深深触动了我。

还在学校时,我已明确毕业后一定做律师。于是我给自己的目标是,8年成为律所合伙人。现在看来,比预想时间稍稍提前,但绝不是电视剧那三年高伙,开口说话就按小时费率计费的画风。我的执业晋升,平凡务实。不过是,没有停过,没有退过。

职场进步,就是这么一点点实现的。级别称谓也好,奖项荣誉也罢,都只是个标签,不重要。重要的是,你做这些事的背后,有没有足够的热情,有没有饱满的新鲜感和求知欲,推动你继续在这件事上做好。这种好,来自于你内心希望去构建一些美好的愿景。比如一份好杂志、一个好项目、一个美好的村庄、一盘好味的红烧肉,或者一杯好的咖啡。

从童年到现在,我们身边的很多人,一直生活在两种极端里。一种是宏大的口号,所谓为慈善为公益,为梦想窒息。另一种是潮流的语词,所谓内卷、佛系、躺平、摸鱼。我既反对大词制造的虚幻,也反感潮流带偏的节奏。我更希望成为并遇到那些不为宣称,只为行动,只是俯下身来甘心把事做好做透的人。重要的不是我们讨论了多少社会的成败,而是可以在现实中构建多少美好,真正做到和做成。无论是不是律师,人活一世,这是我所认为的安身立命之本。

至今记得诚品书店创始人吴清友先生所讲的,服务的终极目标是精进自己,分享他人。他曾坦言道:诚品赔钱的15年,是我一生中最丰富的时间。这让我第二次看到了自己,我看到了自己对生命态度的诚恳。其实,我不是一个笨人,但我不想做太容易的事情,要做自己认为有兴趣,有意义,或者从来没有人用这种方式做的事情。

服务的终极目标是精进自己，分享他人。我的十年律师旅途，如果说真有一个驱动力的话，那就是它吧。

第二节　好的执业平台，长什么样

一、好的律所，就像高速公路一样

刚进律所的青年律师，他可能并不清晰自己会往哪个领域成长。此时，要给到他的，是制度化的专业培训和体系化的实务训练。这是一家好律所的重要特质。

培训对律师行业来说并不新鲜，很多律所都有。多数组织都会强调重视人才、重视培训。但要看实际怎么做。我们听到的"重视"，有的在口头宣称层面，有的在个人意愿层面。那会导致什么结果？第一，深一脚浅一脚。今天有空了想起来培训，明天业务一忙，不培训了。第二，有一搭没一搭。不同合伙人专长的方向是不一样的，合伙人 A 擅长的是外商投资业务，合伙人 B 擅长的是争议解决业务。那律所安排什么方向的培训呢？抓到谁有空就安排什么主题，很随意。这种随意不是主观所欲，而是客观不能，在以业务为导向的律所环境里，最大的"政治正确"是业务至上。至于新人培养、专业训练，能被提上日程已不容易。但这样的培训，显然是低价值目标的人才培养，对青年律师的成长，帮助不大。

业界做得好的培训，一定是体系化的、制度性的，并且还要不断迭代和优化。行之有效的培训，给青年律师成长建立了继续学习的再教育机制，既可以弥补法学院"应然状态"下规范性分析的思维惯性，把视野拓展到关注"实然状态"下综合性解决的工作范式；又可将新律师接触的业务领域，突破单个团队、单个部门，进而分享全所甚至跨所积累的实务方法和案例经验。

好的律所，就像高速公路一样。它提供的不是一下把你送到最终想到的那个地点，而是给你提供一个好的基础设施和道路条件。只要是一台有自驱力的车，在这条高速公路上，就可以顺畅地往前开！遇到困惑了，可以停下来加油，可以到小卖部带杯咖啡喝，买个苹果吃。之后动力满满，再回到高速路上，继续向前。

二、好的律师，有这四个维度能力

在一次与青年律师的交流中，广州市律协会长黄山律师提出了理想状态下律师能力的四个维度——交付能力、市场能力、管理能力和领导力。①

第一，交付能力。一名助理或律师，要写一份合同、一份诉状，梳理一份证据清单，或去立个案，要把事情完成。这是交付。一名律师，无论其他能力有多强，如果你没法完成任何一项具体业务，那不能称为称职的律师，更别说专业了。

第二，市场能力。当你能在交付上做得不错，基于你的交付和品质，客户信任你，愿意把业务交给你来做。这时要有第二个能力，便是市场的开拓能力。你很专业，不等于客户就必定要把事项委托于你。你很专业，与别人知道你专业，进而信任你，还有很长的距离。此时需要较强的市场开拓能力，需要市场知道你在某个领域是做得不错的，或者这个法律需求你是能够妥善提供解决方案的。

第三，管理能力。当一名律师的业务量到了一定程度，难以一个人兼顾业务和开拓，就必须把他更擅长的事情提炼出来，这时需要更多的人去和他共同完成交付的目标。此时，要开发第三种能力，管理团队能力。

什么叫管理？其实就是让别人去完成你自己想做的事情。管得好不好，决定了这个团队能不能支撑你走得更远。团队更多负责有品质的交付，合伙人更

---

① 参见《大鱼聊天室青年节特辑 | 大鱼对谈广悦律师事务所主任黄山律师、合伙人冯清清律师》，载"新则"微信视频号（2023年5月4日），最后访问时间：2024年3月11日。

多会把精力放在市场和开拓方面去，或者两者兼备。在此阶段，有一个好的团队支撑，能让律师和合伙人都走得更远，做得更好。换言之，可以把他的能力放大几倍。

最后一项，是超越前三项的——领导力。所谓领导力，意味着你能看到别人看不到的事情，你能领导一家律所甚至一个行业往前走。别人都还没看到的时候，你能看到；别人不认为这是机会的时候，你已经觉察到这就是机会，并且还能带领大家去实现这个机会，甚至引领一个行业的发展。这是领导力。这很不容易。

这四项能力均可培养，但排序有先后。青年律师，必须从第一步开始，顺序不能乱。不能说我管理能力很强，但是我不懂业务，无法交付。如果专业不行，市场和管理都是奢谈。律师这个行业——文科里的工科，就有这么一个特性。

三、青年律师培训和律师池制度

之所以谈律师能力的四个维度，是因为一名有意在行业长期积累的青年律师，可以对照自己的发展阶段，用好律所作为平台能给与的帮助。同时，当能够参与到律所管理中时，有针对性地组织不同能力层级的训练。一个行业里的顶尖高手，总是凤毛麟角，不仅关乎努力，也需要点天分和运气。但是，让年轻人在几年之内成为某个领域的优秀律师，这在好的平台通过训练是能做到的。以我执业的广悦律师事务所为例，经过15年的积累，已沉淀了一套符合一体化和专业化定位的人才培养体系。青年律师培训和律师池制度，是其中的特色实践。

（一）青年律师培训

青年律师培训是广悦构建的人才培养体系的内容之一。该培训体系分五个层级，呈金字塔状。第一层级是启蒙工程，针对想做律师的在校同学开展，作为"准律师"的基础培训，在与高校的实习项目或实践课程中进行。第二层级是强基工程，针对律师助理、实习律师和一、二年级律师开展培养。每年初，由广悦人才培养与业务提升委员会制订全年培训计划，课程主题覆盖全所十余个专业领域，分别邀请各领域合伙人主讲。第三层级是先锋工程，针对的是执业三至五年的律师，他们处于专业日渐成熟、未来希望向合伙人的方向发展。律所会逐步设置团队管理、市场开拓相关主题的实务分享。第四层级是领航工程。"领航"，顾名思义是掌舵的人。给谁培训呢？律所合伙人。合伙人不单是培训的主讲人，也是培训的受众。如何用专业优势打开市场，如何报价，如何在新型业务领域建立竞争优势等，都是领航工程的培训主题。第五层级是聚力工程。不同于前四层级的内部循环，聚力工程是跨所合作的，与建立了友好合作关系的律所共享培训资源，互相开放培训内容，是聚力工程的主要内容。通过聚力工程，可以打破单个律所的限制，实现不同地域、不同专业长项的律所培训资源共享。上述层级设置，使得律所建立了不同阶段的人才培养路径，有助于年轻律师快速实现专业化。

此外，还有技术上的配备。2022年，广悦开发上线APP小悦同学，每次培训的课程，都会录制收录于小悦同学。不断加入的新人，得以回看过往的培训课程。通过学习能积分，还能兑换奖品。这些方式，不断激励和促进青年律师的执业进步。

（二）律师池制度

除了培训体系，广悦对新入职的年轻律师，有一个特殊的机制——律师池制度。新人进入律所时，即使他已通过了简历筛选、HR面试、性格测试、模拟法庭面试和合伙人面试，层层选拔之后入职，也不会直接进入任何一个部门。他需要先进入一个叫作律师池的律师学院。在律师池，他可以同时接受十余个专业领域的工作任务。不同部门的工作事项，都可能予以协助。律师池的同事会参与到律所不同专业部门的工作里来。同时，律所通过完善的线上系统，对其工作进行记录和计时。

律师池的制度，解决了两个痛点。

其一，不同部门在用人的时候，并不知道什么样的人适合你的部门。那么，可以通过用律师池的助理，来了解大家的性格特点和感兴趣的业务领域。这对合伙人管理团队而言，减少了用人试错的成本。

第二，对于新进入的成员来说，他可以在这个时候，充分接触不同部门的业务类型、工作风格、客户特征等。常有朋友在我的微信公众号提问，刚进入律师行业，要选什么专业方向？要怎么确定自己的专业目标？我总是回答，你连实务中专业细分有些什么都不知，如何确定专业目标。多听多看多参与，多问多写多思考，是一切选择的开端。律师池制度，很好地解决了新律师接触业务有限的问题。今天你接到涉外商事部的工作，明天接到银行与金融部的工作，下周是互联网和数字经济部的事务……每个部门的项目，都可以协助。或许，你会说这些事务如此琐碎和庞杂，那会不会更难选择？我不这样认为。但凡稍微有心的人，通过你所接触的不同业务类型，都可以归纳出不同领域的执业生态，包括客户基本面、合伙人风格、部门工作氛围等，这将是你下一步选择的重要考虑维度。

在我看来，工作选择和选对象是一样的。第一，要有充分的了解。第二，要有深切的共情，尤其对这个职业领域里的人，包括当事人，也包括合伙人和你的同事。在此情况下，你再做事情，会开阔很多，不会只局限在手头事务和案头文本上。

在律师池待满六个月之后，会有一个简单而有仪式感的毕业仪式。你需要进行一次汇报，告诉大家这六个月你做了些什么，学习到了什么，最后有个像毕业典礼一样的颁发证书环节。此后，你才会进入心仪的部门，当然也意味着部门通过考核选择了你。这是一个双向选择。

通过律师池制度，律所也很好地解决了青年律师进入后，到底是先做"专"还是先做"宽"的问题。我们通过制度和实践，尝试解决行业里的痛点难点，把它变成一项不用再依靠个人意志去推动的事项。以此方式，给新同事建立起执业保障。

第三节　小事倚众谋，大事当独断

2021年"五一"假期，适逢本科同学毕业十周年，我们回校相聚。在友人刘磊老师的组织下，我和师弟师妹们做了一场漫谈：法律人职业的N种可能。漫谈在北苑的燕园咖啡，我上学时还没有这间咖啡馆。北苑教工宿舍一带，是校园里变化最小的地方。

漫谈中同学们热情活跃，大家聊到几个普遍性的问题。

- 找工作信息不对称怎么办？
- 女性如何克服休产假对职业生涯的影响？
- 青年律师执业过程中，遇到困顿时怎么走出来？

一、职业选择时的信息不对称

信息不对称是求职过程中的永恒问题。我的办法很简单，广交朋友多聊天。信息不对称，是因为聊少了。

但我理解，问题关键不在于信息不对称。要知道，信息对称是理想状态，极少有信息对称的时候。实务中，一些项目的商业价值，很大程度上依赖信息不对称。所以，我不主张在求职过程中把信息对称作为主要目标。事实上，就算信息对称了，你就一定能做出最优的选择吗？不见得。有时，信息越多越难抉择。比如，看地产行业前几年火爆，想做房地产，之后又被严厉监管，觉得没空间。今天听人说互联网业务挺好的，明天又听说互联网都开始反垄断，进入下半场了，这是黄昏啊。每个人都众说纷纭，每个行业都沉浮起落，即便你掌握了很多信息，你又该听谁的？你该怎么选？

之前在网络上流行一份律所合伙人黑白名单，相信很多人觉得，这是个好东西，解决了大家到律所求职时的信息不对称问题。我看过那个名单，上面有几位合伙人我还认识，其实不像大家想象的那么极端。每个人有不同的风格，有的春风化雨，有的疾风骤雨，很难讲谁好谁坏。试问，一个人很 nice 但做不成事的 leader，和一个人很暴躁但带领大家屡建奇功的 leader，你愿意加入谁？你是想舒舒服服地和 nice 的同事吃裁员散伙饭，还是想和有拼劲能战斗的战友喝胜利庆功酒？

真实生活中，很多问题有复杂性，不是一纸黑白名单能承载的。

对求职而言，依靠的关键不是信息对称，而是自己的思考力和决断力。小事倚众谋，大事当独断。小问题可以多听大家意见，大事情反而要靠自己决定。

二、生育对女性职业生涯的影响

回校那天，在去武汉的路上，坐了两小时的高铁之后，我打开手机查票，看能否买明天的。如果能，我立刻下车返回广州。那天一早出门赶车，上车后才知我妈妈昨夜身体不舒服。家里父母孩子，这个周末都需要人照顾。但那时第二天去往武汉的车票，已售罄。

对于职场女性，这样的状况时有发生。如何平衡呢？我一直认为，很多事情是不能平衡的，只能取舍，你只能选择来，或回。那最后如何解决呢？是孩子的爸爸放下一切工作，陪伴家人。

女性在职业中能有一个好的状态，不是靠平衡，而是靠家人。家人是生活中最大的支持。大家在照顾孩子的问题上有商有量，互能救场，这样的结构对女性心态平稳很重要。我相信男性也是一样的。我不赞成的是，女性在育儿的命题上，做太多自我预设。我观察身边很多朋友，她们天然觉得，如果生了孩子，会对我的职业之路有影响；如果我去休产假，这六个月就会对我职业上升有阻碍；以及如果我选择做律师，天然地会没有那么多时间照顾家庭……这些似是而非的论断，哪一个都经不起推敲。

做律师没有更多时间照顾家庭，你以为做公务员很闲吗？做法官很闲吗？做企业法务就能摸鱼吗？事少钱多离家近，位高权重责任轻，这种路数也就电视剧敢写。不要用社会流行的似是而非的观念，去决定你的职业选择，一定要回到自我分析判断上来。

女性结婚也好，生育也罢，都只是一种生活方式的选择，没有哪种一定更好或更幸福。我所讨论的，仅仅是你希望生育又担心孩子影响职业的情形。于我而言，一方面，产假的六个月放到每个人二三十年的职业之路中，是个微不足道的时间单位，影响没有想象的那么大。人们有个思维盲区：高估某个事件的短期影响，低估其长期影响。另一方面，养育孩子给人带来为人父母的责任感，对职业反而有潜移默化的正向效果。据我观察，工作中有的人缺乏责任感，所谓"眼里没活儿"，这不仅是工作能力或态度的问题，可能和整个人的人生观或生活经历都有关系。

要说如何克服生育或产假的影响，我倒觉得不用克服。可以在职业路径上选择加入一个好的团队，而非所谓"独立"。团队的分工协作机制，可以确保你在产假的过渡期，工作平稳交接，生活也有保障。比如，我的团队有近二十名紧密合作的同事，我非常高兴看到大家走向人生的不同阶段。并且，我们的工作体系和保障机制也能自如应对大家的休假，并无大碍。

此外，休产假期间事件非常单一，适合对过往工作进行整理，适合思考务虚的问题。如果能在这段时间，把生活中一些重要不紧急的事做了，会有很好的收获感。喜获人类幼崽的快乐，也会让你继续投入工作，充满新的动力。

三、遇到困顿时的情绪出口

人们都说执业前三年很难熬，青年律师也常和我交流是否有类似体会，以及遇到执业困顿时是怎么走出来的。

前三年很难，这话没错，但只讲对了一半。前三年难熬，前五年更难熬，前十年越来越难熬。万事开头难，但何止是开头，万事中间难，结尾也难。只是每个阶段所遇到的难题不一样而已。心态疲惫的时候，不被认可的时候，人人都有。人生不可能永远斗志昂扬。能够被所有人喜欢的，不是人而是人民币。所以，"困难"或"低落"，本身不重要。重要的是调整方式，你需要构建自己的情绪出口。

我有四个法宝，读书、写作、咖啡、跑步。在今天，人们会有各种各样的压力，不仅来源于工作，更源自我们所处的时代和大环境。远的不说，疫情三年，众生皆苦。面对低谷和幽暗，不同的人，有不同的出口。出口可能是你安身立命的东西，也可能是你让自己内心安定平和的东西。每个人都不一样。

上述四项，就是我的生活出口。这四件事的共同特点在于，它们都是向内的。读书、写作也好，跑步、咖啡也好，都是我个人所爱，是向内的。在我看来，无论处理工作中的困难，还是生活里的困境，真正能让你渡过自己这一关的，方法都不在外，而是向内求。

钱穆先生曾讲，人生只是一个向往，我们不能想象一种没有向往的人生。[①]但是不同的人在追求的过程当中，又不一样。一种是外在的，向外求。所谓向外求，求的可能是声名、权力、地位、财富。追求这些不是不对，但是这些事物，缺陷在于什么？在于你没有办法安放自我，它都是外在性的目标。向外求，财富多少是多？声名多高是高？权力多大是大？地位多重是重？没有止境。一旦把你所向往的东西，建立在数字化和外在事物之上，很难建立安身立命之本。重要的是，你如何能解决自己的困惑，建立起内在自洽的自我。

与之相应的，人生中很多经历，不一定是"用处"，不是实用的判断，但其有自己的价值。执业这些年，当忙于赶项目或拼业绩时，我会腾些时间来做务虚的事，适当调节紧绷的工作节奏，也让自己换个脑子。若永远处于"业务至上，赚钱为王"的目标之下，工作只会越做越没有幸福感。人生的意义如果是个数字，是"向外求"，那如钱穆先生所说："人生向外安排成了某个客体，那个客体便回身阻挡人生之再向前，而且不免要回过头来吞噬人生，而使之消毁。"[②]

[①] 钱穆著：《人生十论》，生活·读书·新知三联书店 2012 年版，第 3 页。
[②] 钱穆著：《人生十论》，生活·读书·新知三联书店 2012 年版，第 4 页。

向内求，是求笃定的自我，是关切你对自我的认知，为什么要做这件事？不是外在塑造你的，是自个儿想清楚了。自己想清楚，才可能有一个笃定的内核。再去做，无论做什么，都会通透很多。这一点，可能听起来比较虚，但是懂的人会懂。

下篇
方法篇
Methods

第八章

电子邮件：天天见

法国2017年1月1日起实施新法，雇有至少50名员工的公司今后必须同雇员协商，就他们下班后的"断网权利"（right to disconnect）以及如何减少工作对私生活的干扰等问题达成协议。

法国研究组织Eleas于10月公布的一项调查显示，超过三分之一的法国员工在上班时间以外仍使用智能手机或电脑工作，有六成员工希望政府能立法保障他们的权益。

以工作环境优越见称的法国严格遵守每周工作35小时的限制，但现今人手一机，不少人下班后或在周末仍用手机及电脑处理公务，无法好好休息。

由法国劳工部长库姆里提出的上述新法规定，员工下班后有"断网的权利"，可以不理会工作时间以外的电话和电邮，以确保在生活及工作之间取得更好的平衡。如果公司和员工之间无法就此达成协议，雇主则必须列明对员工下班后的要求及他们享有的权益。

——《法国新法今起实施：员工下班后有"断网权"》[1]

---

[1] 《新法今起实施：法国员工下班后有"断网权"》，载搜狐网，https://www.sohu.com/a/123168438_465914，最后访问时间：2024年3月11日。

第一节　电子邮件在工作中的角色和作用

一、电子邮件——律师的工作方式和工作本身

工作这几年，我形成一个偏见，对会用电子邮件（以下简称"电邮"）沟通工作的人有几分莫名的好感。而对写不出一封像样电邮，发邮件没主题没正文一个附件扔过来的人，会擅自断定这家伙工作状态不会好到哪里去。

从事律师工作，需要与机构客户频繁沟通，且伴随数量众多的文件。如果不能妥善使用电邮，而把工作场景置于即时通信比如微信，那简直是一场灾难。遗憾的是，不是每位客户、每名律师都能有意识并且做到这一点。工作中，仍然有诸多问题讨论、信息传输在微信上，用你一言我一语的龙门阵聊天法，缓慢而低效地推进工作。讨论过程不仅随着发言的时间流石沉大海，发送的文件也常因通信工具对附件的定期清理或未保存而丢失。

若不是需要面对面交流或口头沟通，电邮可以作为最妥当的日常工作沟通方式。它可以选择明确的收件方，同步抄送相关人士，并附带图片或文档附件，完整而周全。律师处理的项目、参与的交易，大多为商务场合；相应的，工作方式也应具备一定的商务性或形式感。相比 QQ、微信等以便捷为特征的沟通工具，电邮具有更严谨、更正式的特征。熟练运用电邮进行工作，是对新律师的入门要求。

电邮，不仅是非诉律师的工作方式，它还是非诉律师的工作本身。如果你身边有律师朋友，当你和他/她约会时，经常收到这样的回复："等我回个电邮就出发"，"等我写个电邮，20 分钟后中区见"。当你休假数日后打开邮箱，未读邮件更是在列表上不断后退，跳动更新。从中挑出需要你回复的尽快处理完毕，也是律师的工作内容之一。团队出具的法律备忘录、尽职调查报告、法律意见书和律师函等，一般都通过电邮向客户发出。这可不是正文一言不发，发个附件就完事这么简单。你需要在电邮中对工作情况作简要反馈，或对研究问

题作简要概括。清晰得体的电邮，能让客户在收到律师工作成果的同时，有更好的法律服务体验。

二、邮件服务为什么没有被即时通信服务打败

知乎上有个有意思的问题：

邮件服务为什么没有被即时通信服务打败？

这个问题的答案，正与电邮在工作中的作用有关。

（一）延时互动

相比即时通信软件，邮件是一种延时互动。电子邮件的延时性，是我从内心深处最喜欢它的特征，尽管这会对律师及时回复的职业形象有所损伤。通信工具发展到今天，即时性给人们带来无限的便利，也带来无穷的困扰。困扰的根源，在于它要求社会系统中的每一个成员，需要"随时在线"。这是一种极有负担感的心理感受，多数人并不喜欢——也不愿意——每时每刻都与这个世界连接。保有一小块自己的生活时间或思考空间，是每个独立主体的心理需求。正因如此，法国2017年1月1日实施新法，对雇员下班后的"断网权利"给予法律保障。

选择使用电邮，意味着发件方默许你可以延时回复，而不必即刻与他/她互动。若你可以立刻给予回复，对方会有高于预期的惊喜感，进而建立愉快的沟通氛围。同样地，当你与别人沟通工作时，将需要交流的内容整理为电邮，参考资料作为附件一并发出，不仅可以将工作交代得更清楚，延时互动的模式也给别人留下消化理解的时间。对于不是十万火急的事，懂得使用电邮沟通，是一种工作中的分寸感；意识到延时互动的必要性，更是对他人时间的理解和尊重。

（二）深度交流

写邮件需要过脑子，而不是张口就来。这使得电邮在一些人看来很"费事"，不如微信或电话竹筒倒豆子一般畅快。畅快是畅快了，但沟通的效果呢？我曾

遇到通过电邮发出交易文件给客户，没过多久，我的微信就收到这位客户12条未读信息。我心里一惊，以为出了什么大问题，一刻不敢怠慢。看完信息，哭笑不得。信息内容大致如下：

"我们在会上提到一个增信措施，怎么没写在协议里呀？"
"哦哦，看到了，后面有写。"
"重大资产为什么没有明细呢？"
"原来放在协议附件啊！"
……

12条信息，几乎没有实质问题或意见反馈，简直就是他阅读文件的"心理直播"。虽然十余条微信消息发起来方便，但这样的沟通是没有质量的，也让人对你的职业素养和专业能力产生怀疑。

不同于即时通信的畅快便捷，深度思考是发邮件和回邮件的前提。电邮是按话题组织的，它对内容的集中讨论和存档，使信息不会因快速发言的时间流被冲散。这样的交流机制，使深度思考和有序交流得以可能。当你决定写一封电邮，你是经过一些思考的。同样的，当你决定回复一封电邮，不仅需要思考，还要仔细阅读前一位发件人的内容。这使通过邮件组织的对话更能抵达高质量的沟通。

（三）团队协同

即时通信起源于点对点，尽管有群组功能，但对于组织团队成员有序工作，群组难担此任。非诉项目多数要求团队协同，较大的交易项目，分部分或分任务多头推进是常态；随着项目前进，不断增加成员协助或变动律师，也是常态。群组功能对新人的加入是割裂的，新成员无法得知这个项目此前的工作进展和讨论过程，如果需要一一同步，将耗费大量工作时间。

电邮的往来记录很好地解决了这个问题。每个成员的工作进展和反馈，通过抄送功能就可以同步全员；新成员只要将相关历史电邮转发，就可了解项目的过去和当下。更重要的是，很多大型项目需要旷日持久的工作过程。一个

IPO项目，进场时项目组员还是青涩实习生，上市敲钟时已经是两个孩子的母亲。如此长的时间跨度，如果没有电邮作为复杂项目和团队协同的长效沟通工具，很难有序推进下去。此外，对一些涉及跨境的项目，如境外投资或跨境并购，因交易各方存在时差，电邮是首选的沟通工具。

延时互动、深度交流和团队协同三个特点，使电邮虽不能如即时通信那样"随时在线"，却有更高的工作效率。

（四）存档留痕

前三个特点关乎工作效率，最后一个则关乎职业自我保护。在第一章"非诉律师的执业风险"中，你已初步了解律师职业的雷区所在。电邮的存档留痕功能，正是防范执业风险的措施之一。项目中对某个敏感问题的律师意见，有时基于各种因素的限制，无法写入律所出具的正式书面文件当中。而这些问题，律师已充分核查并提示客户。此时，倘若你的提示仅仅是会议上的口头表述或电话沟通，因无法留痕而难以确认。如果通过电邮留下沟通记录，既是对客户的提醒，也是对自我的保护——避免因客户决策不当致使已尽勤勉职责的律师承担不恰当的法律责任，俗称"背锅"。一旦发生纠纷，电邮记录可作为证据在庭审中使用。[①]

此外，你对合伙人或团队律师就某些重要时点的提示，通过电邮也比口头沟通妥当。出现差错时，找出电邮核对责任在谁，比苦苦思索谁说了什么来得强。或许，这看上去有推卸责任的嫌疑，但一个专业高效的律师团队，应当是责任划分明晰的。通过电邮存档留痕，明确自己的义务和责任，并建立职业的自我保护，是电邮更深层次的功能。

---

① 《民事诉讼法》第66条规定，证据包括：（一）当事人的陈述；（二）书证；（三）物证；（四）视听资料；（五）电子数据；（六）证人证言；（七）鉴定意见；（八）勘验笔录。证据必须查证属实，才能作为认定事实的根据。《最高人民法院关于适用〈中华人民共和国民事诉讼法〉的解释》第116条规定：视听资料包括录音资料和影像资料。电子数据是指通过电子邮件、电子数据交换、网上聊天记录、博客、微博客、手机短信、电子签名、域名等形成或者存储在电子介质中的信息。存储在电子介质中的录音资料和影像资料，适用电子数据的规定。据此，电子邮件作为电子数据的一种，属于证据的范畴。

第八章　电子邮件：天天见

第二节　草拟一封得体电邮的六个要素

了解了电邮在律师工作中的角色和作用，接下来的问题便是——如何草拟一封得体的电邮。正如一道好菜从每一项原材料严格把关开始，一封电邮也从每一项构成要素严格把关。我们将电邮拆解为六个核心要素：收件人、抄送、主题、正文、附件和签名档，分别如下。

一、收件人

如同烧菜第一步热锅宽油，选择正确的收件人是草拟电邮的第一步。收件人不是所有和电邮有关的人，而是你直接汇报或交办的人，换言之，是需要对电邮作出回复的人。只需知晓而无须回复的相关人士，不在收件人范畴，列入抄送即可。比如，在律师助理的协助下，你草拟了法律尽调报告初稿，需要发给主办律师审阅。那么，收件人为主办律师，抄送团队或部门共同的合伙人（需知悉工作进度）、协助的律师助理（是报告的共同草拟人）以及本项目与尽调相关的其他同事（若有）。

此外，日常工作往来，留意将客户电邮定期保存进邮件系统通讯录，并准确命名其公司名称和职位岗位，避免命名错误或职岗不对应，发送电邮时失了礼仪。

二、抄送

抄送是发电邮中的技巧活儿。不同于收件人的确定性，抄送范围较为模糊，有时需要根据具体项目作不同调整。总体而言，抄送针对的是所有和本次电邮有关的人士，可以是参与了电邮所述事项的讨论，或接下来工作中需要提供指导或支持。如果是平级之间的工作往来，一般抄送给你们共同的合伙人或部门负责人；如果是跨团队或跨部门的合作，一般抄送给两个团队或部门的合伙人或负责人。如果是回复客户，除了将直接对接的联系人作为收件人，在知晓对方直属领导或负责人时，也要将其作为重要电邮的抄送对象。

三、主题

主题是电邮的明眸大眼。在你收到电邮的第一时间，还未来得及看正文，便会先留意邮件标题。故而，邮件主题应当简要清晰。一方面，主题应简要，避免政府公文"关于"之后几十字的长标题写法；另一方面，主题应清晰，什么项目的什么文件，表述言简意赅。有的交易出于保密需要，会拟定一个代号作为项目名称，从而避免在讨论时提到目标公司名称。比如，某个股权并购项目拟定代号为"美牛项目"，则律师发出该项目交易文件初稿时，电邮主题可以为"美牛项目—股权转让协议V1"。若为常年法律顾问，则回复客户的电邮主题可以用"客户名称—咨询或处理的具体事宜"。

简洁清晰的主题，不仅可以清楚传达这封电邮要做什么，更有利于往后查询搜索，避免只在列表中看了它一眼，就再也找不见。通过项目代号或公司名称，即可准确找到你要的它。

四、正文

正文是电邮的主体，就像新疆大盘鸡里的鸡肉。对于电邮正文，最需要注意的是，正文内容不宜过长。如果你的邮件是讨论问题或答复疑问，需要翔实的分析、论证、引用或解释，建议将正文内容写为备忘录，放入附件中。一般而言，越简明扼要的邮件，越容易得到回复。篇幅越长，不仅阅读需要的时间越多，收件人回复的心理压力也越大。缩减正文篇幅的方法之一，是区分哪些内容可以作为附件，而不必在正文罗列。当然，简要的前提是把事说清楚。有时间要求的，要将时间节点在正文突出表示，以便收件人清楚电邮的核心要求。

对于转发电邮，需要区分是让收件人执行任务还是仅参考了解。若为执行任务，需在电邮写明具体工作要求；若仅为参考，则无须在正文详述太多，收件人主要参考以往电邮和附件，正文简单标注FYI（For Your Information）即可。

但转发参考的情形，要注意检查收件人是否适合知悉全部以往电邮内容。有时，律师转发电邮只是为了给对方一个参考文件，但忘了删去以往电邮记录，进而将整个项目信息全部转发出去，这是违反法律服务合同约定的行为，在实务中却因"手滑"频频发生。"手滑"只是说辞，背后是对行为风险的无意识。对待电邮，无论草拟、回复或转发，都不是一键操作的行为，多检查才能少犯错。

当你休假时，还需提前设置好自动回复。不让别人发来的电邮石沉大海，在自动回复中提供紧急事务可以联系的同事，并告知自己复工的具体时间，是休假前律师的常规动作。

五、附件

如果说正文是大盘鸡里的鸡肉，附件就是大盘鸡里的裤带面——虽不是主角，但少了你不完整。工作中的"电邮事故"，最常见的就是漏发附件。往往收件方或抄送越多，越容易忘了附件。这个容易理解，绞尽脑汁写好正文后，以为大功告成了，长舒口气点了发送。刚发完就醒神了，忙不迭撤回。对此，可以尝试每次添加完抄送后，先添加附件再写正文，避免大盘鸡里忘了加面条。

对于有附件的电邮，一定要在正文里对附件稍作说明。比如，附件有几份，分别为什么内容，如果需要特殊工具才能打开或设有密码的，要交代清楚。附件还要拾掇清秀，设置清晰的文件名称。如有多个附件，且存在先后顺序的，建议为文件编号，打包压缩后再发出。附件本身就是电邮中容易被忽视的存在，收件人对阅读附件的欲望是较低的，若还杂乱无章，更会让人主动屏蔽。

六、签名档

签名档像一份礼物的包装纸，为电邮提供得体的落款。规模较大或管理规范的事务所，通常都对签名档设置有统一要求。新人加入，获得电邮地址后，第一步要做的就是设置签名档，这是对外沟通的统一门脸。对于没有统一要求的，一般参照团队其他律师的风格设置，多数留下姓名、所名、职位和联系方式。有时可以设置多个签名档，根据电邮类型是对内还是对外分别使用。对外发出

的电邮，签名档更为正式、美观，适当添加事务所取得的重要荣誉。内部沟通的电邮，签名档则简洁明晰，保留核心联系信息即可。

发件人	需要**直接回复**的人
抄送	与事项相关但**无须回复只需知悉**的人
主题	**简要清晰**，便于查询
正文	**简明扼要**，重要信息突出表示
附件	**写完抄送即添加**，多个附件应编号
签名档	按要求**统一设置**，可区分对外对内

图 8-1　一封得体电邮的六个要素

上述六项，既是一封电邮的构成要素，也是电邮的草拟步骤。据我观察，身边的律师朋友多少都有不同程度的电邮强迫症——一封邮件从发件人到签名档，不检查至少三遍不敢点击发出键。草拟一封得体的电邮，无须太多技巧，只要耐心和细致。

第三节　使用电邮的几个注意事项

尽管使用电邮有诸多便捷之处，但仍然要看到因为电邮不到位致使双方反复沟通而耗费的时间和人力成本，又或者，邮件发出后根本没有回音。不必要的误解和无法收到回应，可能都与邮件不当有关。使用电邮时，我们必须时刻意识到，这封电邮是用来处理问题的，而非制造问题的；必须要让他人一目了然，知道要做什么，不需要再次确认、询问或进一步解释。概言之，要让你的电邮好懂，有用。如此，除了前述六个要素，还有几个细节贯穿使用电邮的整个过程。

一、在讲清楚的前提下，尽可能短

邮件正文的长短是个有争议的话题。一般认为在讲清楚事情的前提下，电邮应当尽可能短。相较于长电邮，短电邮更容易获得回复。但工作沟通中，有的客户喜欢律师将所有信息呈现在正文中，而非使用附件。相较于附件下载解压再打开，正文的一目了然似乎更省事一些，尽管长文阅读也会花去较多时间。

对正文长短的把握可以根据客户工作风格作些调整。但在客户没有倾向性的前提下，仍然建议短电邮优先。原因在于，尽管第一节列举了电邮相较于即时通信的诸多优点，但它也有自己的短板——过于消耗时间。阅读、回复或草拟，都需要深度思考；加之律所内部管理还有诸多标准化电邮，如利益冲突检索电邮、立案通知电邮等，每位律师一天收到十余封甚至数十封电邮是习以为常的。这使得处理邮件变成一件"杀时间"的工作，职场人士对此深有体会。为了改善电邮的这一短板，在移动互联办公日渐成熟的今天，电邮产品普遍增加了很强的手势操作功能，如向右滑动标注"未读"，向左滑动可以"删除"。这些迭代，目的都是让职场人士尽可能利用碎片化时间处理工作，改善电邮"杀时间"的特性。故而，在讲清楚事情的前提下，尽可能让你的电邮短一些，不会占用对方过多时间，也更容易得到回复。

二、让你的邮件易于检索

你的邮件发出后，对方并不能总在第一时间处理。不断叠加的新邮件会让你的电邮很快被淹没下去。如何才能让你的邮件在茫茫邮海中不被遗忘呢？——你的邮件好看很重要。所谓"好看"，是指让你的邮件易于检索。对方想到这件事，想到此前瞟过一眼这封电邮时，要能通过关键字准确定位。所以，前文讲到电邮的主题应当简要清晰，主题中应当包含项目名称＋文件类型/处理事宜。这样的排列组合能让你的电邮有较高辨识度，从满屏未读邮件中被打捞起来。

这个问题的反面是，切忌草拟大而宽的电邮主题。比如，主题直接为"咨询""增资协议""文件修改意见"。这类主题太过宽泛，律师的邮箱中有无数咨询、无数增资协议和文件修改意见，它们无法通过"好看"的主题被认出，就错过了第一时间被处理或回复的机会。

此外，也不要擅作主张为你发出的电邮增加"星标"，即标识该电邮为重要。没有人会觉得自己的电邮不重要。是否重要，交给收件人自己去分类，你只需在正文中注明关键信息如最迟日期即可。

三、让你的邮件重点突出（项目符号、加粗、颜色）

无论邮件内容是长是短，都应当尽可能地突出重点，确保对方阅读时迅速了解你要传递的关键信息。那些段落和文字堆砌的邮件，常常让人不得要领。做到重点突出其实很简单，使用一些排版技巧即可。最好用的，莫过于项目符号、加粗和颜色。

项目符号通过圆点、箭头和缩进功能，可以很好地将一段文字处理得井然有序，视觉上的错落有致便于人们在脑海里建立起与信息有关的结构图。加粗可以使用在重点信息上，如小标题、时间、地点。颜色则针对需要特别注意的信息，标红或标蓝，通过视觉刺激给读者留下印象。加粗和颜色很多人会使用，但项目符号的作用常被人们忽视。事实上，项目符号是在最短时间内让文件富有结构性的方式。

如果需要在正文中插入图片，请注意将图片大小调整适当，并将图片置于正文最后。当图片较大，又占据中间位置时，极易让人忽略图后还有正文信息。

四、让对方明白，你想让他做什么

职场电邮，极少有用来交流情感的。所有电邮，无非两个目的：提供信息（如向客户发出尽职调查报告或答复某项询问）以及索取信息（如咨询问题或发出补充材料清单）。故而，你的邮件需要让对方看完后明白，你想让他做什么。比如，对于提供信息的电邮，假设你向合伙人发出尽职调查报告，是需要其审阅修订，回复修改意见；假设你向律师助理发出，是需要其以此为模板，草拟新项目的尽调报告；假设你向客户发出，是需要其收阅并指示项目下一步工作。对于索取信息的电邮，假设你向团队同事发出文件补充清单，是需要其审阅是否还有新的补充；假设你向标的公司发出，是需要其5日内回复你清单所列补充资料……

不同的对象，发出电邮的目的不同。我们让电邮短小精悍、易于搜索且重点突出，最终目的都是——让对方清楚你要他做什么。

电邮不仅是一种沟通工具，更是一种效率工具。从发送到回复，时刻记得将自己置于对方的位置思考。当你是发件人，尽可能清晰表达；当你是收件人，尽可能及时回复。通过一段时间的执业积累，你会发现，电邮中沉淀下来很多你的执业经历，与客户的沟通，与同事的交流，与项目组的讨论，愉快的、不愉快的都有。而你，就在这一封封电邮的传递中，获得属于自己的执业成长。

第九章

法律研究：有研究才有发言权

我所说的科学精神，不是指哪一门具体的科学上的成就，而是：(1)承认人对于自然、人类、社会的认识永无止境。(2)每一个时代的人，都在人类知识的宝库中添加一点东西。(3)这些知识，没有尊卑贵贱之分。研究化粪池的人和研究国际关系、军事战略的人具有同等的价值，具有同样的崇高性，清洁工人和科学家、将军也一样。(4)每一门知识的每一个进步，都是由小而大，由片面到全面的过程。前一时期的不完备的知识A，被后一时期较完备的知识B所代替，第三个时期的更完备的知识，可以是从A的根子发展起来的。所以正确与错误的区分，永远不过是相对的。(5)每一门类的知识技术，在每一个时代都有一种统治的权威性的学说或工艺制度，但大家必须无条件地承认，唯有违反或超过这种权威的探索和研究，才能保证继续进步。所以，权威是不可以没有的，权威主义则必须打倒。这一点，在哪一个领域都不例外。

——顾准[1]

---

[1] 顾准著:《顾准文集》，华东师范大学出版社2014年版，第98页。

第一节 你真的理解要研究的问题吗?

"小冯,这个问题你查一下。"这句话在我进入律所工作的第一年里,简直是噩梦。合伙人永远不懂,这个问题只查"一下"是查不出来的,得查"很多下"。不仅要查,而且可能要问,还要打电话,电话咨询主管部门。现在已经是深夜十点,我该怎么完成这项"查一下"的工作?

凌晨一点,我把查完的结果发出电邮。第二天,合伙人告诉我"两个没有"——没有查到点子上,没有听懂问题。我想,那时在他看来,自己这名看上去努力的助手还不懂,先理解问题,比着手研究问题更重要。理解问题,并不是简单地知晓这个问题在问什么。何谓"理解",从三个层面来说。

一、这个问题重要吗?

高年级律师或合伙人说的"查一下",是法律研究的一种情形。在青年律师的工作内容中,法律研究还有很多场景。比如,在自己草拟尽调报告时遇到对某个问题的分析,需要先做研究;客户会议上提到一种新的业务模式合规性,需要律师提供意见;针对某特定行业的管理细则出台,需要了解其规范内容和法律适用。这些都是法律研究的场景,也是青年律师工作的常见内容。正因为常见,我在遭遇了业务打击后,便决心——在做具体的法律研究之前,先研究法律研究本身。

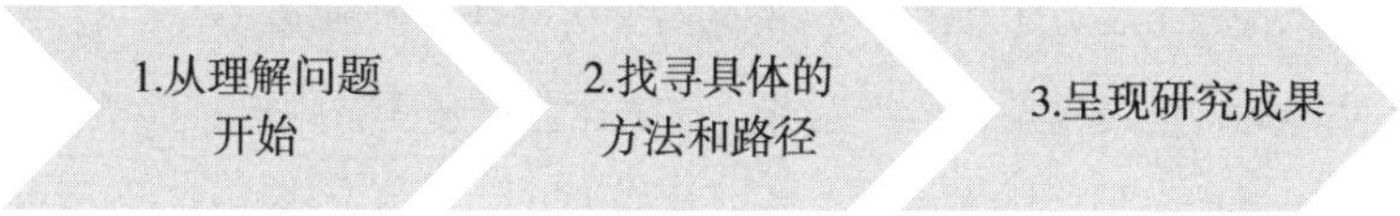

1.从理解问题开始　2.找寻具体的方法和路径　3.呈现研究成果

图 9-1 法律研究的逻辑顺序

法律研究从理解问题开始,其后才是具体的方法和路径,最后为研究成果。

(见图 9-1)理解问题的第一步,是搞清楚你要研究的问题是否重要。你可能会说,肯定重要啊,不重要为什么让我研究。实践经历告诉我,这还真不一定。工作中有很多需要确认的问题,有时只是一个数字,一个比例,一个流程,一个"应当"还是"可以"的表述确认。这类问题,真的只需要"查一下"就可,属于简单查询的范畴,而非法律研究。

法律研究针对的,是那些通过简单查询难以解决,需要通过多种研究路径反复了解,并结合实践案例予以确认的内容。不同于学院的理论研究,非诉业务中的法律研究强调"实践面向",即多数问题指向的是"实践中能不能做"和"具体怎么做"。这就要求律师研究不仅需要查询文本规定和理论渊源,还要通过各种方法探究这个问题在业务操作中是怎么样的。若你面对的问题是只需要简单查询就可以解决的,那就不必重复研究。

判断问题的性质,将问题做一个"简单查询"和"法律研究"的分流,而不是所有任务都标配枪炮和玫瑰,可以显著提升工作效率。

二、这个问题紧急吗?

必须承认,多数情况下,这个问题无须考虑,一定是急的。出差尽调,回到酒店已经晚上十一点,自己还有两个问题要研究,它们和白天尽调发现的疑问有关;谈判结束,和团队律师转战咖啡馆,他修订协议,我研究会上提出的新问题,今晚需要回复客户……法律研究的问题大多在项目推进中产生,这决定了多数法律研究对时限要求是很急的。"下班前""今晚""不迟于明天",大概是法律研究时间要求的"紧迫三连"。

尽管紧迫是常态,但也有一些情况需要再斟酌。在业务中,你有时会遇到在一段时间里,频繁接触某一类业务,这类业务接触的客户有某些共同的疑问,所谓"法律痛点"。在这种情形下,有时合伙人并不会交办给你具体的问题研究,但你可以带着问题意识主动去琢磨。换言之,法律研究并不都是被动的、交办的或安排的,它可以是你主动发现的、疑惑的或感兴趣的问题。

记得曾有一段时间,我们团队接受了多个公司融资项目的专项委托,目标公司大多是初创企业，面临天使轮或 A 轮融资。同时，公司希望做员工股权激励，因为初创公司缺钱的同时也缺人，资金和人才都是创业者此时的"刚需"。故而，客户普遍面临融资和股权激励时间先后顺序的选择。先做 A 轮融资还是先进行股权激励，是一个关联股份支付，进而有可能影响未来上市报告期内财务指标的重要问题。[①] 这类问题一般不会有迫切的回复时间，但多数创业者都会关注，并希望律师提供建议。此时，你可以完整地做一个法律研究，重点不在于迅速回复，而在于彻底搞清楚高频业务中客户的"法律痛点"，从而一次研究，多次适用。

可见，在紧迫的常态之外，存在一部分重要程度高，需要你透彻研究的问题。在研究之前，你需要搞清楚这个问题的紧迫程度、回复时间要求，从而在可行的时间内，妥善安排研究计划。

三、这个问题我明确了吗？

重要性和紧迫性更多是从外在去理解你要研究的问题。与此不同，对问题是否真的明确其所问，明确其要义，这是对"理解"的内在要求。当我们和客户讨论项目时，出于交流的方便，有时会对某专有名词或某家公司使用简称，比如"GP""LP""QFII""QDII""SPV"或"红筹架构"等。如果你并不明确这类简称的具体所指，一定要在研究前向合伙人或参与的同事确认清楚。倘若此时碍于脸面，羞于发问，其后一连串的研究工作可能都是无用功。一次不懂没有什么丢人的，问清楚就懂了。遮遮掩掩，不懂装懂，反而既妨碍工作，也会让你失去执业成长的机会。

[①] 一般建议公司先做股权激励，再做 A 轮融资，并且股权激励的时间要尽可能提前。这么做的主要原因在于避免股份支付给公司财务指标带来负面影响。根据《企业会计准则第 11 号——股份支付》的定义，股份支付，是指企业为获取职工和其他方提供服务而授予权益工具或者承担以权益工具为基础确定的负债的交易。简单说，就是企业以股权的形式而不是以常见的货币形式给员工发工资或奖金。如果公司确认了股份支付费用，会使管理费用大幅增加，从而对公司当年财务指标有较大影响，甚至导致有计划上市的公司在报告期内不再满足上市的财务条件。据此，我们一般建议客户，股权激励的实施时机尽量选择在公司股份制改制之前，越早越好，且与引入投资者间隔一定的时间，以对公司申报期业绩成长性的影响最小化。

衡量一个问题自己是否真的明确，可以尝试将它改编复述，即将你要研究的问题换个表达方式，用自己的话讲一遍。如果这个过程你能表述清晰，你就明白问题的要义了。如果研究中带有交易结构或流程图，可以尝试在纸上将你所理解的架构图或流程图画出来，并向客户、合伙人或团队律师确认你的理解是否准确。这个确认的过程，其实也是消化问题的过程，为下一步研究分析做准备，也能让其他人知道你对这个问题的把握。倘若你理解有误或遗漏了重要环节，合伙人等听到你的复述或看到画的图，会即刻帮你修订和补充，这就在源头上避免了没有听懂问题或没有研究到点上的悲剧。

任何时候，如果觉得自己讲不清楚或画不出来，只有一种可能——你并没有真正理解。只有理解，才有可能成就卓有成效的研究。

第二节　研究方法与路径：常见的和非主流的

一、三种常见的研究方法

（一）法律数据库

面对一个需要检索的问题，首先打开的是数据库还是一般搜索网站，是律师和普通大众的区别。如果一名律师，做法律研究的主要路径是通过百度，这就像一名医生做手术时握着把水果刀一样。百度和水果刀本身都没问题，但专业人士解决问题，应当有成其体系的方法，应当应用专业的路径和工具。

法律数据库是法律研究的首选工具，不仅可以进行法规检索、案例检索，数据库中还有大量实务文章、合同模板、案例分析、专题研究和文献资料。目前，主流的法律数据库有威科先行、律商联讯、北大法宝和 Westlaw。从个人使用习惯上来说，我首选威科。首先，威科信息更新及时，从法规到案例内容非常全面；其次，检索功能上具备高级检索、精准或模糊检索，检索速度快；最后，也是威科最好用的一个功能，即引用功能。其实引用功能其他主流数据库也有，但威科的关联更智能和全面。当你查阅某个法规时，在具体法条之下，威科先行会帮你关联引用该法条的文档，包括裁判文书、专业文章或行政处罚等。当你查阅相关文书或文章，涉及法规的部分大多能够自动链接到该法律文件。做法律研究，初步进行信息检索时常一头雾水，引用功能为律师提供了研究问题的多个进路。从司法裁判到实务观点，你可以快速了解纸面规定在实践中是如何演绎的。（见图9-2）

图 9-2　威科先行法律信息库法规检索引用功能

据此，也可总结出一个做法律研究提高效率的方法。当你明确了需要研究的问题时，不妨先打开数据库，搜索几篇裁判文书或实务文章查阅。这些都是已有的知识成果，可以帮助你在阅读过程中迅速建立对问题的分析框架，有的还能通过案情描述增加几分感性认识。

（二）一般信息检索

除了数据库，比较常用的研究路径就是搜索类网站。数据库信息固然全面，但有时要研究的问题并不涉及具体法规，而是新闻资讯、官方网站或通过公开渠道可查询的信息，这时就需要通过包括百度在内的搜索网站进行查询。

通过一般信息检索获知的内容，要注意确认内容来源。如有可能，尽量确认出处，以此判断信息的可信程度。如果无法获知来源或出处，要么放弃采用，要么适当引用且备注清楚无法核实来源，但一定不要将此作为研究成果或主要研究结论。研究成果应当经得起追问，而不是"来源不明"。

（三）电话或电邮咨询

这是经常不被律师抱以期待的两种研究方法，但我要郑重介绍。电话或电邮咨询一般针对政府主管部门，咨询的大多是执行层面或实操层面的具体细节。电话咨询的痛点在于你难以找到对的人，接听的一方会让你另外拨打别的号码，转到其他部门。数次传球过后，你拨打的可能是个空号，这就是电话咨询的现状。但要看到，电话咨询有时也能遇到对的人，主管部门的工作人员对具体问题的回复很有针对性，通常会成为法律研究的结论性意见。电邮咨询同样如此，咨询电邮有的会石沉大海，但一部分也会收到被咨询方的回复，通常也很有指向性。

无论电话还是电邮咨询，首先，要注意为客户保密。电话咨询时，接听方经常会询问你的身份，你需要提前拟定一个身份，而不是将客户名称全盘托出。其次，想清楚要问什么。我曾目睹实习的同事打电话咨询外汇管理局，好不容易接通电话他却含糊其词讲不清问题，我在一旁听得着急，没过一会儿对方直接挂掉了电话。其实，在咨询前，可以先将问题要点记在本子上，并预想假设对方给出肯定或否定的回答，是否还有进一步的疑问需要确认。如果你无法清晰地记下要问什么，那么你可能需要回到上一节所说的，先理解这个问题。再次，记录电话咨询的过程。电话咨询是口头进行的，客户或合伙人无法得知你咨询到了哪些信息，你需要将咨询的过程完整记录下来。同时，你所咨询的机构或部门，以及最终打通的那个电话号码，都要记录下来呈现在研究结论中，便于其他人需要时再作确认。最后，电邮咨询的邮件记录，建议作为附件呈现在研究结论中。

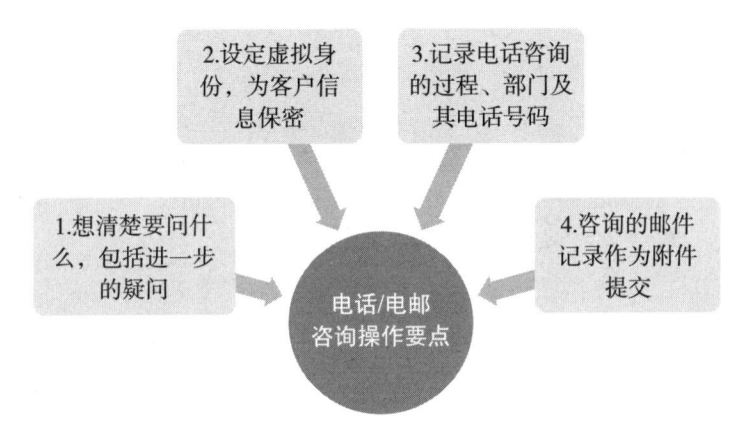

图 9-3 电话／电邮咨询操作要点

二、两种非主流的研究路径

前述方法是法律研究的"标准动作"，除此之外，还有两种路径对青年律师进行法律研究也有帮助，它们虽然不太正式，却很实用。

（一）专业 App 和公众号的隐形资源

在智能手机普及的当下，诸位手机上的第三方应用程序（App）和公众号是信息获取的重要来源。海量的信息流中，有不少对业务有实质帮助的隐形资源。法律研究的问题明确后，将问题中的关键词在 App 或微信的公众号中直接搜索，有时会有很好的知识成果。在互联网连接一切的今天，人们不缺学习的途径和资源，缺的是静下心学习本身。故而，虽然各类工具沉淀了无数知识成果，但真实内化为你自己知识的寥寥无几。

要对抗这种信息获取中的"过眼不过心"，跳出"只收藏，不学习"的常态，你可以尝试为线上资源整理线下笔记。具体地，每次看到好的知识成果，可以将其打印出来整理成册。同时，定期清理自己的收藏夹，确实有用的，打印归拢，收藏后再也没看过的，立即删除。不要小看这日常举手投足间的小细节，平日汇总的笔记到关键时刻常能派上用场,避免你面对要研究的问题时毫无头绪,或想起曾看过,但就是找不出来。

除了法律类的 App 和公众号,我还喜欢知乎 App。这个以"知识连接一切"为愿景搭建的知识分享平台,包揽了我的求知、好奇、八卦、文艺多重需要。知乎上的解答虽然较为碎片化,体系感稍弱一些,但只言片语带来的启发,有时会给研究带来新的视角。

(二)"搭讪"对此问题专业的人员

在第五章"从学院派到真正解决问题"中,曾讲过通过打造你的强大智囊团,提升解决问题的能力。这个策略,在做法律研究时成效显著。比如,项目中遇到交易结构调整前后对交易主体缴税的影响,如果有在税务局工作的朋友,可以向其咨询;又或并购项目涉及资金汇出到境外的操作问题,如果有在外汇管理局或银行工作的朋友,也可以询问一二。"搭讪"专业人士时需要注意的是,自己先做些研究,将问题细化或做到已有倾向性结论,再向其请教确认。不宜将非常宽泛的"原生态"问题抛给别人,自己做"伸手党"。说到底,谁都没有义务帮你解答,请教也讲究姿势正确。

最后,向他人请教的结论要自行确认,尤其在你选择采信并将此作为研究结论时。他人提供的意见只是辅助,务必要有验证过程,你需要为自己作出的研究成果负责。

第三节 研究成果的体现——备忘录

一、要研究到什么程度

"路漫漫其修远兮,吾将上下而求索",求知的漫漫路途上,永无止境既是对人们的激励,也是困惑。在一切研究中,我们不得不面对这样的问题:要研究到什么程度?具体说来,就是客户咨询或合伙人交办的问题,需要研究到多深、多细,才可以妥当"交货"。这是我们在提交研究成果前,必须要考虑的问题。

从理论上说，一项研究可以无限制地深入下去，并且这项研究正确与否、深入与否，评价是相对的，关联着得出研究结论的时间、地域和目的。很多法律问题随着新通过的法规和政策环境不同，昨日今时，可能得出全然不同的研究结果或结论性意见。故而，一项研究结论是否正确，或者说适当，总是要放在特定的场景中，不可脱离场景作绝对性评判，也无法去作这样的评判。换言之，研究结论要联系上下文，因时因事去考量。因时因事——这不仅是评判研究结论的考虑因素，也是思考研究应该做到何种程度的考虑因素。

一般而言，法律研究的场景有三种类型：

- 客户咨询
- 律师交办
- 自主学习

第一种偏重策略型，往往时间要求较紧，只要能有一个较为完整的初步结论，这个结论能指导客户继续推进下一步，或能解决目前遇到的疑问或障碍，就可以回复客户。对待客户咨询型的法律研究，切忌用写论文的方式查了三天资料才开题，尽管这样可能更深入、全面，但你必须要在有限时间内尽快提供一个适当的结论，而非在无限的研究中探寻一种完美的方案。此外，客户的咨询有时是连续性的，比如是置于整个交易项目中的某一环节，遇到阶段性的疑问。你需要尽快完成研究并回复后，交由客户结合项目实际或公司情况，去判断结论是否可行；如有偏差，补充项目信息或公司情况后，再做进一步研究。于此，研究结论在实务中不断被修正，可行性得到实质提升，而不是将问题压在手上，闭门造车。

第二种偏重知识分享型，由于研究结论的受众是团队律师或合伙人，在研究的体系和完整性上要更为注重一些。比如，对于客户的咨询，研究结论可以是肯定或否定，或者具体如何操作；而对于律师的交办，研究结论中还应适当呈现相关法规或监管措施的历史沿革，有代表性的实践案例以及下一步的监管趋势，以便整个团队甚至事务所可以分享你的知识研究成果。

第三种偏重深度学习型，这是法律研究中最自由的情形。没有确切的程度要求，依着自己的兴趣和好奇心出发，不问时限，不问目的，直到研究所获能够安抚你的疑惑。自主学习的法律研究虽然不受限，但容易流于泛泛而查不得要领。在做研究时，可以有意识地要求自己形成一些书面成果，并主动分享给团队或同行。从青年律师成长的角度来看，从输入到输出的研究过程，比单纯检索查询提升要大得多。

二、法律备忘录的草拟要点

无论做到什么程度，法律研究的成果都需要以一定形式体现出来。只要不是非常紧急、在线等的情形，都建议优先选择法律备忘录呈现研究成果。备忘录至少有两个利好：一者，便于同步分享给其他同事或同行；再者，若仅为电话或口头沟通，容易遗忘，也不成体系，书面成果更好一些。有时，客户咨询的是某个细节性问题，回复客户后，合伙人可能会安排更为系统的研究，在你完成研究后，又有延伸学习。这个过程中，如果一直伴随备忘录，在自主学习完成后，一篇专业文章便形成了。以下通过案例，分析法律备忘录的草拟要点。

（一）回复客户的备忘录：聚焦问题，结论前置

对于回复客户的备忘录，在结构上应首先提出结论或建议，其次才是法律分析，最后附上参考资料和关联法条。（见图9-4）考虑到客户的咨询都是面向实务的，有强烈的解决问题导向，故而在展开分析前，应先呈现你的研究中最具结论性和可操作性的内容，便于客户在第一时间阅读到研究要点。

比如，客户是一家私募基金管理人，拟与券商合作，通过办讲座和沙龙的方式，向券商营业部推荐的高净值客户推介某私募基金产品，客户向我们咨询该推介方式的合规性。推介方式的合规性主要涉及私募基金募集行为的规范要求，适用的规范性文件主要为《私募投资基金监督管理暂行办法》《私募投资基金募集行为管理办法》等。在结合法规分析监管机构对募集行为的合规要求前，宜将结论前置，这与学术研究先分析后结论的思维正好相反。

于此，在备忘录第一部分草拟如下：

在事先已了解营业部推荐的高净值客户的风险识别能力和承担能力，并能控制沙龙参与对象和数量的条件下，贵司的推介方式是合规的。但若不了解该等客户，对其未经任何特定对象确认程序，或无法有效控制沙龙受众和规模，则贵司的推介行为存在被认定为违反《私募投资基金监督管理暂行办法》《私募投资基金募集行为管理办法》等法律法规的风险。

其后的分析过程和关联法条，再结合上述法规详细展开。[①]

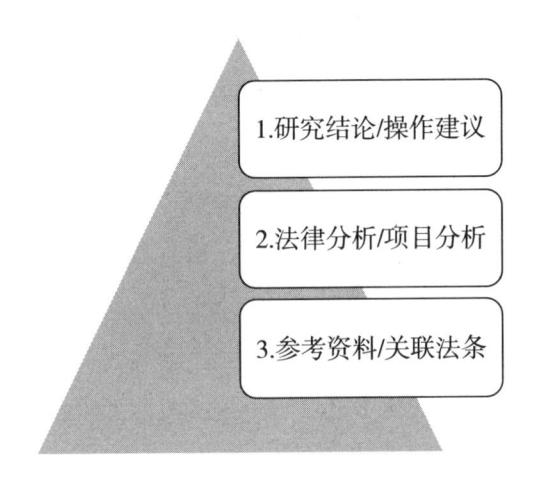

```
1. 研究结论/操作建议
2. 法律分析/项目分析
3. 参考资料/关联法条
```

图 9-4　回复客户的备忘录结构

（二）律师交办的备忘录：适当延伸，注重分析

为律师交办而拟的备忘录，则可以按照学术研究的思维，先分析后结论，

---

① 在法律分析中，需要特别指出，"公开"与"非公开"不能简单地从推荐方式来划定，如认为通过讲座、分析会就一定属于公开推介。事实上，《私募投资基金监督管理暂行办法》第 14 条的列举，仅仅是方式上的举例，其认定核心在于"向不特定对象"，这才是认定"公开"的核心要件。换言之，该等规定是为了限制采取上述方式向"不特定对象"宣传推介，以切实防范变相公募。但该等规定不禁止通过讲座、报告会、分析会、手机短信、微信、电子邮件等能够有效控制宣传推介对象和数量的方式，向事先已了解其风险识别能力和承担能力的"特定对象"宣传推介。

197

并且在体系、引用上，都需要尽可能完备。前述客户咨询的推介行为合规性问题，在将法律研究结论向客户反馈后，我们发现，诸多基金管理人客户不仅在推介方式上面临边界模糊的问题，在募集对象、发行对象、登记备案以及利益承诺等关键问题上，均存在不同程度的行为边界模糊。这可能致使基金管理人在无形之中踩到私募行为监管的红线，尤其是在自2016年以来新监管趋严的政策背景下。

于此，我们对私募基金规范运作及行为边界做了系统的法律研究，将推介方式合规性问题拓展到下述提纲：

> 问题：私募合规的行为边界法律研究
> 1. 推介方式：是否以非公开的方式
> 2. 募集对象：是否为合格投资者
> 3. 发行对象：是否符合人数限制
> 4. 登记备案：是否进行基金管理人登记/基金产品备案
> 5. 利益承诺：是否承诺保本保收益
>   （1）利益承诺的常见形式
>   （2）结构化基金产品的合规性

（三）自主学习的备忘录：广泛拓展，专题研究

上述法律研究完成后，我们将备忘录提供给私募基金管理人客户参考，并分享给团队其他律师。在反馈交流中，进一步发现客户普遍有个共同的疑问，即假如相关行为违规，除了涉及行业自律措施和行政处罚，是否会有刑事责任，具体如何。这不仅是某项具体行为合规与否的问题，而且是广泛拓展到基金管理人在实践中如何规范化运营的问题。对此，我们又研究了私募违规运作涉及的刑事责任；同时，出于备忘录的体系完整和逻辑圆洽考虑，增加私募行为合规的基本要求和现行监管体系，将备忘录结构调整如下：

问题：新监管下私募基金规范运作及合规边界法律研究

1. 私募行为标准与现行监管体系

  （1）概念和行为标准

  （2）现行私募监管体系

2. 私募违规运作涉嫌的刑事责任体系

  （1）主要罪名

  （2）犯罪认定

  （3）豁免规则

3. 私募合规的行为边界分析

  （1）推介方式：是否以非公开的方式

  （2）募集对象：是否为合格投资者

  （3）发行对象：是否符合人数限制

  （4）登记备案：是否进行基金管理人登记／基金产品备案

  （5）利益承诺：是否承诺保本保收益

    a）利益承诺的常见形式

    b）结构化基金产品的合规性

  青年律师在日常工作中，尤其在做助手时，会有很多需要法律研究的问题。前文讲到的回复客户、律师交办和自主学习，既是研究的三种分类，也是研究的三种层次。若能在把问题搞清回复客户之余，花点工夫深入研究，或者在备忘录的基础上撰写专业文章，不仅是自我知识更新，也能在业余有意外收获。以往的法律研究中，我保持了对重要问题、感兴趣问题形成备忘录的工作习惯，并在此基础上成稿业务随笔或专业论文。这些文章，发表在不同的学术专辑、期刊、业务论坛或新媒体。它们带来的物质奖励极微薄，但精神鼓舞极深远。

  法律研究不止于研究，备忘录也不止于备忘。这项工作最重要的意义，是让人学会独立判断，而非迷信权威或人云亦云。从客户到合伙人，没有谁是天然正确的，哪怕是极其权威的观点或做法，都存在探索和挑战的空间。收录在《顾准文集》中的《从理想主义到经验主义》一文中，顾准对科学精神的洞察，给人无尽的激励。[①] 知识没有尊卑贵贱之分，业务知识亦如此。每一个法律人，都可以在法律知识的宝库中添加一点东西。这是法律研究最迷人的魅力。

---

① 顾准著：《顾准文集》，华东师范大学出版社 2014 年版，第 98 页。

第十章

合同审阅：如吃饭般日常

我常听人说：这世界上哪有那么多有趣的事情。人对现实世界有这种评价、这种感慨，恐怕不能说是错误的。问题就在于应该做点什么。这句感慨是个四通八达的路口，所有的人都到达过这个地方，然后在此分手。有些人去开创有趣的事业，有些人去开创无趣的事业。前者以为，既然有趣的事不多，我们才更要做有趣的事。后者经过这一番感慨，便自以为知道了天命，此后板起脸来对别人说教。

我以为自己是前一种人，我写作的起因是：既然这世界上有趣的书是有限的，我何不去试着写几本——至于我写成了还是没写成，这是另一个问题，我很愿意就这后一个问题进行讨论，但很不愿有人就头一个问题来和我商榷。

……

我所说的一切，无非是提醒后到达这个路口的人，那里绝不是只有一条路，而是四通八达的，你可以作出选择。

——王小波[1]

---

[1] 王小波著：《王小波全集第八卷：我的精神家园》，译林出版社2012年版，第10～11页。

第十章 合同审阅：如吃饭般日常

第一节 审阅前，问自己三个问题

在律师工作中，合同审阅如吃饭般日常，以至于很多人对非诉律师的概括就是"不打官司，只审合同"。对于这么一道"家常菜"，有人会说：太平常了，哪有那么多可琢磨的。就像王小波讲道，"这句感慨是个四通八达的路口，所有的人都到达过这个地方"，"问题就在于应该做点什么"。漫漫律途，某一项工作高频日常是个开放式的十字路口，有些人选择审美疲劳随便对付，有些人选择从日常中多琢磨点有趣有料的东西出来。如果你也是后一种，那我们来看，合同审阅这道"家常菜"，有哪些值得琢磨的地方。

一、合同的缔约背景是什么

合同审阅前，第一个要考虑的就是合同的缔约背景，它影响着合同条款权利义务的安排，细节的修改。比如，对于客户已经合作熟悉的合同相对方，由于有多年合作基础，一些简单合同中即使没有通知条款，也不必刻意加上，双方有充分的联系方式可以确保沟通顺畅和文件送达，只需核心的权利义务条款清晰明确即可。但如果是首次合作的主体，如果协议中没有通知条款，律师审阅时必须增加。这不仅是为了合同的形式完整性，更重要的是，后续双方如果合作不畅甚至出现争议时，任何一方发出通知和送达都是个重要事件。在没有通知条款的情况下，一旦没法联系对方，继续履行或解除合同就会陷入被动。

关于缔约背景，还包括与客户沟通了解前期双方商谈情况，协商缔约的时间跨度、难易程度。问这些有什么用呢？主要用于自行评估双方合同地位。虽然从原则上说，民事主体在民事活动中法律地位平等，但请注意法律地位平等不等于谈判地位平等。实务中，更多情形是签约双方有强有弱，当然这种强弱仅针对特定的交易场合，具有相对性，但正是这种区别于普遍原则的细微差别，构成了真实的商事活动图景。

试想一下，对做人脸识别智慧门店系统软件开发的客户而言，其所面对的客户，那些采购智慧门店系统定制软件的，大多是商业地产商、零售连锁品牌商，他们规模大、门店众，客户在与其商谈过程中，一般处于较为弱势的缔约地位。相应地，合同从权利义务、违约责任到争议解决，都会更倾向于保护采购方。律师当然需要提示出保护性条款的风险点，但了解缔约背景后，不适宜直接对看起来并不对等的权利义务作出实质修订，因为客户为了争取订单，往往是接受这些安排的。律师若本着公平、平等之原则，大刀阔斧地删改一番，不仅起不到合同审阅的作用，反而损害了双方的合意基础。更妥当的做法是，在向客户了解缔约背景后，充分提示风险，让客户评估时参考，采取一种"保守型"的审阅原则。相反，若你所代表的客户是处于强势地位的一方，则可以在合同中设置更多的保护和权益，审阅原则更"扩张型"一些。

二、你代表谁

这个问题有点意思。有人会说，律师当然知道自己的客户是谁，还用问代表谁吗？当然要问。不仅需要，需要的情形还挺多。有时候，我们面对的客户是集团公司或国有企业，他们体系内拥有众多子公司或关联企业，律师审阅的合同，不仅来自与律所签署服务合同的客户主体，还有很多关联企业的合同也一并列在律师工作范围中。于是，有时客户发来一个合同请律师审阅，打开一看，甲方乙方都没有客户的名称，你并不知道自己在其中代表哪一方，这一方和客户是什么关系。在这种情形下，一定要明确你代表谁。

此外，有时客户并不是你跟进的熟悉主体，合同来自合伙人或其他同事交办，这时也需要先明确你代表谁。合同审阅是一个有着强烈立场之别的工作，代表不同的主体，对同一条款的修改建议会不同甚至相反。在开始工作前，让我们先明确这一次代表谁。

三、要达到什么商业目的

商业目的，是合同审阅前第三个要问的问题。有时商业目的可以在了解缔约背景时一并询问，有时则需要单独再向客户确认。对于常见的有名合同（典型合同），如买卖合同、租赁合同、建设工程合同，商业目的大多是清晰明了的，从合同类型就能看出。但对于一些无名合同（非典型合同），如合作协议、出资协议，尤其需要明确客户的商业目的。

以合作协议为例，如果将合同审阅比作家常菜，合作协议就是其中的麻婆豆腐，好吃不好做。好吃是指客户特别喜欢谈件事就签个合作协议，八字没一撇也签个合作协议，合作协议被广泛运用在公司业务拓展中。不好做是指客户初步拟定的合作协议常常只有合作内容的寥寥数语，甚至连合作事项都没有表达清晰。律师不仅需要在字面上理清条款、修订补充，更要从整体上考虑通过现有条款双方合作目的能否实现；如果出现无法继续合作的情形，在协议框架内，能否让双方有妥善终止合作的途径，最大限度减少损失。这种整体层面的修订，关乎能否让一份协议真正发挥作用，背后倚赖的是律师对基于合同要实现的商业目的之把握。

再举一例：出资协议。出资协议和投资协议只一字之差，其实行为本质上都是向公司出资，取得公司股东身份的行为过程。实务中，投资协议主要用于公司融资阶段，如对天使轮、A轮或B轮融资时，投资者和创始股东以及目标公司共同签署。出资协议有所不同，它更多适用于公司设立阶段，由决定出资一起设立公司的出资人共同签署。

在审阅出资协议时，尤其要明确各出资人决定共同出资设立公司的目的所在，是开展某一项具体业务，还是仅仅作为一个平台。如果是前者，相关业务开展是否需要前置许可或特定资质证照，是否需要连同出资义务一并在协议中明确承担主体？如果是后者，平台需要投入资金的原因是什么？是否构成私募基金投资行为而需要向主管部门办理备案手续？出资中是否存在委托持股等代持安排？由此可见，了解商业目的不可或缺，它影响着合同具体条款的审阅走向。

第二节　修订前，理清合同的逻辑结构

了解了合同的缔约背景、你所代表的合同一方和商业目的后，可以把目光从文本背后回到合同文本上来。了解交易信息是前期工作的一个方面，另一方面是理清合同的逻辑结构。审阅工作的目标在于，审视核心交易信息是否能在现有合同逻辑框架内表达清晰，并得到充分保护。不同类型的合同虽然内容不一，但在逻辑结构上是相似的，一般由鉴于条款、商业条款和法律条款三部分组成。

接下来，以审阅股权投资协议为例，详述如何在修订前，理清合同的逻辑结构。

一、鉴于条款

鉴于条款是一份合同在签约主体之后最先列示的内容，作用在于阐明合同背景、合同目的或与缔约相关的重要事实基础，其内容大多源于前一节中对三个问题的了解。鉴于条款要表达的是那些无须作为实质条款，但又为实质条款的拟定不可或缺的内容，就像炒菜时先往锅里倒油一样。

（一）条款示例

以下是一份股权投资协议中的鉴于条款内容示例。

鉴于：

1. 本协议签署时，公司为有效存续的有限责任公司，其注册资本为人民币［　］万元，实收资本为人民币［　］万元；截至本协议签署日，公司股权结构如下：

	股东姓名/名称	认缴出资额（人民币万元）	实缴出资额（人民币万元）	股权比例
1				
2				
3				
4				
	合计			

2. 受限于本协议约定的条款和条件，公司拟增加注册资本人民币［　］万元（注册资本增加额），并由投资者以人民币［　］万元认购该等注册资本增加额（本次增资）；本次增资完成后，公司注册资本将变更为人民币［　］万元，投资者将持有公司增资后［　］%的股权（对应公司注册资本人民币［　］万元）。

3. 作为本次增资的条件，公司及创始股东同意以本协议约定的条款和条件，授予投资者下述权益：

（i）首次增资选择权（定义见本协议第［　］条第［　］项）；受限于本协议约定的条款和条件，投资者届时将凭借行使该项增资选择权，对公司进行增资，并额外取得公司增资后完全稀释基础上的不低于［　］%的公司股权，连同本次增资取得的［　］%的公司股权，届时投资者将持有公司增资后完全稀释基础上的不低于［　］%的公司股权；以及

（ii）二次增资选择权（定义见本协议第［　］条第［　］项）；受限于本协议约定的条款和条件，投资者届时将凭借行使该项增资选择权，再次对公司进行增资，并有权取得公司增资后完全稀释基础上的不低于［　］%的公司股权。

鉴于此，各方基于平等互利、诚实守信之原则，经友好协商一致就投资者投资公司相关事宜达成本协议，以资各方共同遵守。

（二）要点分析

这是一个股权投资的场合，交易目的很明确，就是投资者将以增资的形式对目标公司投资。故而目标公司现行股权结构、投资者本次投资金额、注册资本增加额作为本次交易的重要事实基础，置于鉴于条款中，这是一般性内容。

除此之外，本次交易有一个特殊安排，那就是投资者在本次增资之后，还有两次增资选择权，分别关联着不同的触发条件。条件成就之际，投资者拥有决定是否继续增资的选择权。该等安排并非股权投资的标准做法，一般在投资者比目标公司更为强势的情况下达成，它为投资者提前锁定了未来目标公司发展优异时，拥有继续增持的权利。于此，后续两次增资选择权是本次交易一个重要安排，需要在鉴于条款中列示清楚。

二、法律条款

法律条款相当于一份合同的骨骼,它搭建起合同的基本轮廓。法律条款具有较高的重复使用特征,换言之,它在合同中是"标配"。有的时候,客户发来的合同为什么让你觉得很糟糕,就是因为合同连基本法律条款都不具备。这是描述,不是指责,因为这正是律师工作的价值所在。青年律师在审阅合同时,可以多留意积累一些法律条款的标准写法,运用到不同合同的修订中。

下表总结了常见法律条款的参考写法。

表 10-1　常见法律条款表述示例

序号	法律条款	具体表述
1	保密条款	1.1 保密义务 在本协议存续期间以及解除或终止后[ ]年内,收到保密信息资料的一方(接受方)应: (1)保守保密信息资料的秘密; (2)除事先获得披露方的书面同意或根据本条约定的办理外,不得向任何人披露保密信息资料; (3)除使用保密信息资料以履行其在本协议或任何附属协议项下的义务外,不得为其他任何目的使用保密信息资料; (4)接受方可向其股东、董事、高级管理人员、专业顾问、合伙人、员工等(领受人员)披露保密信息资料,但该种披露仅限于为签署和履行本协议或任何附属协议合理需要而作出; (5)接受方应促使每一领受人员认识到及遵守接受方在本协议项下的全部保密义务,就如同领受人员是本协议的订约方一般。 上述保密义务适用于各方的关联方、董事、高级管理人员、员工和代理人。 1.2 例外情形 本协议第1.1条项下之保密义务不适用于下列情形: (1)在本协议签订当日或之后的任何时候并非因为接受方或任何领受人员违反本协议而为公众掌握的信息; (2)并非直接或间接地从披露方获得的且是接受方或领受人员以非保密形式从披露方以外其他来源获得的信息,但该等来源须未向披露方承担任何保密义务; (3)适用的中国法律或其他法域的法律要求披露的信息;

续表

序号	法律条款	具体表述
1	保密条款	（4）有管辖权的行政、立法、司法机关或机构，证券交易所或其他有权机构或组织要求披露的信息。
2	通知条款	本协议项下的所有通知或其他沟通应采用书面方式，并应送达或发送至下列联系地址或传真号码。任何一方有权在提前 7 日向其他各方送达书面通知的前提下，更换通信地址或传真号码。 至甲方： 通信地址：[ ]传真号码：[ ]收件人：[ ] 至乙方： 通信地址：[ ]传真号码：[ ]收件人：[ ] 所有该等通知及通信与传真被发送至指定传真号码的下一工作日视为生效日，并以发送的传真机上传真确认报告为准。发出传真的同日内，通知发送方应将同一书面通知通过公认的隔日送达快递公司送至通知接受方的上述通信地址。
3	解除条款	若存在下述情形之一时，本协议可以被解除： （1）各方一致书面同意解除本协议； （2）在投资者已向公司缴付投资者出资款的前提下，若公司未能按本协议第［ ］条之约定按时完成登记备案手续，则投资者可以据此解除本协议；为免生疑问，公司、创始股东不能据此解除本协议； （3）若公司和/或创始股东违反或未能实现其在本协议第［ ］条和第［ ］条所作之承诺事项，给公司或投资者造成重大不利影响，则投资者可以据此解除本协议；为免生疑问，公司、创始股东不能据此解除本协议； （4）若公司和/或创始股东在本协议第［ ］章所作之任一款陈述与保证被证明为虚假、在重大方面不准确或有重大遗漏，给公司或投资者造成重大不利影响，则投资者可以据此解除本协议；为免生疑问，公司、创始股东不能据此解除本协议； （5）如果公司连续［ ］年未能召开任何股东会会议，并且公司经营管理存在巨大困难，则投资者可以据此解除本协议；为免生疑问，公司、创始股东不能据此解除本协议； （6）如任何一方（未履约方）未履行或未适当履行本协议项下的其他义务并且在其他各方（守约方）发出要求未履约方履行义务的书面通知后 30 日内仍未履行或未适当履行义务或者未完成补救措施，则任一守约方可以据此解除本协议； （7）如果公司经营期限届满而未进行延长； （8）如果公司被依法解散或其企业法人营业执照被依法吊销； （9）公司发生本协议第［ ］条所述之任一视为清算事件。

续表

序号	法律条款	具体表述
4	违约责任	构成违约的每一方（违约方）同意对守约的其他各方（守约方）因违约方对本协议任何条款的违反而发生或可能发生的一切实际损害、损失及费用（包括但不限于合理的法律费用）进行赔偿。 此种赔偿不应对守约方根据适用法律赋予的或各方间其他任何合同或协议约定的其他权利和救济造成影响。守约方因该违约而享有的权利和救济应在本协议解除、终止或履行完毕后继续有效。
5	不可抗力	5.1 合同任何一方由于受包括但不限于战争、骚乱、瘟疫、火灾、洪水、台风、地震等不可抗力事件的影响而不能履行合同时，履行合同的期限应予以延长，延长的期限应相当于前述事件所影响的时间。前述不可抗力事件是指双方在缔结本合同时所不能预见且其发生及其后果是无法避免和无法克服的事件。 5.2 遭受不可抗力一方应在不可抗力事件发生当日即以书面形式通知另一方，并于事件发生之日起14日内将有关部门出具的证明文件、详细情况报告以及不可抗力对履行合同影响程度的说明提交另一方。 5.3 发生不可抗力时，任何一方均不对因不可抗力无法履行或延迟履行本合同义务而使另一方蒙受损失承担责任，但遭受不可抗力一方有责任尽可能及时采取适当或必要措施减少或消除不可抗力之影响。遭受不可抗力的一方对因未尽本项义务而对另一方造成的损失承担赔偿责任。
6	适用法律	本协议的订立、效力、解释、履行、变更、解除、终止以及与本协议有关的一切争议的解决均应受中国法律的管辖，并据其进行解释。 本协议生效后，如果由于中国颁布任何新的适用法律或对任何现行的适用法律进行修正或解释，而对任何一方的经济利益造成重大不利影响时，各方应立即互相协商并尽其最大努力进行任何必要调整，以使各方从本协议中获得的经济利益不低于法律变更发生前该方将获得的经济利益之水准。
7	争议解决	因签订或履行本协议引起的或与本协议有关的任何争议，各方应通过友好协商予以解决；若协商仍不能解决，则任何一方均有权向［甲方/乙方］所在地人民法院提起诉讼。 在协商和争议解决期间，除争议事项外，各方应继续不中断地履行本协议；各方应在合理范围内，尽其最大努力避免对项目产生重大不利影响。
8	可分割性	如果本协议中的任何约定由于任何原因在任何方面全部或部分成为无效、非法或不可强制执行，本协议中其余规定的有效性、合法性和可强制执行性不应以任何方式受影响或被削弱。
9	不可转让	除非本协议另有规定，未经其他方事先书面同意，任何一方不得向第三方转让其在本协议项下的权利和义务。

续表

序号	法律条款	具体表述
10	生效和签署	本协议由各方授权代表签字以及加盖公章之日起生效。本协议以中文书就，共签署[ ]份原件，各方各执[ ]份原件，各份均具有同等法律效力。

还有一些较为"小众"的法律条款，上镜率没那么高，如反腐败条款、反洗钱条款、弃权条款等。可以在业务实践中留心积累，多整理一些同类条款的不同写法，从而让审阅修订合同的"弹药库"丰富起来。

三、商业条款

商业条款是一份协议的肌肉和面容，在法律条款搭建的骨骼中，是商业安排让协议充满个性，鲜活起来。不同于法律条款的标配，商业条款几乎无法直接套用。哪怕属于同一交易类型，它都是使用合同模板时最需要一事一议、慎重考虑的部分。并且，对商业条款的把握和修订，大多以客户意见为主导。

（一）条款示例

以下是私募基金业务中，双方拟以双 GP 模式合作设立合伙制基金的合作协议商业条款内容示例。

表 10-2　商业条款示例

序号	商业条款	具体表述
1	基金概况	1.1 基金名称：[ ]基金（以市场监管机构核名为准，以下简称"[ ]基金"）。 1.2 基金类型：双 GP 有限合伙制基金。 1.3 基金管理人：[ ]（以下简称"管理人"） 1.4 基金规模：不超过人民币[ ]万元，分[ ]期；具体为： （1）第一期人民币[ ]万元，由[ ]、[ ]各认缴人民币[ ]万元； （2）第二期不超过人民币[ ]万元，由[ ]作为私募基金管理人向合格投资者募集； 1.5 存续期限：[ ]+[ ]年，[ ]年为投资期，[ ]年为退出期。管理人有权根据基金运行情况，决定延长续期或提前终止。

续表

序号	商业条款	具体表述
2	基金组织架构	2.1 执行事务合伙人：［ ］ 2.2 执行事务合伙人委派代表：［ ］ 2.3 普通合伙人：［ ］、［ ］ 2.4 有限合伙人：符合合格投资者要求的机构投资者和个人投资者 2.5 基金拟设交易结构如下：［ ］
3	基金投资方向	基金专注于［ ］阶段投资，重点投资于［ ］领域。
4	投资决策委员会	4.1 基金设置投资决策委员会，成员［ ］名，其中［ ］指派［ ］名，［ ］指派［ ］名。 4.2 投资决策采取投委会投票制，投委会决策须全体投委会委员三分之二多数通过方为有效。
5	管理费和收益分配	5.1 作为普通合伙人提供投资业务管理及相关服务的对价，基金在其存续期间向普通合伙人［ ］支付管理费，有限合伙人每年应承担的管理费为其认缴出资额的2%，按年提取。 5.2 双方同意，上述管理费的分配方式为［ ］。 5.3 后端收益按照基金的年化净收益分级提取，具体如下： 基金年化收益≤［ ］%，不提取后端收益分配； ［ ］%＜基金年化收益≤［ ］%，计提后端收益的［ ］%； ［ ］%＜基金年化收益≤［ ］%，计提后端收益的［ ］%； 基金年化收益＞［ ］%，计提后端收益的［ ］%。 5.4 后端收益按上述方式提取后，由双方共同分配，分配比例为［ ］%：［ ］%。
6	退出机制	6.1 通过股权投资将已投资的单体项目经过一定期限的运营，项目成长后获得其直接收益；也可通过与上市公司换股、新三板挂牌、IPO、并购等方式获得收益。 6.2 基金所投项目优先考虑并购退出，也可以遵循收益最大化原则，根据条件通过出售给其他产业集团或上市公司、新三板挂牌等方式实现退出。

从上述示例可以看出，商业条款和整个项目或交易安排息息相关。它呈现的，是一个项目中如资金来源、金额、支付、利益分配和退出等实质权利义务

的划分。这就是商业条款大多由客户来谈，并且在修订时以客户意见为主导的原因。

需要说明的是，并不是所有合同都严格按照鉴于条款、法律条款和商业条款来搭建。很多日常业务中的"小微合同"，如简单的货物销售、授权委托、物业租赁等，并没有这样完整的合同框架。框架只是我们将实务理论化的一种学习方式，不宜用理论框架去套用和剪裁现实。有时候，律师对所谓"大项目"的交易合同看多了，处理"小项目"的日常合同，反倒无从下手，觉得满纸都是漏洞，每一个条款都不严谨，修改一个路灯维修合同，也要问问客户商业目的是什么。这是种病，俗称"不接地气"，药方就四个字——过犹不及。

第三节 修订时，如何分别对待

这一节，我们进入对合同条款着手修订。此时，你需要分情况对待——区分应当修改、可以修改和别乱修改的情形。

一、哪些情况，应当修改

面对一份不完善的合同，青年律师会有逐字逐句修改的冲动。逐字逐句审阅是必要的，但并不是所有不完善都需要修改。其中，律师应当首先处理合同中必须修改的内容。哪些是合同审阅中必须修改的呢？主要有以下三种。

（一）必备条款缺失

必备条款缺失是在合同审阅中经常遇到的情形。比如，整份协议从头至尾，没有违约责任条款，没有解除合同条款，或没有争议解决条款。客户在草拟合同时，通常只想到眼前的事，比如搞好合作、成功销售或开发完成等，他们会将这些内容表达清楚。但客户很少去考虑如果合作不成、销售不当或开发失败，这些情形该怎么办。律师思维的特点之一在于，不仅考虑眼前的事，更考虑在此之后，尤其是出现糟糕情形时双方如何处理。普通人很难形成或接受这种还在情投意合之际就考虑定分止争的脑回路。但作为律师，你需要有这个思维。

（二）条款约定不明或前后矛盾

合同语言需要清晰、准确。如果存在约定不明的情形，会使合同履行不便，甚至产生争议。尽管语言无法穷尽一切，但在合同中要尽量使约定不明的条款表述清晰。以下举例说明（见表10-3）。

合同背景：

甲方是一家注册于英格兰的足球俱乐部运营公司（以下简称"俱乐部"），同意参与中国某足球真人秀电视节目录制；乙方是一家注册于中国上海的体育文化传播公司（以下简称"制片商"），作为制片商投资并制作该档足球真人秀电视节目，此节目将在某地方卫视播出。双方拟就节目录制事宜签署《电视节目合作协议》（以下简称《合作协议》）。律师代表制片商一方审阅《合作协议》。

表10-3 合同条款修改示例之一

序号	原条款	修订后条款
1	俱乐部应在本协议签订后向制片商提供球星的签名照片，用于节目线上线下推广以及对中国观众的奖励。	俱乐部应在本协议**签订之日起**[15]**个工作日内**向制片商**无偿提供**[100]张球星（**球星为：**[ ]）的签名照片，用于节目线上线下推广以及对中国观众的奖励。
2	在以下情况，俱乐部有权通过向制片商发出书面通知的方式随时立即终止本协议： 俱乐部怀疑因制片商（或其股东、关联公司、董事、高管或员工）的任何行为或疏忽而导致俱乐部的形象或声誉受到了或可能会受到（如果此类行为或疏忽反复发生）负面影响；或制片商的控制权发生了变化。	在以下情况，俱乐部有权通过向制片商发出书面通知的方式随时立即终止本协议： 俱乐部**有充足证据证实**制片商（或其股东、关联公司、董事、高管或员工）的任何行为或疏忽而导致俱乐部的形象或声誉受到了或可能会受到（如果此类行为或疏忽反复发生）负面影响；或制片商的控制权发生了变化**导致无法继续履行本合约**。

对于序号1，原条款约定了俱乐部有向制片商提供球星签名照的义务。该等约定不明确的地方表现在：

- 未约定提供时间；
- 未约定提供数量；
- 未约定具体是哪位球星或俱乐部任何一位均可；
- 未约定有偿还是无偿。

于此，该条款内容在履行中存在多处细节双方可能理解不一致，进而影响履行效率甚至产生争议。律师审阅合同时，对该等约定不明之处应补充完善，将提供时间、数量、具体标的以及有偿或无偿进一步明确。

对于序号 2，原条款约定了俱乐部有权单方解除合同的两种情形。该等约定不明确的地方在于"怀疑"在实际履约中难以具体认定，并且存在较大的主观臆断空间，进而给俱乐部擅自解除合约留下口径，会极大影响制片商对合同履行的预期。此外，制片商控制权发生变更也是俱乐部单方解约情形之一，但控制权变更属于制片商公司治理的内部事宜，只要该等变更不对合同履行产生实质影响，就不应该随意解除。据此，律师在审阅合同时，应将条款中存在较大主观认定空间的，或可以通过程度限制给予客户进一步保护的，修改补充到位。

不同于条款约定不明，条款前后矛盾多出现在跨条款审阅时。这需要律师把目光放在整个协议中来回往返，才能发现跨越四五页后和第一页存在矛盾的内容。

二、哪些情况，可以修改

仍然是前述俱乐部和制片商的《合作协议》，请对比如下两个条款的修订：

表 10-4　合同条款修改示例之二

序号	原条款	修订后条款
1	制片商应当按照本协议第 2.9 条约定的录制时间安排进行节目录制，不得擅自更改或调整。	制片商应当按照本协议第 2.9 条约定的录制时间安排进行节目录制，不得擅自更改或调整。**如遇恶劣天气、自然灾害、中国政府部门举办大型活动等必须暂停节目录制，制片商有权根据情况调整录制时间并书面通知俱乐部，俱乐部应尽力配合时间调整。**

续表

序号	原条款	修订后条款
2	双方同意，节目拍摄期间每天最高拍摄时间不多于10个小时（包含化妆、用餐、短暂休息）。	双方同意，节目拍摄期间每天最高拍摄时间不多于10个小时（包含化妆、用餐、短暂休息）。**由于真人秀节目录制的特殊性，录制节目期间可能出现未写在台本中的突发内容或夜间拍摄部分。对此，俱乐部应尽力积极配合，保证录制顺利完成。**

上述内容不属于必备条款缺失，对权利义务约定也基本清楚，乍一看，不存在律师需要修改的地方。但若仔细琢磨，你会发现条款稍微有些考虑不周。这种"不周"，体现在没有考虑到某些突发情形或某类活动的特殊性。就录制电视节目而言，尽管制片商有录制时间安排，但户外节目的录制会受到很多因素限制。在我们这种自然灾害和政府活动较为频繁的国家尤为如此。来个台风、暴雨、某某高峰论坛，节目录制很有可能受到影响。为了进一步保障制片商的权益，律师可以将这些例外情形补充进去。

综上，可以修改的情形，大多针对条款内容的进一步细化，或者对例外情形的明确。这种修改是无法穷尽的，不同律师对条款内容的周全程度把握不一。这需要你对合同履行的实践环境有充分的了解，才能提前预知哪些是很有可能发生但目前缺乏约定的内容。

法律不是僵死的条文，合同亦不是生硬的条款，它们无时无刻不在体现对现实的关照和理解。

三、哪些情况，别乱修改

最后一种情形，是律师不能擅自修改的内容。有时我们会看到合同中某项约定清晰明确，但是对客户明显不利，有些显失公平的意味。尤其是在双方谈判地位极不对等的情况下，你审阅的很有可能是一纸不平等合约。作为律师，你不能贸然修改这些内容，因为你并不了解客户对这些内容的接受程度如何。但你应当将其批注出来，明确告知客户条款的风险点以及修改建议。

表 10-5　合同条款修改示例之三

序号	原条款	律师批注
1	倘若出于任何原因，俱乐部未能按照附录1所载规定准确交付全部需要俱乐部作出的投入和贡献，俱乐部可使用类似性质的替代要素代替没有交付的投入或贡献，而不会受到任何追责或惩罚。	俱乐部未能依约交付全部需要其作出的投入和贡献，本质上属于违约行为。原条款对俱乐部违约行为的豁免，不仅有失公允，也加大了制片商履行本合同的法律风险，建议协商修改。 修改建议为：俱乐部应严格履行本协议及附录1所载规定之义务。如因任何原因未能按照本协议和附录1所载规定准确交付全部需要俱乐部作出的投入和贡献，俱乐部应当提前获得制片商书面许可，方可以类似性质的替代要素代替没有交付的相关投入或贡献，否则视为俱乐部违约，应对此承担违约责任。
2	因本协议引起或与本协议有关的任何事宜应受英国法律的管控并根据英国法律进行解释。 因本协议引起或与本协议有关的任何争议，双方应友好协商解决。如果自争议发生之日起30日内未能协商解决，则任何一方均可请求对该争议提起仲裁，并根据国际商会（ICC）仲裁规则进行仲裁解决。同时： （1）指定仲裁的机构为协议双方。如果未能在任何一方提起仲裁后30日内就仲裁人达成一致，则该未决任命应根据ICC仲裁规则中关于解决仲裁人任命的规定予以解决； （2）仲裁人的人数应为一人； （3）仲裁地应为英国伦敦； （4）仲裁程序中使用的语言应为英语。	争议解决选择国际商会（ICC）在英国伦敦仲裁解决，对制片商而言，存在较高成本。从通知条款可知，俱乐部在中国设有董事总经理，并且在上海有收件地址，建议将合同适用法律选择为中国法律，仲裁地点选择在中国上海，避免处理争议解决产生过高成本。 同时，考虑到上述调整与对方商谈的难度，如果沟通失败，可以考虑将中国香港地区作为备选地，即选择适用中国香港地区法律，并选择中国香港作为仲裁地。

不难看出，对于别乱修改的情形，一般是对客户明显不利，但客户需要和对方充分协商后才可确定的内容。这种情形下，妥当的做法是使用批注，在批注中阐述对条款的分析和修改建议，而非直接在条款上进行修订。

第四节　审阅后，注意几个细节

完成整份合同的条款修订后，合同审阅的主体工作就完成了。但还有如下细节，是审阅工作完成后需要注意的。

一、修订模式和清洁模式

律师对合同的审阅修订，建立在使用文档的修订模式上。修订模式的好处很明显，可以让下一位阅读者清晰地看到修改痕迹。实务中，任何一份合同的签署，都伴随着多轮沟通过程。合同参与方简单的，一般由甲、乙双方及其律师互相提供审阅意见；参与方复杂的，如项目融资协议，多方主体参与其中，各方又有各自的律师顾问，意见来源复杂。如果不使用修订模式，很难让人清晰了解各方态度和意见，以及整个项目沟通推进的过程。因此，当你审阅合同时，无论是简单的还是复杂的，一定记得使用修订模式，并注意将 Word 中的用户名设置为带有你姓名和律所的标识，方便他人查阅修订时，可以看到提供修改意见的主体。

清洁模式一般在即将定稿时使用。合同经历了反复沟通和多次修订，在分歧基本消除后，当你发出即将定稿的文本时，除了提供修订模式版本，还要附加一个清洁模式版本。修订版供客户或对方确认修改之处，清洁版则供校对、定稿或安排签署。

有的律师觉得同一文件发送多个版本太麻烦，清洁版也就是一键点击的事——接受所有修订后另存个文件即可，律师没必要搞那么复杂。据我观察，无论客户还是合作方，都会对同时提供两种模式的律师更有信任感。原因很简单，人的本性都是懒的，能少按一个键，绝不多点那一下。职场中亦如此，能将细节体验做到位的人，往往会给别人更多信任感。

二、审视修改的可履行性

合同修改完成后，不要急于立刻发出，哪怕客户可能已经百般催促。你需要留出一点点时间，回过头去重新看自己修改过的内容。这不是浪费时间，反而是最值得花费的时间。

修改合同时，我们容易专注于字里行间的推敲，而忽视修改的可履行性、合同整体的一致性。尤其当合同篇幅较长，多达几十页甚至上百页时，你的修改可能是分阶段完成的。在不同时间段，人的思考方式、表达方式会有所不同，这就需要在修改完成后整体再看一至两遍。一方面，确认修改的前后一致性；另一方面，确认修改的可履行性。

什么叫"可履行性"？在合同履行的原则中，有诚实信用原则、平等原则、情事变更原则等，而最基础的是——适当履行原则。适当履行强调当事人按照合同约定的标的、质量和数量，由适当的主体在适当的履行期限、履行地点，以适当的履行方式，全面完成合同义务。"履行"对合同的重要性可见一斑。正如崔建远老师讲道：

> **合同的履行不仅是合同的法律效力的主要内容，而且是整个合同法的核心。**[1]

律师在修订合同后，必须回头打量自己作出的修改，不仅从当事人的立场打量是否充分保护了客户的权益，更要从适当履行的立场审视是否有利于合同的履行。比如，你是否因为过分强调对客户的保护，使得为对方设置的义务难以履行，或者设置的违约责任不切实际。对客户而言，他需要的不是一份经过"完美"修改以至于难以履行的合同，而是一份权责适当具有可履行性的协议。

---

[1] 崔建远主编：《合同法》（第五版），法律出版社2010年版，第126页。

三、这是第八个版本，请标注清楚

最后一个，是合同的版本问题。在沟通合同修改过程中，我们经常遇到发错版本的问题。明明已改到第三版发回给客户确认了，但客户反馈回来的，还是在第二版上内容的修改。团队律师间的沟通也有这种情况。这不是知识的问题，是工作习惯的问题。虽然不是什么严重的错误，但极度影响工作效率。青年律师除了思维和技能，也要重视培养良好的工作习惯。从你修订合同第一版时起，就应当按照适当的命名规则把文件命名清楚。就工作文件的命名，以下命名规则可以参考：

文件名称—版本—日期—律所名称或完成者—修订或清洁

文件的基本信息从名称中一目了然。标注清楚合同版本，不仅是为了避免发送错误，还有助于相关方知晓整个合同的磋商和修改过程。文件调整有个黑暗定律叫作七稿八稿，回到初稿。倘若你的文件夹永远只有当下修改完的这一版，那么你既不知道这份协议所承载的交易如何一路走来，也无法在最短的时间内让它回到过去。标注清楚合同版本，你可以从这样微小的工作习惯中收获效率的实质提升。

第十一章

合同起草：这是件大事

契约系特定人为规律彼此间权利义务关系，在法律允许范围内所创设之规范。契约系属一种法律上特别结合关系，其结合程度因契约类型而异。在买卖契约（尤其是现实买卖），当事人所负之义务，或为价金之支付，或为标的物所有权之移转，其结合关系较为单纯；反之，在雇佣契约等继续性契约，当事人所负之义务，例如劳务之提供或忠实、照顾义务，兼具属人性及继续性两种特质，其结合关系较为密切。

基于契约关系，债务人负有给付义务。给付除作为外，尚包括不作为，如夜间不弹奏钢琴。债务人给付不能，给付迟延，或不完全给付时，应依债务不履行之规定，就债权人所受之损害，负赔偿责任。

然而，在债之关系上，除给付义务外，基于诚实信用原则，在当事人间尚发生保护、照顾、通知、忠实及协力等义务。此等义务并非自始确定，而是在契约发展过程中，依事态情况而有不同，故在学说上又称为"附随义务"（Nebenpflicht）或"其他行为义务"（Weitere Verhaltenspflicht）。附随义务之主要功能，在于保障债权的实现，并使债权人之人身或其他法益，不致因债务人之行为而遭受损害。故债务人违反附随义务，致债权人受有损害，构成加害给付者，应负赔偿责任。

——王泽鉴[①]

[①] 王泽鉴著：《民法学说与判例研究·第二册》，中国政法大学出版社 2005 年版，第 28～29 页。

第一节　新建文档前，要做这三个准备

如王泽鉴先生所讲，合同的存在，是为了使特定主体之间的权利义务关系有序，故而在法律允许之范围为双（各）方创设行为规范。合同在汉语中又称"协议""契约"。"契"这个字很有意思，它是形声字，右上方是刀形，左边的丰（jie）为草芥，表示用刀除掉野草的意思，它还形象地反映了上古时代结绳记事之外的另一种记事方法——契刻记事。所以，从词源上，"契"有一种刻下作为互相约束之证据的含义，如"地契""房契"。

无论称之契约、协议还是合同，其间的"契刻""协商"与"合意"之名，都蕴含了民事主体之间平等协商，创设规范并互相约束之意。

不同于合同审阅，各方已为相互之间的权利义务安排画好蓝图，律师审视修改即可；合同起草需要从无到有，为各方创设交易行为规范，兹事体大。作为青年律师，当你收到起草合同的任务时，一方面说明你的专业度获得基本认可，否则难以承担"创设交易条款"之重任；另一方面，你更需要慎思明辨如何为各方安排清晰明确的权利义务。俗语有言：磨刀不误砍柴工。在你新建文档之前，要做些准备。

一、了解交易背景

交易背景的重要性，如何强调都不为过，尤其在起草合同时。很多律师会有这样的感受，给出一份合同模板很容易，但要结合客户情况或交易背景拟定一份合同，却不是件容易的事。其中需要付出的，绝不只是往合同模板的空白处做几道填空题这么简单。好的律师就像一位手艺精湛的裁缝，量体裁衣，讲究衣服与人的熨帖程度，正如协议与项目的匹配程度。如何做到熨帖和匹配，尽可能多了解交易背景是不二法则。

交易背景是个高频词汇，或许你听起来熟悉，在实务中却无从把握。我始

终觉得，要把道理、原则赋予可操作性，思考如何在实践中通过具体行为来验证或执行。对于交易背景的探查，可以借鉴新闻的"6W"叙事法来操作。新闻叙事时，有六个基本要素，即谁（Who）、何时（When）、何地（Where）、何事（What）、为何（Why）、结果/方式如何（How）。

通过这六个要素，可以迅速把握一个事件或一篇文章的主体内容，筛选有效信息。交易背景结合"6W"基本要素，具体化为六个关注点，即交易主体、交易时间、交易地点、交易标的、交易目的、交易结果或方式，如图11-1所示。

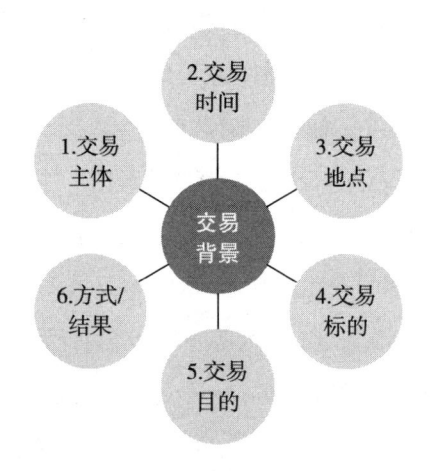

图 11-1 交易背景的六个关注点

通过上述关注点，便将交易背景拆解为需要你去探查、询问、沟通确认的问题。每一个关注点，在实践中又可以衍生出不同的子问题。比如，明确交易双方后，进一步确认自己代表哪一方主体；知晓项目预期的交易时间后，询问有无过程控制表或时间计划表；了解交易地点后，意识到对于拟议交易，可能会有地方性法规对项目产生影响并安排研究。当然，很多项目是在充满不确定性中推进的，无法在草拟协议这一刻，将"6W"回答完整。这完全正常，且很常见。客户在对项目一无所知，尚无任何定论的情况下，就要求律师先起草协议的情形，不是没有遇到过。但无论如何，要对交易背景保持五星关注度，尽可能多地获取信息。律师询问和确认的过程，也能帮助客户明确交易细节，将项目往前推进。

二、确定合同类型

大致了解交易概况后，需要考虑项目适用的合同类型。我们从合同名称和必备条款两个维度分析。

（一）合同名称

你可以从名称开始，先考虑需要起草的是有名合同还是无名合同。《民法典》合同编第二分编"典型公司"明确规定了19类有名合同。[1] 若需要草拟的属于有名合同，则合同必备条款和权利义务安排遵照《民法典》合同编的规定，较为清晰。若需要草拟的属于无名合同，根据《民法典》第467条，无名合同可以适用《民法典》合同编通则之规定，并可参照分则或其他法律最相类似的规定。[2]

除了以有名、无名的分类确认合同类型，还可以通过非诉业务中常见的交易场景来确认。比如，股权投资项目，所需的交易合同要么是增资协议，要么是股权转让协议；并购项目，常见的交易合同有股权转让协议和资产转让协议，分别对应股权并购和资产并购两种交易方式。这类合同在《民法典》等现行法律法规中没有太多明确规定，主要还是依靠商业实践确认的交易规则，以及欧美尤其是美国对协议的成熟安排作为参考范例。

（二）必备条款

名称确定后，合同的指向性便明确了。接着需要考虑合同的必备条款，它是一份协议的"主心骨"。《民法典》第470条提供了合同常见必备条款如下：

---

[1] 《民法典》合同编第二分编"典型合同"规定的19类有名合同分别为：买卖合同，供用电、水、气、热力合同，赠与合同，借款合同，保证合同，租赁合同，融资租赁合同，保理合同，承揽合同，建设工程合同，运输合同，技术合同，保管合同，仓储合同，委托合同，物业服务合同，行纪合同，中介合同，合伙合同。

[2] 《民法典》第467条第1款：本法或者其他法律没有明文规定的合同，适用本编通则的规定，并可以参照适用本编或者其他法律最相类似合同的规定。

（1）当事人的姓名或者名称和住所；

（2）标的；

（3）数量；

（4）质量；

（5）价款或者报酬；

（6）履行期限、地点和方式；

（7）违约责任；

（8）解决争议的方法。

需要说明的是，上述规范是任意性而非强制性的。实践中，不同合同类型必备条款也有所不同，交易各方完全可以依据项目实际来增减删改。但律师应当对必备条款的大类心里"门儿清"，否则很有可能犯下复杂条款写好了却遗漏了必备条款的笑话。我曾看过一份设计复杂的股权转让协议，以股权转让的名义意欲取得出让方名下的土地。协议大约80页，全文看下来没有违约责任条款。违约责任和争议解决，在合同较长的情况下，很容易被客户忽视。因为人们在合作初期处于"蜜月期"，不习惯也不乐意去想此后可能出现的纠纷和僵局。律师草拟协议时，更应留意在必备条款中，除了标的、数量、质量等与项目有关的条款要完整，违约责任和争议解决也应设置妥当。

三、明确客户需求

有的律师认为，客户需求就是交易目的，其实不然，两者之间存在微妙的差别。通过了解交易背景，你可能已经获知客户的交易目的。但是，客户对项目的某些需求，有时并不包含在交易目的中。比如，在股权投资项目中，律师需要起草投资框架协议（Term Sheet）。客户的交易目的非常清晰，就是投资于目标公司股权。但是，在股权投资的过程中，从各方签署投资框架协议，到签署正式投资协议和股权交割，对投资机构而言，其间还有较长的流程，包括尽职调查、投资决策等。为了保证项目能顺利投成，有的投资机构会对目标公司有排他的要求，即在签署投资框架协议之后一定期间内，目标公司暂时不能接触其他潜在投资人，确保双方商谈的"专一"。假如你代表投资机构一方，除了了解客户的交易目的，还需要进一步确认，在达成这个目的的过程中客户有无特别的需求。比如，是否要求排他的磋商，是否需要在投资之后的某个时间点继续增持目标公司股权，进而考虑是否需要在投资框架协议中设置排他期条款[①]或者再次增资选择权。[②]

由此可见，交易目的是客户希望直接达成的目标；而客户需求，则是为了确保目标达成，客户某些倾向性的权利要求或诉求。这需要律师评估客户需求的合规性和可履行性，并在起草合同时将其转化为明确的权利义务条款。

第二节　起草合同时，应该从第一条写起吗

完成了前述准备工作后，需要起草的合同已轮廓渐显，可以进入具体条款的写作。不同于阅读合同从头至尾的顺序，起草合同从第一条开始写起，并不是一个值得推荐的方法。起草是一个创造过程，讲究先构建主体，再完善整体框架和细节，给合同添加必要的"轻奢软装"。对一份合同而言，主体就是它的核心条款。以下以起草股权转让协议为例，详述起草合同的步骤和方法。[③]放弃"从第一条起"的执念，我们从起草核心条款开始，其后完善整体框架。

[①] 排他期条款示例：公司应于本投资意向条款签订之日起60日内排他地与投资者洽谈合作。在该等期间内，未获得投资者事先书面许可，公司不得吸引任何其他方的投资意向或接受任何其他方的询问或洽谈要约，或向任何其他方提供公司信息。

[②] 再次增资选择权在本书第十章第二节"修订前，理清合同的逻辑结构"鉴于条款部分有示例，不再赘述。

[③] 股权转让协议是非诉业务中出现频率很高的合同类型。公司发展过程中，原股东退出、融资、股权激励、并购或被并购，都需要通过股权转让协议完成。可以说，股权无小事。股权转让协议的复杂程度也根据转让情形、交易背景而有所不同。简单的，如各地市场监管部门提供的股权转让协议模板，三两页纸的内容，用于办理股权变更登记；复杂的，如并购项目使用的股权转让协议，除却正文，附件还有七八个，对整个并购作了详细约定。本节即以某并购项目股权转让协议为例。

一、如何起草核心条款

以并购项目的股权转让为例,核心条款一般为五个方面:标的公司、标的股权、成交条件、成交日和转让价款。这五项内容系并购项目无论简单或复杂,都会具备的交易要素。就该等核心条款,参考表述和起草要点分别如下。

核心条款一:标的公司概况

表 11-1 股权转让协议核心条款之一

参考条款	起草要点
卖方向买方披露标的公司基本情况如下: (a)标的公司注册号:[ ](标的公司《企业法人营业执照》详见本协议附件1),注册地址:[ ],法定代表人:[ ],经营范围:[ ],经营期限:[ ]。 (b)标的公司注册资本:[ ](实缴[ ]),出资形式:货币[ ],实物、土地使用权折合[ ]元。 (c)标的公司股权结构:[ ]。 (d)截至评估基准日,标的公司已签署但未履行完毕的重大合同详见本协议附件2说明。 (e)截至评估基准日,标的公司资产情况详见本协议附件3所列之标的公司《资产明细表》。 (f)截至评估基准日,标的公司债务总额详见本协议附件4所列之标的公司《负债明细表》。 (g)截至评估基准日,标的公司员工在职人数及情况详见附件5《员工情况表》。 (h)截至评估基准日,标的公司不存在未披露的任何已决但尚未履行完毕的判决、裁定、裁决或行政处罚决定,亦不存在任何未决的或潜在诉讼、仲裁或其他行政程序,且未卷入任何其他纠纷或争议。如有,则因此给标的公司造成的损失由卖方承担,且买方可在应付未付卖方的交易价款中先行扣减。	标的公司基本信息不能仅凭卖方披露,也需要买方律师独立尽职调查。 标的公司的资产负债、重大合同、员工和重大诉讼是关注核心,律师应将尽调核查后的情况草拟进标的公司基本情况条款或协议附件中,作为股权转让交易的基础信息。 对于写进协议中的资产明细和负债明细,优先选择会计师或评估师审核验证过的数据;如果未进行审计或评估,仅仅是标的公司自行披露,则需要公司再出具相关确认函后才可写进转让协议中。

核心条款二：标的股权及对应权益

表11-2 股权转让协议核心条款之二

参考条款	起草要点
2.1 卖方同意根据本协议将其持有的标的公司100%股权及相应的股东权益转让给买方；买方同意根据本协议受让标的股权，在完成本次股权转让后，买方将成为标的公司的股东，持股比例为100%；卖方原在标的公司所享有的权利和承担的义务在标的股权转让完成后由买方享有和承担。 2.2 双方同意，在卖方向买方转让标的股权的过程中，与标的股权所对应的标的公司的资产及权益包括： （1）标的公司100%股权及相应的股东权益； （2）已取得的和即将取得的与标的公司有关的及与标的公司名下资产有关的各项批文、证照、规划文件等各种文件、资料； （3）标的公司全部印鉴（现任法定代表人印鉴除外）、证照、文件、账号、财会资料、原始凭证、发票及其他各项资料文件等； （4）标的公司一切其他有形或无形资产，包括但不限于土地、房产、货币资金、矿产资源、固定资产、应收款和库存原料等； （5）标的公司资产中附着的相关知识产权。 2.3 标的公司及标的股权的评估结果详见本协议附件6《[ ]公司股东全部权益资产评估报告》（文号：[ ]）。	● 首先，要在转让协议中明确标的股权的评估价值（如有评估报告）。 ● 其次，起草转让协议时应当细化标的股权的对应权益。常规对应权益为股东权利、资质证照、资料文件、有形或无形资产。律师需要结合标的公司情况逐项列举，避免遗漏重要权益。 ● 最后，应当确认标的股权项下是否所有权益都随之转让，有无卖方需要保留的权益。[①] 比如，卖方授予公司无偿使用的商标、专利等知识产权，随着股权转让，标的公司是否仍然可以继续无偿使用；再如，标的公司存在交易性金融资产或矿产资源，需要在转让协议中明确该等资产的处置方式，是随股权一并转让，还是由卖方保留，双方在交易价款上做商谈。

---

① 卖方保留权益的示例，请参阅本章第三节内容。

核心条款三：成交条件

表 11-3　股权转让协议核心条款之三

参考条款	起草要点
本交易的成交应以下述条件（先决条件）的全部满足为前提：① （1）截至成交日，卖方及标的公司作出的陈述和保证均为真实、准确与完整（披露函已披露情形除外）； （2）截至成交日，标的公司未出现或发生任何导致其资产、业务、经营及其他方面发生重大不利影响的情形或事件； （3）本协议及本协议项下交易所涉之一切文件包括已经合法有效地签署和交付，该等文件包括但不限于公司章程和股东会决议，且相应的审批及/或备案手续已经得到及/或办理完毕； （4）本交易已经得到中国审批机构机关的所有必要审批，包括但不限于中国商务部及其地方分支机构的审批，本交易所涉及的反垄断申报已经完成并且交易获得许可； （5）就买方在本交易中通过境外架构对境内投资事宜获得境外相关监管机构的批准或同意；卖方向买方交付了成交管理账目，且成交管理账目所包括的财务数据与参照账目所列数据不存在重大不良变化且令买方满意； （6）卖方向买方提交令买方满意的书面证明，证明标的公司历史上的股东已就其出资不实情况依据中国法律完成了补足出资程序，且标的公司就此未遭受任何相关处罚或已缴清有关罚金； （7）卖方向买方提交令买方满意的书面证明，证明标的公司已经针对其所签署合同中存在的有关公司控制权或所有权变更而导致对公司的任何限制性规定，取得合同相对方就本交易的书面同意或豁免函；	● 成交条件是买卖双方就股权转让交易达成的先决条件。起草协议时，基本的先决条件有：陈述、保证真实，未发生重大不利影响，以及必备程序履行完毕和文件有效签署。这是草拟成交条件条款的标配。 ● 如果并购涉及跨境，则在成交条件中还需明确买卖双方已各自取得境内外所属监管机构的全部必要审批，如商务部、发改委或外汇管理局。 ● 除了标配，起草成交条件最关键的是，将前期尽调或谈判中发现的重大问题或需要卖方履行的相关义务，梳理为对应的先决条件。比如，标的公司历史沿革中存在出资不实的瑕疵，需要原股东在成交前完成出资补足程序；标的公司对外签署的业务合同，对公司控制权变更有限制性约定，需要在成交前完成书面确认；标的公司或子公司劳动用工不规范，需要完成社保登记等。

---

① 实务中，对于先决条件较多的情况，律师可建议买卖双方建立按周汇报制度，以双方同意的任何形式，将各自先决条件的完成进展每周向对方通报一次，以使双方了解先决条件的完成情况。如果哪一方认为对其适用的先决条件可能无法在指定时间内完成，应当及时通知对方，以便调整交易时间表和项目进度。

续表

参考条款	起草要点
（8）卖方已经促使买方确定的特定董事及高级管理人员与标的公司签署内容及格式符合买方规定的劳动合同和保密协议； （9）卖方向买方提交令买方满意的书面证明，证明标的公司全资子公司 A 已补充办理社会保险登记证。	● 股权并购多数涉及控制权变更后标的公司董事和高管人员的变更，上述人士将由买方推荐人选出任，其与标的公司劳动关系的缔结，也常作为成交条件之一。

核心条款四：成交日

表 11-4　股权转让协议核心条款之四

参考条款	起草要点
4.1 卖方于成交日应向买方提交下列文件： （1）正式签署的转让文件和有利于买方或其代理人的所有转让股权的出售凭据； （2）代表转让股权的股权证； （3）标的公司及其子公司全部资质证照、印章印鉴、文书资料、财务账册等； （4）正式签署的致标的公司各开户银行以变更预留印鉴为买方指定人士的授权委托书； （5）向买方移交关于授权卖方执行本协议并完成本协议拟议进行的各项交易的股东会和/或董事会决议的复印件；以及 （6）卖方或任何其他必要的一方可能根据适用法律为使任何转让股权得以授予给买方而须予签署的，或以其他方式为使本协议全面生效而可能合理地签署的所有其他凭据、文书和文件。 4.2 买方于成交日应履行下列义务： （1）依照本协议约定向卖方支付交易价款； （2）签署或促使相关受让人或其代表签署本协议所要求的全部转让文件和出售凭据；以及 （3）向卖方移交关于授权买方执行本协议并完成本协议拟议进行的各项交易的股东会和/或董事会决议的复印件。	● 成交日是指交易的成交条件全部满足或被买方豁免之日。它是一个重要的时间节点，在成交日当天或以此起算的某个时间段，往往密集安排买卖双方就文件资料、资质证照、印章印鉴等公司物质资料的交接以及交易付款。该条款的草拟，需要明确双方在成交日各自应履行的义务。 ● 需要说明的是，成交条件的全部满足是交易的理想情形。实践中，存在部分先决条件无法满足或尚未满足，但交易在买方豁免的条件下成交的情形。此时，需要确认买方对此出具了书面豁免函。

核心条款五：转让对价及支付

表 11-5 股权转让协议核心条款之五

参考条款	起草要点
5.1 本协议下买方向卖方支付的交易价款总额为人民币［　］元（交易价款）。 5.2 双方同意，交易价款按照以下方式支付： （1）本协议所述的先决条件全部满足或被豁免之日（成交日），卖方应向买方发出付款通知，买方应在成交日后［　］个工作日内，向卖方支付全额交易价款即人民币［　］元。 （2）各方确认，买方根据本协议将交易价款汇至卖方账户即视为完全履行了本协议项下的付款义务，相关的外汇手续由卖方负责办理，买方提供合理协助。 5.3 双方同意，交易价款应当支付至卖方如下指定账户： 账户名称：［　］ 开户银行：［　］ 账号：［　］	● 交易价款有在成交日一次性支付的，但更多的是分期支付的安排。在签约日支付小比例价款作为首期，在成交日或股权变更登记日支付剩余价款。同时，并购交易中有重大事项需要卖方完成的，有时也会将该等事项完成作为付款节点，以激励卖方尽快完成。 ● 鉴于交易价款可能存在调整事项，如标的公司因完善用地手续、安置员工或注销关联企业等支付特定费用，这部分费用有的已包含在交易价款中，有的作为调整事项，在费用确实发生后从交易价款中扣减和调整。对此，需要确认特定费用的承担主体是买方还是卖方，承担方式是"一价全包"还是调整事项，避免双方在价款上产生潜在争议。

二、如何完善整体框架

核心条款草拟好，一份合同的主干就建立了。接下来，是完善框架和细节的工作。仍以上述股权转让协议为例，从整体框架来看，在核心条款之外，还有以下条款需要补充：

● 定义和解释

● 买方的声明、承诺和保证

● 卖方的声明、承诺和保证

● 风险界定

● 合同终止和解除

- 违约责任
- 通知
- 保密
- 不可抗力
- 适用法律和争议解决
- 其他约定

上述条款，多数是合同常规的、标准的法律条款，可以参照第十章"合同审阅"中讲到的法律条款的一般表述来拟定。需要格外说明的是风险界定、合同终止和解除两个内容。

（一）风险界定条款

风险界定条款要解决的是标的物的风险承担问题。[①] 与买卖合同中对标的物毁损、灭失的风险承担以交付为原则相似，股权转让中，一般将成交日作为界定标的股权风险转移的节点。参考表述如表 11-6 所示：

表 11-6　股权转让协议风险界定条款示例

参考条款
（1）截至成交日前，标的公司发生的风险、损失、应缴税费、亏损、债务以及任何法律责任，由标的公司和卖方承担。如果发生由买方先予垫付的情形，则卖方应当对买方垫付金额予以全部偿还。
（2）截至成交日当日及之后，标的公司发生的风险、损失、应缴税费、亏损、债务以及任何法律责任，由标的公司和买方承担。如果发生由卖方先予垫付的情形，则买方应当对卖方垫付金额予以全部偿还。如果出现卖方未披露的或有负债，则该等债务应由卖方和标的公司承担，因卖方披露不实造成买方任何损失的，卖方应对买方该等损失予以赔偿。

[①]　风险承担是指买卖的标的物在合同生效后，因不可归责于当事人双方的事由，如地震、火灾、台风等致使发生毁损、灭失时，该等损失由哪一方当事人承担。风险承担的关键是风险转移的问题，也就是如何确定风险转移的时间问题。买卖合同一般以交付作为风险转移的时间点。《民法典》第 604 条规定：标的物毁损、灭失的风险，在标的物交付之前由出卖人承担，交付之后由买受人承担，但是法律另有规定或者当事人另有约定的除外。

(二) 合同终止和解除条款

股权并购涉及较长的时间跨度，为期数月是正常的。股权转让协议签署完毕只是个开始，买卖双方为了促成标的股权交割，都有相应的义务要履行。对卖方而言，需要为符合成交条件作出努力，如补足注册资本、完善用地手续、规范劳动用工等；对买方而言，需要安排资金准备交易价款支付；对双方而言，各自还要履行公司内部决议、审批相关流程。这个过程中，有时会出现实质障碍或新的问题，导致协议签署后交易无法推进。于此，草拟协议时需要明确合同终止的情形。

实务中，一般双方会为本次交易设定一个最终期限日，在此日期当日标的股权仍未能成交，在双方没有过错的情况下，可以协商协议终止。在成交日，买方会对标的公司资产负债和账目进行核对确认，如发生成交日资产负债和账目与签约日或此前卖方披露情况存在重大出入或发生重大不利变化的情况，通常会赋予买方单方解除合同的权利。此外就是违约，在一方违约且无补救之意的情况下，无过错方拥有单方解除合同的权利。参考表述如表11-7所示：

表11-7 股权转让协议合同终止和解除条款示例

参考条款
有下列情况之一，本协议及其项下交易终止： （1）在成交日前，各方经协商一致书面同意终止本协议； （2）如果本次交易未能在［ ］年［ ］月［ ］日（最终期限日）之前成交，或各方另行以书面形式同意的其他时间前发生，买方或卖方均有权（但无义务）经书面通知其他方终止本协议；为避免疑义，如因买方或卖方一方的过错导致无法成交，则在该种情况下，仅有无过错一方可行使终止权； （3）如果成交日标的公司的账目与签约日卖方披露的账目存在重大不利变化，买方有权终止本协议； （4）如果一方对本协议构成重大违约，且在收到对方就该等重大违约向其发出的书面通知后五（5）个工作日内未补救该等重大违约，守约方经书面通知违约方可终止本协议。

合同的终止和解除，是为交易困局设置出路的做法。参与方在合作前期往往只考虑交易做成合作愉快，较少关注交易不成情谊还在。市场参与主体总是

习惯高估自己的能力而低估可能面对的困难，律师要对交易可能面对的困局有个预判，并通过终止和解除条款，为双方留下困境中的新出路。

如王泽鉴老师所说，"契约系特定人为规律彼此间权利义务关系，在法律允许范围内所创设之规范"，草拟协议就是一个创设的过程。但这个过程，不是从第一条开始逐一往下，而是区分主次，不断建构、修补和完善的过程。实践中，需要律师起草的合同类型很多，本节所述只是其中一种举例，但起草的思路和方法是相通的。无论每个合同如何个性化，最终只有一个目的：在法律允许之范围内，最大限度地尊重交易双方合意，规范彼此间权利义务关系。

第三节　优质合同必备：五个完善合同的小贴士

一件事情完成和一件事情做得好，是两回事。合同草拟完毕后，如果急于发出，多数情况下，我会后悔。如果上天给予一次重来的机会，我想说：再看一遍。在核心条款和整体框架起草完后，你可以有意识地对这份"作品"进行打磨，不给自己留下后悔的机会。以下总结了五个完善合同的小贴士。

一、注意概念统一

概念问题此前在第三章讲过，逻辑思维的三个特点系确定性、前后一贯及有条理。法律语言中的概念应当是确定的而非模棱两可的，这个要求在呈现书面文件时更为严格。如果概念前后不一，发生在口头表达中至多影响有效沟通，一旦发生在书面表达中，极有可能造成实质性错误或损失。比如，对股权转让而言，签约日、成交日、付款日是完全不同的概念，当你使用时，要注意条款所需是否为概念所指，且概念内涵是否前后一致。

注意概念前后一致，体现在草拟条款中，主要为检查合同的定义和解释条款。比如，若在定义和解释中界定了交易双方为转让方和受让方，则后续表述就不宜出现买方和卖方之称谓。尽管二者在内涵上相同，但影响交易主体概念在形式上的统一，也影响阅读观感。

此外，定义和解释不仅仅是定义缩写，更有界定重要时间点或重要事件、状态的作用。我们曾在一个并购项目中遇到标的公司开设了股票账户，账面值有数千万元。但在并购交易期间，标的公司所持股票处于停牌状态，无法处置。卖方和买方协商后同意，双方按某个特定金额锁定标的公司所持股票价值，此即为标的公司资产，在所持股票可自由转让后7个工作日内，由卖方负责全部予以出售变现。若变现且实际收回的金额高于锁定之特定金额，浮盈部分由卖方享有；反之，则浮亏部分亦由卖方承担，卖方应向标的公司补足相关差额。于是，在股权转让交易中，上述交易性金融资产暂不属于交易范围，尽管登记在标的公司名下，其权益仍由卖方保留，律师在定义和解释中将其界定为"保留权益"。进一步地，在标的股权及对应权益条款中，需明确"保留权益"不属于标的股权对应权益之范围，使定义和解释条款与核心条款保持一致。

二、关注交易习惯

在法律渊源的理论中，习惯规范作为一种非法律材料，一直是法律渊源的重要构成元素。[①] 律师除熟知《公司法》及相关司法解释等立法立场的法律渊源之外，对于主办的某类项目之交易习惯，也应多做了解。习惯规范虽不是具有正式效力的法律条文，但在促进交易落地和合同可履行性上，作用显著。

在股权并购交易中，由于成交条件的满足不是一蹴而就的，双方都需要经过一段时间配置资源，履行义务，故而股权交割实质是一个不断满足成交条件的动态过程。在此期间，为了便于买方对标的公司的逐步了解和接管，实践中，

---

① 所谓习惯规范，是指在一定范围内由于传统或心理默契等原因形成的，存在于主体行为或心理之外并具有一定之外在强制力的，以主体行为或心理模式所反映并表现出来的行为规范。正式法律总是追求效力的普适性，这意味着它总是在整个政治共同体范围内进行统一的适用。而事实上，一个政治共同体内部的各个组成部分之社会生活本身却具有明显的地方性特色……看上去普适性与地方性逻辑上几乎总是相互冲突故而只能选择其中的一个，但实际上却可以通过法律实施过程中对习惯规范的援引来达致两者的平衡。参见周赟著：《法理学》，清华大学出版社2013年版，第236页。

各方习惯安排一个过渡期。① 在过渡期内，由买方指派代表参与标的公司的经营管理，逐步了解公司情况，同时督促卖方和公司完成成交条件所负之义务。但过渡期内，标的股权从权属上看，仍然属于卖方所有，买方指派的代表有"外来人"的色彩，如何保障双方在过渡期内权利义务划分明晰，以确保下一步股权交割顺利进行，是律师需要考虑的问题。这不属于合同必备，但依照股权并购的交易习惯来看，过渡期的妥善安排，对于顺利交割而言不可忽视。

过渡期参考条款如表 11-8 所示：

表 11-8　股权转让协议合同过渡期条款示例

参考条款
（1）双方同意，自评估基准日起至交割日或本协议终止（以发生较早者为准）的期间为过渡期。过渡期内，卖方同意买方指派特定人士参与标的公司的经营管理。
（2）过渡期内，买方有权向标的公司指派至多三（3）名代表（买方代表），卖方及标的公司应保证买方代表对标的公司享有充分的知情权、建议权和监管权，应确保标的公司向买方代表公开日常经营情况，包括财务账簿、人员任免、财务收支、合同签署、印鉴使用、资产处置、诉讼仲裁等情况。买方代表对获知的卖方及标的公司的商业秘密负有保密义务，并签署书面承诺，保密义务不因本协议终止而解除。
（3）过渡期内，未经买方代表事先书面同意，卖方及标的公司不得通过任何形式的涉及股东利益的利润分配决议，不得发生除本项目交易以外的注册资本变更或股权结构变更，不得提供对外担保，不得转让或出售重大资产或业务，不得减少债权或增加债务，不得参与任何协议或安排以使本项目交易和安排受到任何限制或重大不利影响。
（4）过渡期内，标的公司签署任何文件或进行任何金额在人民币十（10）万元及以上款项收支的，需取得买方代表的书面同意，但买方代表不得无故拒绝卖方或标的公司提出的合理收支要求。未经买方代表书面同意而致使标的公司需要承担任何债务、义务或损失，均由卖方予以承担，买方有权在股权转让价款中扣除应由卖方承担的签署款项。

三、梳理合同附件

合同起草进入尾声时，常写这么一句"合同之附件是本合同不可分割的组

---

① 过渡期的起止时间由双方自行约定，如自评估基准日起至成交日止，或者自签约日起至成交日止。

成部分，与本合同具有同等法律效力"。虽然这么写，但我在刚学习起草合同的时期，常对这话过眼不过心，总觉得条款才是重点，附件不过是"附带的"。后来在协议中浸泡得多了，才逐渐意识到，有的交易合同，花在附件的时间甚至比草拟合同本身还要多。附件的重要性不仅在于与合同不可分割，更在于附件是合同诸多核心条款之依据。

在股权转让协议中，以下内容常作为合同附件，单独列示：

- 披露函[①]
- 重大合同列表
- 资产明细表
- 负债明细表
- 在职员工统计表/员工安置预案/员工遣散方案

哪些内容需要作为合同附件并没有法规指引，也少有交易习惯，这是个典型的需要依据项目实际量身定制的问题。有的并购交易，标的公司一系列土地或房屋存在权属瑕疵，而该等不动产恰恰是交易关注的要点，甚至是交易目的。此等情况下，可将卖方和标的公司在标的股权交割前需补充办理的权证或取得当地国土资源部门出具的批文或函件，在表格中一一列明，作为合同附件。还有的项目涉及员工安置或员工遣散，需要在交易前充分考虑安置预案或遣散方案，对方案的合法合规以及员工的可接受程度做充分论证，方可作为附件经各方签署后据此执行。

---

① 披露函往往用于双方对标的公司所承担的重大义务或某些瑕疵状态做确认，比如：标的公司名下某建筑工程尚未办理《建设工程规划许可证》及《建筑工程施工许可证》，相应的竣工验收和备案手续亦未办理；又或根据审计报告，标的公司存在为金额为1000万元的债务提供对外担保的情形。披露函会将前述瑕疵或负担予以披露，使得对应事实经过双方确认。对买方而言，接受披露函内容意味着知晓和认可该等瑕疵或义务，可据此设定成交条件；对卖方而言，作出披露意味着真实呈现标的公司之瑕疵或义务，愿意就此对交易价款进行协商，交割后如买方因已披露之瑕疵或负担追索，卖方可援引披露函要求免责。

四、邀请他人阅读

如同错别字是一种自己检查了八百遍浑然不觉，别人一眼看出的存在，合同起草完毕后，多少会有你知觉不到的问题或瑕疵。最好的方法，不是自己捂着反复研读，而是发给你的团队同事，律师助理、秘书或实习生都可，请他们协助你检查校对。部分涉及重大权利义务的核心条款，可以请资深律师审阅并给予指导。通过团队合作发现的问题和给你带来的进步，比闭门造车强得多。

如果确实没有人可以帮你，在只能自行审阅的情况下，有一种方法可以最大限度地避免犯低级错误，那就是——读合同。没错，将你草拟的合同及整理的附件打印出来，自己全文通读一遍。不同于用眼"观看"，当你读出来时，同步调动了"听力"和"发音"两个精灵，对错误的敏感度加强，在你眼皮下溜过去的错别字或不当表述，很大可能在读合同中败露出来。这种方式唯一的缺点在于打印费纸，不够环保。

五、添加适当批注

最后，在检查校对文件时，可以换一种心态，以上帝视角——其实就是客户视角来审阅面前这份文件。你可以思考，如果你是客户，当你阅读这份合同时，是不是清晰晓畅；方括号留空的部分，是否足够清楚需要填写何种内容，是否有填写的注意事项；核心条款哪些内容是风险点所在，是否需要提示注意……对上述任何温馨提示，都可以并且推荐用批注的方式标记在对应内容旁。

律师起草合同时，客户大多对合同内容尚无了解。如果能添加适当批注，对于其后合同修订完善等进一步沟通，大有助益，也会实质增强客户对律师工作的信任度和依赖感，从而向打造一份优质合同迈进。

第十二章

常见的法律文书：我们的王牌产品

我那时候想法非常简单，既然做了这一行，就要把它做好。做不好的话你对不起人，也没人请你，就没收入。做得好的话，生意是做不完的。对我来说，好就意味着，尽可能比别人标准高一点，面要平一点，多打磨一点，榫头要紧一点，牢固一点，多花点心思就能做得更好。

——《甘而可自述》[1]

---

[1] 《读库1605》曾记录过一位中国漆器大师甘而可先生的自述（由王天兵整理）。从木工、模型工、漆器学徒到古董商人和漆器艺术家，老先生的每一段经历和见识，如百川归海，都为他后来制作出温润古旧、超凡脱俗的漆器奠定了基础。他说，自己想法很简单，既然做了这一行，就要把它做好。做不好，对不起人，做得好，生意是做不完的。什么是好？在老先生看来，好就是每一个作品细节，都尽可能比别人标准高一点。参见张立宪主编：《读库1605》，新星出版社2016年版，第15～16页。

第十二章 常见的法律文书：我们的王牌产品

第一节 法律服务建议书

一、一切委托，始于此

法律服务建议书是业务流程中的前端产品，是客户最早接触到的律所出品。客户对服务建议书的接受度，很大程度上决定了后续是否聘请该团队。如果说简历是个人应聘的敲门砖，那么法律服务建议书就是律所开拓业务的敲门砖，一切委托，始于此。按照律所对人员的分工，起草服务建议书这项工作，因为不涉及太多对实质问题的分析，一般由律师助理或初级律师来完成。

律所都会有法律服务建议书模板，不同团队根据业务领域的侧重点不同，有的还有不同版本。青年律师容易依赖模板，忽视了法律服务是一项个性化的工作。业务流程可以标准化，但在服务方案上，不同客户的需求和关注点是不一样的。建议书的作用就在于，根据客户不同的服务需求，对项目进行初步分析，提出服务方案。方案不应该是模板的、套路的，而应该是结合客户实际需求、有"干货"内容的。只有言之有物，才有可能让客户有付费购买律师服务的意愿。

我看过一些服务建议书，律所介绍、以往业绩堆砌得很多，但在具体方案上，看不到对项目要点的概括，对问题的分析建议，只见律师费报价和收费方式。这样的出品，无疑是达不到效果的。对客户而言，聘请律师，以往的辉煌只占考虑因素的很小比例，能否理解和把握项目、指导客户解决问题才是关键所在。

此外，法律服务建议书中通常都会包含律师费报价。那么，其与报价函有何不同呢？按我理解，两者存在一定交集。建议书更多适用于此前没有接触、首次洽谈委托的客户。可以从律所介绍、业务领域、业务优势、代表案例等方面，向客户做一个集中的、全面的呈现，便于客户对律所有个初步了解。而报价函更多适用于已经合作过的客户针对新项目的委托。这类客户已和律所建立了合作基础，不再需要面面俱到地从零介绍，他们更关注新项目的费用问题，故而用结构更简单的报价函处理即可。

二、法律服务建议书的结构和内容

（一）一般结构

在结构上，建议书一般分为三个部分：律所基本介绍、同类项目代表业绩以及法律服务方案。

律所介绍部分，主要包括律所概况、业务领域和业务优势。不同律所风格各异，有综合性律所，有精品化律所，各自的资源集中不同。这个部分一般为标配模板，注意律所人数、新设分所、新设业务领域的时效更新即可。

代表业绩部分，一般呈现的是相同或相似领域的项目。业绩介绍要注重真实性，而不可一味追求知名度。不同团队之间，往往共享整个律所平台的业绩。故而，很多堆砌在代表业绩上的项目，有时并不是该团队承办的。共享业绩不是不可以，但对罗列在建议书上的业绩或代表案例要有所了解，避免当面沟通时客户提到却一无所知。

同时，平日也要留心律所新闻或业务动态，将成功交易的项目及时整理进不同领域的业绩清单中。虽然这部分内容也是标配，律所有统一模板，但更新没有那么及时。此外，律所获得的一些荣誉、奖项，也可以放在这部分呈现。

服务方案部分，是整个建议书的灵魂。主要内容包括：

- 项目基本情况
- 初步分析和建议
- 法律服务内容
- 律师团队成员
- 法律服务报价

当你收到起草建议书的任务时，要尽可能从交办工作的律师那里取得项目基本资料。没有纸质资料的，要询问了解此前已与客户沟通的情况。服务方案能否切合实际，取决于你是否对项目的基本情况有所了解。千万别以为建议书就是换个客户名称，填上报价就可以发出了。

（二）案例示范

1. 法律分析示例

以股权激励项目为例，我们在服务方案中向客户简要分析和建议如下：

（1）关于直接持股和间接持股

就股权激励而言，在员工持股计划操作中有直接持股和间接持股两种方式。前者指由拟激励的员工直接持有公司股权；后者指设立一家合伙企业或有限责任公司作为持股平台（以下简称"持股平台"），拟激励的员工持有持股平台的出资额或股权，进而间接持有公司股权。

激励对象人数较多时，若采取直接持股的方式，不利于股权结构稳定和保障决策效率，变更登记签盖手续较为繁琐。设立持股平台，将激励员工纳入合伙企业或有限公司，无论人数增加或减少，在贵公司层面，始终只有持股平台作为股东，有利于贵公司股权结构稳定和管理效率。

（2）关于有限责任公司和有限合伙企业

就持股平台采取有限公司还是有限合伙的法律架构，二者主要区别在于税收及管理的灵活性。首先，合伙企业生产经营所得和其他所得不缴纳所得税，由合伙人分别缴纳所得税；有限公司则需要缴纳企业所得税，同时自然人股东获得现金分红也需要缴纳个人所得税。从税筹优化的角度，合伙企业比有限公司更优。其次，合伙企业在日常运营管理中，通过合伙协议的恰当安排，诸多事项可由执行事务合伙人决策，比有限公司更为灵活，同时合伙人的入伙及退伙在操作中也比有限公司更为灵活。

综上所述，我们建议贵公司设立合伙企业作为持股平台，采取间接持股的方式进行股权激励。

2. 法律建议示例

简要分析之后，需要向客户提出初步建议或提请重点关注的问题，示例如下：

结合上述分析，我们建议贵公司重点考虑如下事宜：

● 激励股权数额。确定员工池份额大小，依据同类项目经验，一般规模约为公司注册资本的 10%。[①]

● 激励对象名单。操作中，激励对象一般分为历史贡献者与未来创造者，前者可直接授予激励股权，后者可在激励股权中预留份额，用作未来人才引进，通过设置分批、分期股权激励计划方案，实现对不同类型对象的激励。

● 激励股权授予价格。明确授予价格或授予价格的确定方法，比如以上一年度经审计的公司每股净资产为基础，同时考虑公司所处行业、公司成长性综合确定。

● 授权条件和行权条件。确定激励对象获授激励股权和行使权益的条件，可以简单理解为业绩考核指标。通常分为公司业绩指标及个人绩效指标，在两个层面的条件均成就的前提下，才获授权或行权。

● 计划的有效期。股权激励计划的有效期，如有效期3年，分为三期实施。

图 12-1　股权激励项目重点考虑要素

---

① 10% 不是强制性规定，仅为参照上市公司操作的建议比例。根据《上市公司股权激励管理办法》第 14 条第 2 款，上市公司全部在有效期内的股权激励计划所涉及的标的股票总数累计不得超过公司股本总额的 10%。非经股东大会特别决议批准，任何一名激励对象通过全部在有效期内的股权激励计划获授的本公司股票，累计不得超过公司股本总额的 1%。

3.法律服务内容示例

在具体服务内容和服务流程上，可以向客户阐述如下：

根据贵公司的法律服务需求，我们就员工股权激励专项为贵公司提供如下法律服务：

● 研讨、分析及确定方案阶段：与贵公司就项目实施方案进行研讨、分析，最终确定本项目的股权激励方案，包括项目目标、具体事项/安排、完成时间、注意事项及需要的资质材料等，同时草拟项目时间进度表；

● 草拟相关法律文件及签署阶段：结合项目方案，草拟相关合同文件，包括股权激励协议、合伙协议、股权转让或增资协议等，安排签署相关法律文件；

● 设立持股平台阶段：根据贵公司实际情况，指导贵公司完成设立持股平台（如有限合伙企业）的相关法律文件，协助贵公司设立有限合伙企业；

● 完成股权交割阶段：在持股平台设立后，协助贵公司对激励对象的权益授予，协助激励对象行权，完成股权交割相关手续。

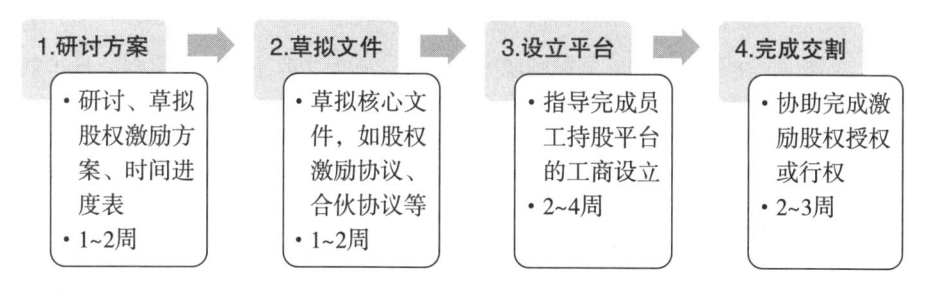

1.研讨方案	2.草拟文件	3.设立平台	4.完成交割
·研讨、草拟股权激励方案、时间进度表 ·1~2周	·草拟核心文件，如股权激励协议、合伙协议等 ·1~2周	·指导完成员工持股平台的工商设立 ·2~4周	·协助完成激励股权授权或行权 ·2~3周

图12-2 股权激励项目法律服务流程

需要说明的是，建议书中要明确界定法律服务范围。换言之，要列清楚不在该项目服务范围内，应当另行商议和收费的事项，避免后续承办业务时对律师工作范围存在争议。我们通常会在前述服务内容后说明如下：

以下事项作为额外收费事项，由我们与贵公司另行协商相关合作：

● 根据贵公司的要求，协助或代理贵公司介入调解、和解、仲裁、诉讼、谈判或其他法律程序，以解决贵公司与其他国内外机构、企业或个人之间发生的争议及纠纷；

● 须贵公司另行委托的专项法律服务或其他重大项目事宜，如为投融资项目、重大合同、重大谈判提供法律服务等。

个性化定制服务方案和明确界定法律服务范围，是起草建议书最重要的两个事项。定制服务方案不是报个费用就完了，要有专业分析和操作建议。一言概之，给客户超出期待的东西。这点能做到，建议书发出后才可能会有"回响"。

第二节　律师函

一、比想象更复杂的法律产品

若论社会公众接触最多的非诉法律产品，律师函当属第一。各圈各派的知名人士遇到潜在争议或纠纷，最常用的维权手段就是委托律师出具律师函，震慑对方，表明态度。围观群众虽对真相不明就里，却在看热闹不嫌事大的心态中，完成了对律师函的朴素认知。从律师函外观来看，一般内容不长，寥寥数语概述事实，简明扼要告知要求，高考作文的体量。这容易给青年律师带来一种误解，即律师函是简单容易的，受当事人委托，下笔成文，签盖出具就可以了。其实不然，律师函是一件比想象更复杂的法律产品。以下我们从作用和风险两个角度来认识。

（一）律师函的作用

从行为性质上，律师函是一种自力救济行为。众所周知，公权力救济——如法院起诉或向行政主管部门投诉——需耗费巨大时间和人力成本，在争议之初，发律师函不失为一种高效率、低成本的维权途径。

为了防止权利人"躺在权利上怠于行使"，时间久远后增加本已庞大的司法系统的负担，法律为权利人的权利行使在制度上设置了时间期限，即诉讼时效。在期限内积极主张权利的，会得到法律更多支持，反之，不闻不问的，则过期不候。《民法典》规定了诉讼时效制度，发送律师函，就是积极行使权利的一种体现。①此外,在《民法典》的制度框架内,律师函不仅具有中断诉讼时效的作用,甚至有可能依据对方对律师函作出的回应,将其视为"作出同意履行义务的意思表示",②进而在过了诉讼时效的情况下"刷新"诉讼时效,让法院驳回对方的时效抗辩。

从处理策略上,双方在纠纷之初,大多处于互不知对方态度的局面。通过律师函可以探知对方对争议事项的态度,为下一步维权或救济探明方向。同时,律师函也可以作为下一步维权措施的重要证据。在一些以行为主体"明知"作为构成要件的侵权场合中,如果对方抗辩自己并不知情,则己方已发送过律师函可以作为证据。证明对方主观上的侵权恶意,进而为己方争取较为有利的裁判结果。

(二)律师函的风险

律师函能发挥如上作用,建立在函件出具严格审查相关材料的基础上,证明客户阐述的事实,才能依据法律提出适当的诉求。那种以为律师函就是客户说什么律师就信什么,客户要求什么律师就写什么的看法,不仅发挥不了函件的积极作用,反而会给律师自己带来不可预估的法律风险。常见的,如律师函所述事实并非真实,而函件又通过媒体或其他公开方式"晒出",进而可能被对方追究侵害名誉权的法律责任;如果在律师函中陈述了虚假事实,还可能因违反相关执业规范受到司法行政部门或行业自律组织的处罚。

综上所述,短短几页纸的律师函是比想象中复杂的法律产品,其"生产过程"离不开律师对事实的严谨核查,以及对客户诉求的谨慎斟酌。

---

① 《民法典》第188条规定:向人民法院请求保护民事权利的诉讼时效期间为三年。法律另有规定的,依照其规定。诉讼时效期间自权利人知道或者应当知道权利受到损害以及义务人之日起计算。法律另有规定的,依照其规定。但是,自权利受到损害之日起超过二十年的,人民法院不予保护,有特殊情况的,人民法院可以根据权利人的申请决定延长。此外,《民法典》也设置了诉讼时效中断的法律制度。《民法典》第195条规定:有下列情形之一的,诉讼时效中断,从中断、有关程序终结时起,诉讼时效期间重新计算:(一)权利人向义务人提出履行请求;(二)义务人同意履行义务;(三)权利人提起诉讼或者申请仲裁;(四)与提起诉讼或者申请仲裁具有同等效力的其他情形。

② 《最高人民法院关于审理民事案件适用诉讼时效制度若干问题的规定》(法释〔2020〕17号)第19条规定:诉讼时效期间届满,当事人一方向对方当事人作出同意履行义务的意思表示或者自愿履行义务后,又以诉讼时效期间届满为由进行抗辩的,人民法院不予支持。

二、律师函的结构和内容

（一）一般结构

律师函在结构体例上一般分为三个部分：授权、事实及诉求。

授权部分是律师函的发函前提。应当明确律所具备从事中国境内法律业务的资格和合法授权，署名律师具有合法执业资格。

事实部分是律师函的发函基础。律师对事实的获知首先来源于客户叙述，但仅凭口头叙述是远远不够的。律师应当对客户叙述的事实进行核查，审阅相关合同、凭证等书面资料，确保律师函阐述的事实内容有书面资料的支撑。对于存疑的事实，应向客户求证，补充进一步材料。"有一分资料，说一分话"，是律师函事实部分的写作原则。

诉求部分是律师函的发函目的。诉求通常由客户提出，律师结合事实基础和相关法律依据判断客户所提诉求是否合法合理，是否恰当可行。多数时候，争议双方存在对立情绪，客户无法客观评判所提要求是否恰切，律师应该给予客户法律分析和建议，而非对客户的所有要求"照单全收"。

（二）案例示范

接下来以某拖欠款项的争议为例，对律师函的起草要点分析如下。

客户提出：

目前深圳 A 公司拖欠我公司款项，请发律师函催款。具体过程为，对方与我方关联公司 B 公司在 2015 年 6 月 13 日签署了一份手游开发运营合作协议。之后，B 公司因开票资格问题，经双方协商同意由我方代为开票并收款。双方在 2015 年 6 月 19 日签署了说明函和补充协议，我方开具的发票也于 2015 年 6 月 26 日通过快递寄给对方，并确认收到。

合同签署后，对方已经使用 B 公司拥有知识产权的动漫图案进行游戏开发，但迟迟未付款。依据双方签署的合作协议，对方应当在收到发票后五个工作日内支付相应的合作开发授权费 30 万元。

经我方多次催促付款，对方于 2015 年 8 月 23 日发邮件承诺三天左右支付，但至今未付款。

1. 明确律师函要解决的问题

上述争议比较简单，律师函要解决的就是拖欠款项的问题。但从客户介绍的事件经过可以看到，至少存在两方面问题：其一，客户并非直接签约主体，而是代收代付主体；其二，未了解对方迟延付款的具体原因，如不具备支付能力或是认为发票或开票主体存在问题故而迟延付款。此时，需要向客户进一步补充资料，了解事实经过。

2. 审查事实所涉资料并分析

我们请客户提供了手游开发运营合作协议、说明函、补充协议进行查阅，并补充了与对方沟通催促付款的记录，了解沟通过程。经查阅相关资料，我们获知，B 公司需要委托客户代收代付的原因是其在签约之际暂不具备开票资格，按 B 公司与 A 公司的沟通，其在 7 月底即可具备开票资格。

据此，我们没有急于出具律师函，而是向客户分析如下。

法律分析：

《手游开发运营合作协议书》签署方为 A 公司和 B 公司，贵司并非合同签署主体。其后三方通过《说明函》将发票开具及收受款项事宜委托给贵司，贵司在没有货物购销或者没有提供或接受应税劳务而为他人开具增值税专用发票，该等行为存在被认定为"虚开增值税专用发票"的可能，亦不符合增值税专用发票相关管理规范。在此情况下，以贵司或以 B 公司的名义向对方出具律师函在合法合规方面有失妥当。

同时，为了更好地解决 A 公司的欠款事宜，我们向客户提供两个方案，分别建议如下：

方案一：由B公司与贵司签订相应的转让协议，将《手游开发运营合作协议书》项下全部权利义务概括转让给贵司，贵司作为合同权利义务主体，在开具发票和委托律师出具律师函方面才具备适当的主体资格（主体适格）。

方案二：根据《说明函》，B公司在7月底就可开具增值税专用发票，贵司可先确认B公司目前是否已具备增值税发票开具资格；若已具备，则可由B公司开票给A公司并要求付款，贵司已开的发票作废或要求退票。若A公司仍拖延支付，则在获得B公司书面委托的前提下，我们接受B公司委托，向A公司发出律师函。

3. 提出恰当的发函诉求

客户评估后选择第二种方案。这时，我们对本次款项迟延支付的事实经过、文件资料均已核查清楚，在取得B公司的授权委托之后，可向A公司出具律师函。

在具体诉求上，主要如下：

（1）请A公司于收到函件之日起一定时间内清偿协议项下应付款项和违约金（如有）。

（2）明确告知A公司，B公司依照协议相关约定保留追究其违约责任的权利。

律师函在签盖发出后，还要注意跟进送达情况。对方签收的，应请快递机构开具妥投证明向客户反馈并存档，同时跟进对方收函后的反应和行动。对方拒收的，应及时报告客户，并商讨新的处理方案。

第三节　法律意见书

一、责任最重大的法律产品

每家饭馆，都有自己的招牌菜，每个厂家，也都有自己的王牌产品。对律所而言，法律意见书就是招牌菜和王牌法律产品。不同于饭馆对招牌菜的主动推介，法律意见书通常是被动出具的。要理解这个"被动"，我们先来看哪些情境下需要出具法律意见书。

(一)依照法律规定或监管部门的要求

非诉业务中很多项目类型,法律明确规定或监管部门明文要求,需要企业聘请律所出具法律意见书。最常见的就是上市项目,法律意见书和律师工作报告是发行人向证监会申请公开发行证券的必备文件。新三板项目中,同样要求非上市公众公司申请股票公开转让,应当报送法律意见书作为申请文件之一。在资本市场类的项目中,但凡涉及报送监管部门审核的,多数情形都要求将证券公司的工作报告、会计师事务所的审计报告和律师事务所的法律意见书一并提交申请。所以在上市项目、挂牌项目中,你总会看到券商、会计师和律师的铁三角阵营。

还有一些项目,原先没有明文要求必须提交法律意见书。但随着行业迅猛发展,交易日渐活跃,参与主体也良莠不齐。为了规范行业整体发展,监管部门或受监管部门委托的行业自律组织会发布新规,要求某类特定项目必须由中国律所出具法律意见书。比如,基金业协会曾于2016年2月发布公告,要求新申请私募基金管理人登记、已登记的管理人重大事项变更,需提交法律意见书。新规给很多律所创设了新的业务增长点,同时带来了新的风险。部分律所因在出具法律意见书过程中未能勤勉尽责,被基金业协会列入"黑名单",三年内不再接受其"加工"的法律产品,信誉严重受损。

依照法律规定或监管部门要求出具的法律意见书,通常在体例、内容上都是有章可循的,好似有"菜谱"可依。以上市项目为例,证监会发布的《公开发行证券公司信息披露的编报规则第12号——公开发行证券的法律意见书和律师工作报告》中,专章规定了法律意见书的必备内容。从声明事项、正文到总体结论性意见,均有明确指引。对于正文,指引要求律师应在充分核查验证的基础上,对本次股票发行上市的以下(包括但不限于)事项明确发表意见,包括是否合法合规、是否真实有效,是否存在纠纷或潜在风险:

1. **本次发行上市的批准和授权**

2. 发行人本次发行上市的主体资格

3. 本次发行上市的实质条件

4. 发行人的设立

5. 发行人的独立性

6. 发起人或股东（实际控制人）

7. 发行人的股本及其演变

8. 发行人的业务

9. 关联交易及同业竞争

10. 发行人的主要财产

11. 发行人的重大债权债务

12. 发行人的重大资产变化及收购兼并

13. 发行人公司章程的制定与修改

14. 发行人股东大会、董事会、监事会议事规则及规范运作

15. 发行人董事、监事和高级管理人员及其变化

16. 发行人的税务

17. 发行人的环境保护和产品质量、技术等标准

18. 发行人募集资金的运用

19. 发行人业务发展目标

20. 诉讼、仲裁或行政处罚

21. 原定向募集公司增资发行的有关问题（如有）

22. 发行人招股说明书法律风险的评价

23. 律师认为需要说明的其他问题

（二）依照客户或交易相关方的要求

另外一些情形是，虽没有法律明文或监管部门要求，但客户或交易当中某一方需要律师出具法律意见书，尤其在客户或交易参与方中有国有企业时。这种情境下的法律意见书，不像前一种类型有明文指引，更多要依靠律师对

关联法律法规的理解，以及以往项目的经验。律师需要根据与客户的反复沟通和对项目的整体把握，来确定哪些事项作为重点核查内容，要列入法律意见书的正文。

以投融资项目为例，拟投资主体是国有企业，会聘请律师对整个交易进行尽调，包括投资标的和交易方案，确保交易的合法合规性。一般而言，律师会结合相关法律法规的要求，如《公司法》《企业国有资产法》和《企业国有资产监督管理暂行条例》等，对下述内容重点核查，明确发表法律意见：

1. 投融资项目是否符合国有企业投融资决策程序和相关管理制度；
2. 项目投融资规模、资金来源等是否符合国家有关法律法规及产业政策；
3. 项目合作方/标的公司的股权结构、资产状况、资质背景、财务状况、知识产权、重大诉讼仲裁事项及潜在法律风险；
4. 交易所涉重大合同或协议、公司章程；
5. 项目所在地与投融资有关的地方性法律问题。

可以看到，无论是依据法规或监管部门要求，还是依据客户或交易相关方要求，法律意见书都是"被动"生产的。律所可能会基于某个新规出台，主动向客户出具备忘录作为提示，但绝不会主动向客户出具一份法律意见书。原因在于，法律意见书是律师生产的所有文件中最为正式的、审慎要求最高的、法律责任最重的产品。很多时候，律师不仅不主动出具，反而会在客户要求提供时，与客户充分沟通，评估出具的必要性。如果不是实质性障碍需要明确发表法律意见，而仅仅需要律师提供一些操作上的建议，我们会调整为出具备忘录或操作指引，而非出具法律意见书。

二、一份好的法律意见书有哪些特质

（一）明

明，是"明确"。法律意见书的行文风格如果要划分星座，不是双子座的灵动多变，也不是白羊座的热情奔放，而是摩羯座的认真刻板。对事实的核查必须细致、充分，对事实的表述必须清晰、明确。明确背后，是审慎的态度、缜密的思维以及充分的耐心，即使赶时间、赶进度也要不急不躁地追问到底。

下面用具体案例来呈现何谓法律意见书所要求的"明确"。

案例1：历史沿革中，A公司曾以经审计的净资产折股整体变更为股份公司。律师需在法律意见书中阐述A公司股份制改制事宜。

表12-1　法律意见书之"明确"示例

序号	事实	修订前表述	修订后表述
1	作出股东会决议	[ ]年[ ]月[ ]日，公司作出股东会决议，同意以[ ]年[ ]月[ ]日为基准日，对公司进行整体改制，将公司**净资产人民币[ ]元折合为股份公司**成立后股本总额[ ]万股，每股面值1元。	[ ]年[ ]月[ ]日，公司作出股东会决议，同意以[ ]年[ ]月[ ]日为基准日，**通过整体净资产折股的方式**，对公司进行整体改制；截至[ ]年[ ]月[ ]日，公司经审计的净资产为人民币[ ]元，按照[ ]:1的比例折合为股份公司成立后股本总额[ ]万股，每股面值1元；**净资产大于股本的余额[ ]元计入股份公司的资本公积**。
2	签署发起人协议	同日，公司**全体股东**签署《发起人协议》。	同日，公司全体股东**作为股份公司发起人**签署《发起人协议》。
3	召开创立大会	[ ]年[ ]月[ ]日，公司召开**创立大会**，通过了股份制改制**相关议案**，并选举了第一届董事会成员及非职工代表监事。 根据上述决议和公司章程，公司以**净资产折股变更为股份公司**，股份公司注册资本为[ ]万元，经审计净资产超出注册资本的部分计入股份公司的资本公积。	[ ]年[ ]月[ ]日，公司召开**股份公司创立大会暨第一次股东大会**，通过了《关于[ ]股份有限公司筹建工作及整体变更方案报告的议案》《关于[ ]股份有限公司设立费用的议案》《关于制定〈[ ]股份有限公司章程〉的议案》《关于选举[ ]股份有限公司第一届董事会董事的议案》《关于选举[ ]股份有限公司第一届监事会监事的议案》《关于授权董事会办理[ ]股份公司登记备案手续的议案》共**6个议案**，并选举了第一届董事会成员及非职工代表监事。 根据上述决议和公司章程，公司以**经审计的净资产折股整体变更**为股份公司，股份公司注册资本为[ ]万元，经审计净资产超出注册资本的部分计入股份公司的资本公积。

续表

序号	事实	修订前表述	修订后表述
4	出具验资报告	[ ]年[ ]月[ ]日,[ ]会计师事务所（特殊普通合伙）出具《验资报告》,确认截至[ ]年[ ]月[ ]日,股份公司已收到全体股东**缴纳的**[ ]注册资本,净资产折股后剩余部分计入股份公司资本公积。	[ ]年[ ]月[ ]日,[ ]会计师事务所（特殊普通合伙）出具《验资报告》(**编号:[ ]**),确认截至[ ]年[ ]月[ ]日,股份公司已收到全体股东**以公司净资产折股方式缴纳的**[ ]万元注册资本,净资产折股后剩余部分计入股份公司资本公积。
5	办理登记备案	[ ]年[ ]月[ ]日,[ ]市场监管部门为本次整体变更**办理了**登记备案。	[ ]年[ ]月[ ]日,[ ]市场监管部门为本次整体变更办理登记备案,**向股份公司颁发《营业执照》(统一社会信用代码:[ ])**。

从修订前后的表述对比可以看出,要做到"明确",其实很简单。概言之,少用主观概括,多用客观阐述。阐述之细节,应尽可能完整,完整到具体日期、主体、文号、方式、金额等关键细节。最终的理想状态是,通过明确的表述,让细节说话,让事实说话。受众对事实的感知,不是来自"律师是这么说的",而是来自"我从具体细节中这么认为"。

（二）准

准,是"准确"。准确和明确的不同在于,明确更多针对事实描述,而准确更多针对法律分析。法律意见书的核心是对问题发表结论性意见,但意见不是平地一声雷轰然而出的,律师需要对问题展开一定的分析。准确,就是对该等分析的要求。需要说明的是,法律意见书不是分析研究报告,无须对分析论证过程毫无保留地呈现。结论性的法律意见是根本,这是青年律师需要注意的。

同样用具体案例来说明何谓法律意见书所要求的"准确"。

案例2:客户拟以财务投资者的身份投资于B公司,律师需在法律意见书中分析B公司目前实际控制人事宜。

257

表 12-2　法律意见书之"准确"示例

事项	修订前表述	修订后表述
分析认定实际控制人	公司第一大股东［］现持有 B 公司 34.65% 股份，为公司的实际控制人，理由如下： 1. 对公司股东大会产生重大影响 自 2005 年以来，［］始终为公司第一大股东，持股比例高于其他股东。 根据查询 B 公司历次股东会、股东大会决议和会议记录，经股东会、股东大会审议的议案均由出席会议股东一致同意通过，不存在［］对该议案投弃权或反对票但议案仍获得表决通过的情形。 综上所述，［］作为公司设立之初到目前为止的第一大股东，所持有的 34.65% 股份能够对 B 公司股东大会决议产生重大影响。 2. 对公司董事会产生重大影响 自 2005 年设立至今，［］始终担任公司董事长，能够对董事会决议产生重大影响。 根据查询 B 公司历次董事会决议和会议记录，经董事会审议的议案均由出席会议董事一致同意通过，不存在［］对该议案投弃权或反对票但议案仍获得表决通过的情形。	公司第一大股东［］现持有 B 公司 34.65% 股份，为公司的实际控制人，理由如下： 1. 对公司股东大会产生重大影响 自 2005 年以来，［］始终为公司第一大股东，持股比例高于其他股东。 2005 年至 2011 年 8 月期间，［］作为公司第一大股东，持股比例均在 50% 以上；2011 年 9 月至 2014 年 5 月期间，公司通过增资和［］转让部分股权的方式引入财务投资者和公司管理层股东，［］的股份比例逐渐稀释至 34.65%，但其持股比例远高于第二大股东［］，该等第二大股东持有公司 13.72% 的股份。截至本法律意见书出具之日，持有公司 5% 以上股份的股东情况如下： (1)［］，［］万股，34.65% (2)［］，［］万股，13.72% (3)［］，［］万股，9.54% (4)［］，［］万股，8.76% (5)［］，［］万股，6.51% 上述股东中（2）（4）（5）为 2011 年至 2014 年间入股公司的财务投资者，根据三位财务投资者股东的书面说明并经本所律师核查，该等投资者股东未签署任何一致行动协议。 根据查询 B 公司历次股东会、股东大会决议和会议记录，经股东会、股东大会审议的议案均由出席会议股东一致同意通过，不存在［］对该议案投弃权或反对票但议案仍获得表决通过的情形。 综上所述，［］作为公司设立之初到目前为止的第一大股东，**在持股 5% 以上的其余 4 名股东持股比例分散，亦未签署一致行动协议的情况下**，所持有的 34.65% 股份能够对 B 公司股东大会决议产生重大影响。 2. 对公司董事会产生重大影响 自 2005 年设立至今，［］始终担任公司董事长。**公司董事会共 7 名成员组成，其提名的董事人数为 4 人以上**，能够对董事会决议产生重大影响。

续表

事项	修订前表述	修订后表述
	综上所述，[ ]能够对B公司董事会决议产生重大影响。	根据查询B公司历次董事会决议和会议记录，经董事会审议的议案均由出席会议董事一致同意通过，不存在[ ]对该议案投弃权或反对票但议案仍获得表决通过的情形。 综上所述，[ ]能够对B公司董事会决议产生重大影响。 3.对公司董事和高级管理人员的提名及任免产生重大影响 经核查，B公司召开的2013年年度股东大会审议选举产生的公司董事会7名成员中，4名董事由[ ]提名，另外3名董事由3位财务投资者分别提名1名，[ ]提名的董事候选人均获得股东大会审议通过。 经核查，B公司召开的2013年第二次董事会审议聘请的公司5名高级管理人员中，2名副总经理、1名财务总监和1名销售总监均由[ ]提名，均获得董事会审议通过。

实务中，有的律师对实际控制人的认定就看持股比例和所任职务，看到持股比例超过50%同时担任公司董事长和总经理，就当然地认定其为公司实际控制人。这种分析不能说是错的，但不准确。一方面，控股且同时担任公司董事长和总经理是实际控制人问题中的"样板戏"，是标准情形；实务中还有很多情况是公司没有控股股东，只有第一大股东，且持股比例和其余几位股东相近，又或第一大股东仅仅出资，公司经营决策另有他人。另一方面，即使在上述"样板戏"情形中，也有可能其余股东之间签署了一致行动协议，进而在重大事项中通过一致行动安排，作出与第一大股东不同的决议。

那么当你分析时，需要明确实际控制人的认定应考量：

- 持股比例及是否存在一致行动协议或相关安排；
- 对股东（大）会决议和董事会决议的影响；
- 对关键人员提名和任免。

依据上述认定标准分析目标公司,而非套用标准情形剪裁复杂现实,这样呈现在法律意见书中的分析才是务实的、严谨的、准确的,而不是翻来覆去八个"样板戏"的堆砌。

(三)透

透,是"透彻",发表"结论性意见"。法律意见书不同于法律服务建议书、律师函、备忘录或尽调报告的最大区别就在于,它需要律师对拟议事项明确发表结论性意见。何谓"结论性",就是"YES"或"NO","符合"或"不符合"。假设这是一个歌唱选秀节目,结论性意见就是——转身还是不转身。结论性意见排斥模棱两可、犹豫不决的结论,如"基本符合""大致满足""大体上合法"。它要求律师经过对事实的明确阐述,对问题的准确分析后,得出透彻的结论意见。

仍然用具体案例来说明何谓法律意见书所要求的"透彻"。

案例3:C公司申请股份在全国中小企业股份转让系统挂牌并公开转让,律师需在法律意见书中对C公司的独立性发表法律意见。

表12-3 法律意见书之"透彻"示例

序号	事项	分项核查和法律意见
1	业务独立性	1.根据公司出具的书面声明并经本所律师核查,公司具备与生产经营有关的生产系统、辅助系统及配套设施,拥有与生产经营有关的各项技术的所有权或使用权,具有独立的原料采购和产品销售体系。 2.公司以自身名义独立开展业务,独立签署合同,无须依赖控股股东、实际控制人及其控制的其他企业,具有独立面向市场的主体资格和业务经营能力。 3.经公司出具的书面声明并经本所律师核查,公司的业务独立于控股股东、实际控制人及其控制的其他企业,与控股股东、实际控制人及其控制的其他企业间不存在足以构成业务依赖的关联交易。 本所律师认为,公司的业务独立。

续表

序号	事项	分项核查和法律意见
2	资产独立性	1. 根据［］出具的《验资报告》（文号：［］），公司注册资本已全部实缴。 2. 根据［］出具的《审计报告》（文号：［］），截至［］年［］月［］日，公司的总资产为［］元，净资产为［］元。根据公司出具的书面声明并经本所律师适当核查，截至本《法律意见书》出具日，公司合法拥有上述财产，公司不存在资金、资产被公司的控股股东及实际控制人占用的情形。 本所律师认为，公司的资产独立。
3	人员独立性	1. 经查阅公司员工名册、劳动合同、工资明细表、社保凭证，以及与管理层和员工访谈，公司员工的人事、工资、社保等均由公司人力资源部独立管理。根据公司出具的书面声明，公司与全体员工均签署了《劳动合同》。 2. 经查阅公司工资发放银行转账记录，公司总经理、副总经理、财务总监等高级管理人员均在公司领取报酬。根据上述人员出具的书面承诺，其未在公司的控股股东、实际控制人及其控制的其他企业中担任除董事以外的其他职务，未在控股股东、实际控制人及其控制的其他企业兼职或领薪，亦不存在自营或为他人经营与公司经营范围相同业务的情形。 3. 经查阅公司股东大会、董事会会议记录，公司股东提名董事、监事和总经理人选的程序合法有效，公司总经理聘请高级管理人员的程序合法有效。 本所律师认为，公司的人员独立。
4	财务独立性	1. 经核查，公司设有独立的财务部门，已建立独立的财务核算体系，开设了独立的银行账户（开户许可证核准号：［］，开户银行：［］，账号：［］），能够独立作出财务决策，具有规范的财务会计制度。 2. 经核查，公司持有《税务登记证》，公司依法独立纳税，不存在与控股股东、实际控制人及其控制的其他企业混合纳税的情况。 本所律师认为，公司的财务独立。
5	机构独立性	1. 经核查，公司的组织机构如下图所示①，公司完全拥有机构设置的自主权。同时，公司建立了股东大会、董事会、监事会，并制定了完善的议事规则，公司股东大会、董事会、监事会的运作独立于控股股东及实际控制人。 2. 经核查，公司的办公机构和生产经营场所系独立租赁使用，不存在与控股股东及实际控制人所控制其他企业混合经营、合署办公的情况。 本所律师认为，公司的机构独立。
结论性意见		综上所述，本所律师认为，公司业务、资产、人员、财务、机构独立。

---

① 此处图略。

法律意见书是律师出具的所有法律产品中最具有"实践品格"的。无论是按照法律法规或监管部门要求出具，还是依客户或交易相关方要求出具，都倚赖律师意见对拟议事项作出判断，比如同意或否决企业递交的上市申请、通过或不通过对标的企业的投资决策。因此，这类"特定读者"需要律师意见是透彻的、结论性的，而非朦胧的、商讨的，这也是法律意见书荣膺王牌产品的产品价值所在。

第十三章

法律谈判：准备、逻辑和表达

说完，我就带着两个小厮起身离开了。女土司要为小瞧人而后悔了。女土司犯了聪明人常犯的错误：小看一个傻子。这个时候，小瞧麦其家的傻子，就等于小瞧了麦子。在我身后，管家对女土司说：少爷这次很开心，你们一来，就铺了红地毯，而且马上叫我跟你们谈粮食，上次，拉雪巴土司来，等了三天，才谈到粮食，又谈了三天，他们才知道，不能用平常的价钱买到粮食。

——《尘埃落定》[1]

---

[1] 阿来著:《尘埃落定》，浙江文艺出版社2020年版，第225页。

第一节　准备：对面坐的是谁，要谈的是什么

对青年律师而言，参与项目谈判是一件令人激动的事。这意味着，你在做了诸多法律研究和底稿工作之后，终于来到了谈判桌前。尽管是以辅助工作为主，但你可以亲身经历项目的磋商过程，见证协议上的交易条款被打磨的经过，感受不同参与方力量的此消彼长，体味律师的某种坚持与妥协。这是一个有意思的经过，稍加留心，能从中学到很多。

说到谈判，很多人脑海中会浮现出西装革履、唇枪舌剑的画面。在真实的项目谈判中，这种情形也有，但没那么单一。有的场合，大家喝着茶，看上去是闲聊，其实说的也是交易协议的事，暗地里较着劲儿呢。还有的场合，双方吃着外卖，弥漫着牛肉丸子味儿的会议室里，一言一语都是条款协商。概言之，法律谈判没有那么刻板，虽然是个正式场合，但表现形式多种多样，你大可不必绷起脸来，面部高度僵硬不利于交谈气氛的营造。是的，从本质上来说，谈判不是一场比赛，而是一种交谈；它追求的不是输赢，而是交换双方评价不同的商业条件。

参与法律谈判，准备工作胜过谈判技巧，要做尽可能充足的准备。哪怕你是前一晚才收到电邮，甚至一个小时前才被通知，都要用仅存的时间获取尽可能多的信息。信息收集从两个维度展开，一是人物，即交易对手，了解你对面坐的是谁；二是事件，即项目情况，了解各方要谈的是什么。如何获取这些信息呢？以下三种方式你可以尝试。（见图 13-1）

首先，仔细查阅你收到的电邮或通知。通常电邮附件会有一系列相关文件，如合作备忘录、合作框架协议或股权转让协议初稿等，请认真阅读这些交易文件，它们是接下来要谈的事项的基础。同时，交易对手的公司名称在前述文件中也能看到，你甚至可以从合作备忘录这样双方达成的共识基础中，看到拟议交易的框架。法律谈判与纯粹的商务谈判不同，后者需要对整个商务合作进行商谈；而法律谈判，更多时候是客户和交易对手已经就商务条件达成基本共识，需要律师协

助的，是将商务条件落实为法律条款，并就项目主要法律问题或操作细节再与对方进行洽谈。在这种细微的区别中，先了解客户与对方已经达成的合作基础，对于律师接下来的工作非常重要。我曾遇到过在参与某次项目谈判中，对方律师就某个投资前提条件反复向各方确认，喋喋不休地阐述意见，但事实上，该条件作为投资前提双方已经确认，在客户发出的已签署的合作协议中已经明确。我相信这位律师虽然回复了"收到"，但并没有完整看过附件资料。在这种情况下发表意见是极其草率的，不仅耽误各方有效沟通的时间，也影响客户对律师的信任。

其次，向发出电邮或通知给你的合伙人、主办律师确认项目信息。有时，你通过收到的通知只知道要一同参加，并没有收到相关资料，甚至你只是应急上阵，对整个项目一无所知。这种情形，千万不要觉得你可以"打个酱油"混过去就可以了。每一次参与项目谈判，都是很好的学习机会。你能学习到什么，取决于你想学习什么；你能学习到多少，取决于你准备了多少。所以，不要怕麻烦，主动向团队其他律师了解项目情况，了解文件资料。很多时候，他们出于忙碌或各种原因，不会将谈判相关资料提前整理给你，但只要你主动询问，他们都会乐意提供。你认真准备的态度，也会让团队律师意识到，接下来的谈判工作，他有一位得力的同事共同参与。

此外，你还需要向合伙人或主办律师确认的是，你在参与谈判中的具体工作。一般而言，主谈的是客户，合伙人或主办律师会就客户询问或相关法律问题提供建议，供双方协商参考。你需要明确，是否需要准备会议材料，是否需要就谈判过程做会议记录或起草备忘录，是否需要在谈判结束后修改相关交易合同等。明确了工作任务，在参加谈判时有助于记录相关信息，避免重要信息的遗漏。

最后，在时间允许的情况下，试着搜索你的交易对手方，包括查询其网站，搜索相关新闻，看看他们的最新动态，了解一下坐在谈判桌对面的人们，眼下在做哪些事情，最关注的是什么。这些信息不会与法律谈判有直接关联，但有时可作为辅助信息提供给你的合伙人。而你在查询过程中，也能从一种更高的视角去了解当下具体项目的意义。作为年轻律师，你虽然在做辅助性质的工作，但一点不妨碍你从交易主体的视角去理解和评估整个项目。在这样的训练中，你会有更好的成长，而非陷入琐碎事务中不得要领。

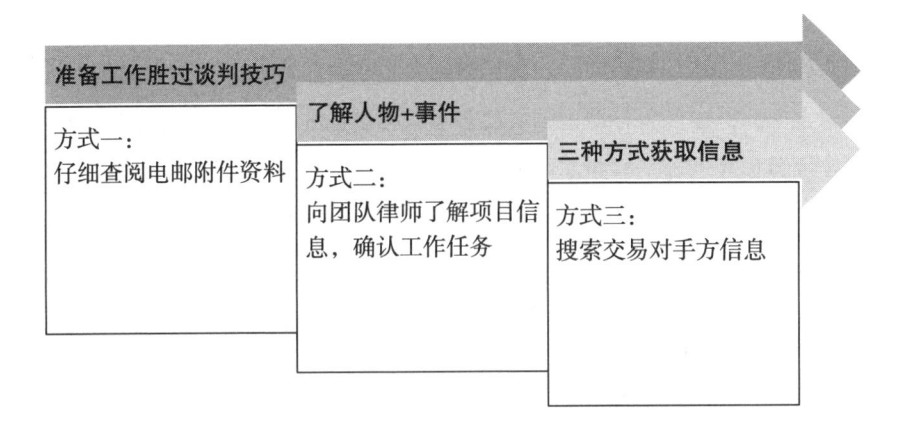

```
准备工作胜过谈判技巧
  方式一：          了解人物+事件
  仔细查阅电                        三种方式获取信息
  邮附件资料     方式二：
                向团队律师了解项目信   方式三：
                息，确认工作任务      搜索交易对手方信息
```

图 13-1　法律谈判准备工作要点

最初接触法律谈判的人，往往冲动于寻求技巧方面的提升。在我看来，技巧的运用是需要基础的，若你对法律谈判没有一些感性的认知，没有充分的、大量的准备工作训练，追求技巧无异于空中楼阁。而准备工作，并不是如你想象的只有琐碎和庞杂，所谓的"脏活累活"。如前所述，你甚至可以在信息收集中把自己作为交易参与方来评估和思考这个项目。事项虽然是具体的，思维却可以是全局的。准备工作做好了，就为接下来的法律谈判开了个好头。

第二节　逻辑：如何总结交易条款的谈判要点

完成准备工作后，我们来看置身于谈判场合中，律师的着力点是什么。在本节，我将假设一个为投融资项目提供法律服务的场景。在投融资项目中，必不可少的就是法律谈判。无论创业者（目标公司）还是投资者，都需要在自己律师的陪同下，与对方坐下来商定投资协议条款，将交易意向落定为文本约定，并在其中尽可能为己方争取权益。这是一个典型的法律谈判场合。

在参与投融资项目法律谈判的过程中，我发现一个有意思的情形——无论创业者还是投资者，都觉得己方是弱势群体。从创业者的角度而言，投资协议如同不平等条约，满纸都是投资者权利保护条款，更要命的是一些条款读八遍仍不清楚要干啥，隐隐觉得"对赌"、回购、优先清算等套子已经将自己装得严严实实。本应一言九鼎的创始股东，瞬间有了几分长工与地主签卖身契的即视感。与之相反，投资者亦惶惶，大吐苦水声称自己才是弱势群体，眼花缭乱的权利保护条款在纸面上搭建了保护屏障，但落到实践中，少有投资者会切实参与目标公司的经营管理，信息的极度不对称往往使其吃了哑巴亏。这样的谈判场景，如果只看到客户一方的诉求，谈判无异于自说自话。律师的着力点不在于强化客户的强势或弱势地位，而在于理清谈判内容的逻辑，为谈判场合赋予逻辑思维。何为"赋予逻辑思维"？即持有明确的权利义务主张，并且有确切的依据支持。客户比律师更懂自己要什么，不要什么，那为何谈判还需要律师参与？原因在于，利益主张需要表达为明确的权利义务，并且律师要论证为什么我方应当拥有这些权利，为什么这些义务负担不合适，需要调整。

于此，你可以看到，律师在谈判中的着力点不是利益，而是逻辑——将客户希望的利益表达得有主张、有依据。如何训练这种谈判中的逻辑性呢？在我最初参与法律谈判时，曾查阅过很多关于谈判的书籍，大多偏重技巧泛泛而谈，具体到业务中难以实行。后来，谈判参加得越来越多，我尝试总结了提升谈判场合逻辑性的方法，它不是一种或几种技巧，说是一种工作方法兴许更恰当一些，那就是总结交易条款的谈判要点。以下仍以投融资项目谈判为例，详细阐述如何通过总结交易条款谈判要点的方法，为法律谈判赋予逻辑思维。

一、如何梳理谈判内容的基本架构

假设我们代表投融资项目中目标公司的创始股东，也就是创业者一方，谈判内容是投资条款。对拟融资——尤其是 A 轮融资的公司而言——无论是框架协议（Term Sheet）还是正式投资协议，投资条款都显得太过专业而不得要领。创业者关心的是，酷炫的名称下，投资条款的具体含义及适用情形。鉴于此，作为创业者的律师，在分析具体条款之前，我们首先需要梳理一份投资协议的基本架构，而不是一上来就探讨估值条款的设计、"对赌"条款的安排。只有创业者对一份投资协议有全面而理性的认识，接下来的谈判场合才可能有逻辑、有效率。

一份完整的投资协议通常包括如下内容：定义与解释、投资金额及比例（估值条款）、陈述与保证、业绩承诺（"对赌"条款）、领售权、跟售权、反稀释条款、回购条款、知情权和检查权、经营管理（委派董事）、股权激励安排、股份制改制、上市、优先清算权、保密条款、通知条款、费用承担、违约和赔偿、适用法律及争议解决、其他事项。

在上述章节条款中，估值条款、反稀释条款、"对赌"条款、领售权、跟售权、回购条款、知情权和检查权、委派董事、优先清算权属于投资者权利保护条款，是投资协议中的实质性条款，即法律谈判的重点。定义与解释、陈述与保证、保密和通知条款属于格式条款；费用承担、违约和赔偿、适用法律及争议解决，则是一般性的合同条款，如交易中产生的审计、法律等中介费用由双方各自承担／由目标公司承担，再如争议解决选择法院诉讼／选择指定的仲裁机构仲裁，其与格式条款共同作为投资协议中的程序性条款。股权激励安排、股份制改制、上市不是必备条款，属于上市安排的内容，但往往投资者有此要求，主要在于所投公司上市是投资者退出的优选渠道，而股改作为上市的必经之路，投资者一般对此也有时间要求，股权激励则是为了激励员工进而促进公司业绩提升早日上市而设。（见图13-2）复杂的条款设计背后目的无非四个：保障资金安全、参与公司治理、获得投资回报和确保退出渠道。（见图13-3）

实质性条款	程序性条款	其他条款
·估值条款 ·反稀释条款 ·对赌条款 ·领售权 ·跟售权 ·回购条款 ·知情权和检查权 ·委派董事 ·优先清算权	·定义与解释 ·陈述与保证 ·保密条款 ·通知条款 ·费用承担 ·违约和赔偿 ·适用法律及争议解决	·股权激励安排 ·股份制改制 ·上市要求

图13-2 常见的投资协议基本条款

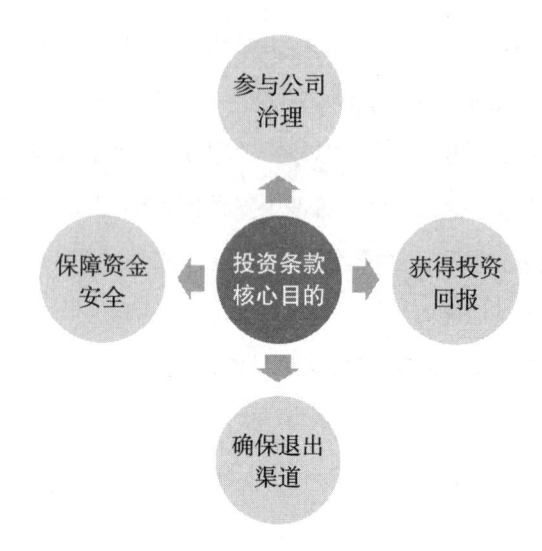

图 13-3　投资协议条款设计之目的

一般而言，投资协议不会具备上述全部条款，尤其实质性条款部分，通常只是上述汇总的子集，视投资者与创业者的谈判博弈而增减。从这个角度看，投融资谈判谈的不仅仅是一份清单或协议，更是创业者与投资者未来关系的蓝图。美国风险投资人布拉德·菲尔德（Brad Feld）和杰森·门德尔松（Jason Mendelson），根据参与的数百起风险投资融资交易总结认为，VC（Venture Capital，风险投资）在投资时只关注两件事——经济因素和控制因素，并基于此将条款清单划分为两大类——经济性条款和控制性条款，前者关乎投资收益，如估值条款、反稀释条款；后者关乎控制权，如委派董事、知情权和检查权。[1] 这个划分虽然无法收罗完整投资协议中的全部条款，但有助于在繁杂的约定背后认识条款的真实目的。

事实上，控制性条款是辅助经济性条款的，对附存续期限的投资基金而言，阶段性参与目标公司治理只是为了获得本金加回报以及华丽退出。从这个意义上，我们可以理解，实质性条款中经济性条款是核心；而经济性条款，一类关注

---

[1] 〔美〕布拉德·菲尔德、杰森·门德尔松著：《风险投资交易》，桂曙光译，机械工业出版社2015年版，前言。

资金安全及投资回报,另一类关注资金退出。接下来我们看如何解析经济性条款,并总结不同条款在实操中的谈判要点。

二、如何总结交易条款的通俗释义和谈判要点

(一)关注资金安全及投资回报的经济性条款

投资者的钱被戏称为"不砍手的高利贷",保障资金安全及获得投资回报是其重要目的。经济性条款中关注资金安全及投资回报的主要是估值条款、反稀释条款和"对赌"条款,每一条款的释义和谈判要点如下。

1. 估值条款

● 典型表述

投资金额:3000万元人民币,获得交割后12%的公司股权。

估值,是你在各个咖啡馆听邻座的人谈创业、扯融资最高频的词汇,没有之一。估值是资本市场参与者对一家公司在特定阶段的价值判断,简单说,就是这家公司目前值多少钱。理论上,一家公司的估值 = 已发行股票 × 每股价格;由于涉及定价,这是多数创业者最为重视的条款,谁也不愿意把自个儿给算便宜了。

对于估值,律师首要要提醒客户的是,应区分投前估值和投后估值,投后估值 = 投前估值 + 本轮投资额。比如,投资者口头说:估值2000万元,拟投500万元,若此处估值为投后估值,则公司融资后投资者持股25%;若为投前估值,则融资后投资者持股只占20%。这是一个小细节,但在口头商讨时就应该进一步追问,虽然后续谈判及正式签署的书面协议会写清楚,但潜在影响在于,创业者对此问题的反应和处理一定程度上会奠定其谈判地位——投资者将通过你对模糊条款语言的反应,判断其面对的是一只吃素的傻兔子还是机敏的 Judy。①

布拉德·菲尔德和杰森·门德尔松的如下建议更为实际:

---

① 还记得在迪士尼动画片《疯狂动物城》中,只身去大都市追寻警察梦的兔子 Judy 吗?

当你开始与VC谈判时，通常会对价格进行口头的商讨。对此如何应对处理在很大程度上会奠定你的谈判地位。所以你要提前熟悉这些模糊语言，表现出对基本条款非常熟悉，完全是一个行家里手。我们所接触的最棒的创业者都会明确假设前提，他们会说一些类似"我想你2000万美元的意思是投资前估值"这样的话。这就迫使VC把话说清楚，而且如果他确实是指2000万美元的投资前估值，那么在谈判中也没花费你的任何成本。[①]

不同行业有不同估值方法的选择，并结合公司财务数据作分析。而影响估值的因素，除了财务数据、财务模型这样定量的，还存在如下定性的影响因子：

（1）公司所处的发展阶段，如种子期、成长期还是成熟期。

（2）与其他资金源的竞争，即多找几家对公司或项目感兴趣的VC/PE，尽管框架协议中一般都有排他期条款，即签下框架协议后一定期限内（如60日），不得征求任何有关股权/债务融资或股权出售的第三方请求或要约，即确保创业者对投资者的"感情专一"，但在洽谈阶段，创业者如能面对不单一的潜在资金源，在估值上会有较大的谈判空间。

（3）团队经验及核心技术/管理人员，尤其在对初创企业的投资中，投公司很大程度上是投团队。

（4）资金的进入时点和当前经济环境，这不是创业者或投资者所能控制的，但对估值条款影响很大，它会潜在影响投资方作决策时采取扩张的还是保守的估值。

在对公司估值时，定量的分析可以交给财务顾问，而上述定性的影响因子则应当提示客户，此为创业者在谈判中需要先行判断，进而与投资者博弈的谈判筹码所在。

---

① 〔美〕布拉德·菲尔德、杰森·门德尔松著：《风险投资交易》，桂曙光译，机械工业出版社2015年版，第40～41页。

2. 反稀释条款（Anti-dilution）[①]

● 典型表述

公司在首次公开发行股票并上市前拟增加注册资本，且对应的认购价格低于投资者根据本协议对应的认购价格，投资者有权要求创始股东无偿（或以象征性价格）转让一定比例的公司股权，以反映公司的新估值。在该调整完成前，公司不得增发新的股权类证券。除非股权增发属于（i）ESOP股权；（ii）行使既有期权或购买权；或者（iii）与兼并、收购、重组和类似交易而发行的用于代替现金支付的股份。

反稀释条款，也称为反摊薄条款，或者价格保护机制。其适用于后轮融资为降价融资时，即公司拟增加注册资本对应的认购价格相较于投资者先前认购价格低，此为降价融资。简单说，降价融资就像你刚以吊牌价买回家的春季新款，第二天专卖店就八折促销，这意味着投资者之前对公司股权"买贵了"。反稀释条款就是为在公司以低于先前融资价发行股份时保护投资者利益而设，如果后续融资的股权价格较低，那么原投资人可启动反稀释条款来保护自己的股权价值不被降低。

保护的方式通常有两种：完全棘轮（Full Ratchet）和加权平均（Weighted Average），前者比后者能更大限度地保护投资者。适用完全棘轮条款时，原投资者过去投入的资金所换取的股权全部按新的最低价格重新计算，增加的部分由创始股东无偿或以象征性价格向原投资者转让。完全棘轮的特点在于不考虑新增出资额的数量，只关注新增出资额的价格。与此不同，加权平均条款则将新增出资额的数量作为反稀释时的一个重要考虑因素，既考虑新增出资额的价

[①] 按照《元照英美法词典》的解释，英美法视域下的反稀释条款，是可转换证券上的条款，以保证证券持有人享有的转换之特权不受股票之再分类、拆股、股票红利或相似的未增加公司资本而增加发行在外的股票数量的做法的影响。参见薛波主编、潘汉典总审定：《元照英美法词典》，法律出版社2003年版，第79页。

格，也考虑融资额度。"加权"即指考虑新增出资额数量的权重。加权平均有个计算公式如下：

A= 原投资者获得反稀释补偿后的每股新价格
B= 原投资者实际的每股价格（相当于已支付的吊牌价）
C= 新发行前公司的总股数
D= 如果没有降价融资，新发行总价款应当购买的股权数量
E= 当前发生降价融资，新发行总价款实际购买的股权数量
A=B×(C+D)/(C+E)

没错，这的确让人有"尿点"，此处举个例子对比完全棘轮条款与加权平均条款在实操中的区别以及对创业者的影响，如表13-1所示：

表13-1 反稀释条款中完全棘轮条款与加权平均条款影响对比

事项	完全棘轮条款	加权平均条款
新发行前创业者股权数量	40000	40000
原投资者股权数量	15000	15000
原投资者每股价格	2	2
新投资者股权数量	10000	10000
新投资者每股价格	1	1
原投资者总投资额	30000	30000
原投资者获得反稀释补偿每股新价格	1	约1.846
原投资者获得反稀释补偿股权数量	15000	约1250
新发行后创业者股权数量	25000	约38750

正因为不只关注新发行的价格，也考虑新发行的融资额度之权重，才使加权平均不像完全棘轮那样严苛。严苛是表面，完全棘轮的本质在于公司降价融资的法律风险完全由创业者承担；而加权平均则引入融资额度所占权重，最终由投资者和创始股东共同承担降价融资的后果。洞见条款实质，有助于律师帮助

创业者在谈判中给出有力的理由，进而说服投资者。比如，同为公司股东，对于公司后续发展出现降价融资，显然共同承担后果更为公平合理。基于此，从创业者的角度，总结反稀释条款谈判要点如下：

（1）不到万不得已，不建议接受完全棘轮，尽可能争取加权平均解决反稀释问题。

（2）通过设定限制条件降低反稀释条款的影响，如设定在 A 轮融资后某个时间段内的低价融资豁免；或者设置一个价格底限，只有后续融资价格低于此时，才触发反稀释条款。

（3）列举尽可能多的反稀释例外事项，某些情形下，即使公司低价发行，按照商业惯例并不触发反稀释，典型如实施员工股权激励计划，或并购中发行股份代替现金支付。

3. "对赌"条款（Valuation Adjustment Mechanism，VAM）

● 典型表述

目标公司和原股东承诺公司 2014 年度经审计的净利润不低于 1000 万元。如果低于此业绩承诺，则视为目标公司未完成经营指标，各方同意以 2014 年度经审计的实际净利润为基础，按照约定市盈率重新调整本次交易的投资估值，调整后投资者有权选择（1）标的公司所有股东所持有的股权比例保持不变，公司以现金方式一次性退还相应多付的投资款；或（2）按照重新调整后估值重新计算原投资款应持有的公司股权比例，增加部分由创始股东无偿转让。

这是投资协议中最接地气的条款，哪怕对投资协议一无所知，也对"对赌"二字有所耳闻。"对赌"既可以条款形式存在于投资协议中，也可以一个专门的协议即"对赌"协议存在。"对赌"，是个相当于"二狗"的小名，学名叫作"估值调整机制"。其为投资者与创业者在达成投资协议时，对公司未来发展不确定情况所进行的一种约定；若约定条件成就，投资者或创业者有权行使某种权利。从权利性质的角度来讲，"对赌"条款约定的是一种期权。

律师需要提醒创业者关注"对赌"条款的两个方面。(见图13-4)一方面是"对赌"的对象。常见的"对赌"对象,是目标公司未来业绩或上市时间,所谓"赌业绩"或"赌上市"。除此之外,项目中也有互联网企业"对赌"平台活跃用户数。依据公司的行业性质,可以约定不同的"对赌"对象。但万变不离其宗,利润是投资者最看重的指标,一般以会计师事务所审计确认的税前或税后利润为准。除利润指标外,根据目标公司具体情况,投资者也会对公司的营业收入、利润率等其他财务指标予以要求。

另一方面是"对赌"的工具,通俗说就是"对赌"的筹码,拧开可乐瓶盖是奖励五毛还是再来一瓶。常见的"对赌"工具有:

(1)股权补偿,即在约定条件未成就或成就时,"赌输"的一方无偿或以很低的价格向对方转让一定比例的股权,以体现对其的补偿。

(2)货币补偿,直接根据约定的条件和计算方法,给予特定方现金补偿。

无论股权补偿还是货币补偿,"对赌"条款的逻辑在于估值调整。投资者对标的公司投资时,往往按P/E(市盈率)法估值,以固定P/E值与标的公司当年预测利润的乘积,作为最终估值,并以此估值作为投资的定价基础。投资后,若实现的利润达不到承诺的利润,投资者会按照实际实现的利润对此前的估值进行调整,基于此产生了退还投资者部分投资款或增加其所持股权的情形。

*关注"对赌"的对象	*关注"对赌"的工具
(1)"赌业绩",一般以利润为指标 (2)"赌上市",一般要求投后三至五年内实现合格IPO (3)应合理设定业绩指标和预测上市时间	(1)股权补偿或货币补偿,"赌输"的一方向对方无偿/低价转让一定比例股权或补偿现金 (2)双向性,即可创业者向投资者补偿,也可投资者向创业者补偿

图13-4 "对赌"条款的谈判要点

（二）关注资金退出的经济性条款

我曾在不同项目中接触了风格各异的投资者，有保守的，有激进的，但均步调一致地认为如何保证安全退出，是比如何追求高收益更为重要的话题。他们常常分享一个心得——活着就好。戏谑背后的商业逻辑在于——投资基金的存续期限。不同于创业者是单个自然人或整个团队，投资者通常以投资基金的方式进行资本运作，而一个风险投资基金一般有10年的平均存续期来运营，因此投资者不仅需要挣钱，还得"只争朝夕"地挣钱，他必须考虑把资金投进公司后打算一起"相处"多少年。一旦标的公司未能成功上市或被并购，与退出相关的经济性条款便能保证投资者的退出通道。投资者退出有四种常见的方式：上市（"合格 IPO"）、清算、股权回购或并购。上市皆大欢喜自不必言，经济性条款中有关退出的条款一般与后三种退出方式关联，每一条款的释义和谈判要点如下。

1. 优先清算条款（Preferred Liquidation）

● 典型表述

若发生清算事件，投资者可优先于其他股权的持有人获得相当于投资的金额加上任何宣布而未派发的红利（"优先额"）。在优先额得到全面偿付之后，公司的全部剩余资产或公司或其股东所获的款项按照股权比例派发给全体股权持有人。

优先清算条款，像一座大厦里指向拐角楼梯的安全出口，它关乎投资者的退出，决定目标公司在发生清算事件时蛋糕如何分配。清算优先权一般有两个组成部分：优先权（Preference）和参与分配权（Participation）。[①] 参与分

[①] 按照《元照英美法词典》的解释，优先权在内涵上可以分为不同权益内容的优先，诸如优先受偿权，是破产时部分债权人享有的全部或部分债权优先受偿的权利；优先认购权，是公司股东依其原持股比例优先认购公司新发行股份的权利等。在本节优先清算条款中，优先权主要指优先受偿权。参见薛波主编、潘汉典总审定：《元照英美法词典》，法律出版社2003年版，第1078页。

配权进一步分为三种：无参与权（Non participation）、完全参与分配权（Full participation）、附上限参与分配权（Capped participation），混搭下就有三种清算优先权，如图13-5所示：

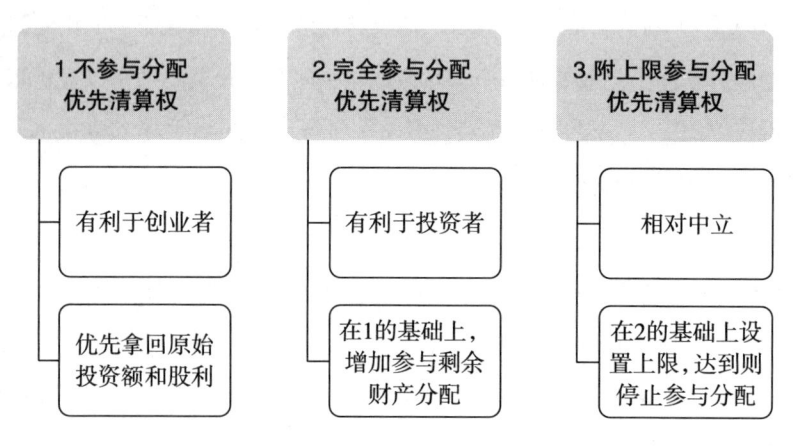

图13-5　优先清算权的类型

上述划分原本针对的是英美法实践中A系列优先股股东，相较于普通股股东而言优先拿回投资金额加一定回报，在保障这一点的前提下，来谈是否将优先股转化为普通股并按股权比例分配公司剩余财产。在我国现行法律框架内，优先股发行主体仅限于证监会规定的上市公司（可公开发行，也可非公开发行）以及非上市公众公司（只能非公开发行），故有限责任公司不存在优先股股东及转化的问题。但几乎所有投资者都会采取如下对其有利的制度安排：

（1）要求从公司全部可分配财产中优先分配获得投资款加一定回报；

（2）可分配财产不足以按（1）进行分配时，则应全部分配给投资者；

（3）按（1）进行分配后仍有剩余时，所有股东不分先后地按股权比例进行分配。

可见，在优先清算权上，即使公司没有优先股安排，投资者一般也会要求参与分配的优先清算权，至于完全参与还是附上限参与，就看双方的谈判博弈了。需要说明的是，优先清算条款的触发器——清算事件，并不是一般理解意义上的公司关门倒闭。在投资协议中，清算事件有更为丰富的内涵，除公司法规定的公司因法定原因解散而成立清算组进行清算外，一般如下情形也被视为清算事件：

（1）公司与其他公司合并，且公司股东在新设公司或者存续公司中不拥有控股地位；

（2）公司被收购；

（3）公司出售、许可或以其他方式处置全部或部分核心资产。

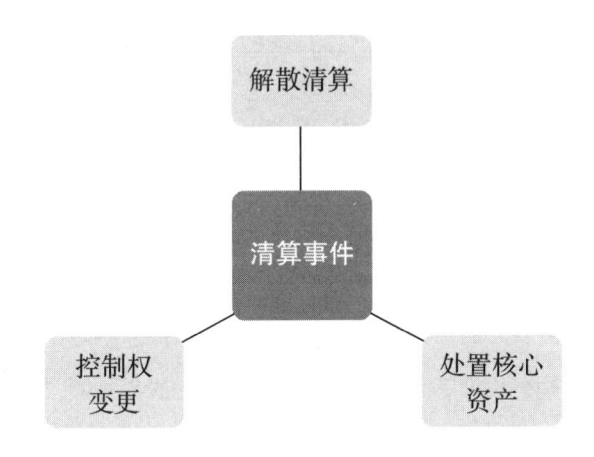

图 13-6　优先清算条款中的清算事件情形

从这个角度来看，律师帮助创业者在谈判时，尽可能删减视为清算事件的情形，不失为一种有利争取。

2. 股权回购条款（Redemption Rights）

● 典型表述

若发生本协议所列之任一触发回购情形，投资者有权向任一创始股东要求其按约定公式计算出的股权回售价款购买投资者持有的公司股权。创始股东应在收到出售通知后 90 日内，无条件地购买标的股权并支付全部股权回购价款。

回购权，既是一种退出渠道，也是一种担保方式。回购条款的谈判中，触发回购的情形是首要问题。框架协议对回购一般三言两语写明有这么个事，但在正式投资协议中，会明确界定哪些属于触发回购的情形，包括但不限于以下情形。

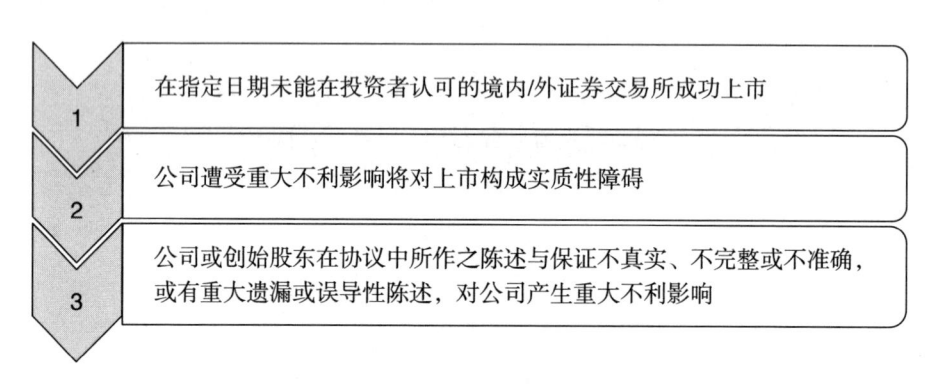

1. 在指定日期未能在投资者认可的境内/外证券交易所成功上市
2. 公司遭受重大不利影响将对上市构成实质性障碍
3. 公司或创始股东在协议中所作之陈述与保证不真实、不完整或不准确，或有重大遗漏或误导性陈述，对公司产生重大不利影响

图 13-7　触发股权回购的常见情形

简而言之，触发回购多为公司未能成功上市，双方不能好好做朋友了，感情的小船说翻就翻，投资者要求创始股东把自己的股权买回去，两人分手。关于哪些属于触发回购的情形，图13-7仅为例举，并非标配，这个是可以谈的。包括什么叫"对公司产生重大不利影响"，也是需要在定义与解释条款中进行定义的。由此关联到法律谈判的一个重要原则——必须确认模糊概念下的具体内涵。比如，反稀释例外事项具体所指、清算事件具体所指、触发回购情形具体所指、重大不利影响具体所指。不把这些模糊概念定义明确，将给予交易对手基于主观判断的不恰当的控制权，从而使自己陷入泥淖。

回购条款中另一个需要注意的地方是，股权回购价款的计算方式。常规为投资者出资款＋每年按照一定比率计算的回报，同时可以要求扣除每年已获得分配的分红或股息。

实务中，投融双方演绎回购权的常见剧本是：在某一约定的时间节点，目标公司因上市未果触发股权回购条款，因资金问题无法回购导致投资者启动领售权，而目标公司的出售成为清算事件又可能触发优先清算权条款。由此可见，在投资协议中，投资者利用权利保护条款对自身利益形成了环环相扣的保护。

正是从这个角度，有同行睿智地指出：不论被称为战略投资者、风险投资者还是财务投资者，他们的本质都是一样的，都以逐利为目的。对 Pre-IPO 投资者来讲，他们就是那些在结婚时就想好什么时候离婚以及离婚时怎么处理财产的人。提及此，并非阻碍创业者拥抱资本，而是提醒创业者了解你的交易对手——不仅仅了解他能给你多少钱，更要认知其商业角色的本质。

3. 领售权（Drag-Along Rights）

● 典型表述

在合格 IPO 之前，如果多数 A 类优先股股东同意出售或清算公司，剩余的 A 类优先股股东和普通股股东应该同意此交易，并以同样的价格和条件出售他们的股份。

这是英美法实践中典型的领售权安排。A 类优先股股东通常都是投资者，只是在不同时间节点进入公司，故该条款意在投资者强制公司原有股东——主要是创始股东和管理团队，参与到投资者发起的出售公司的交易中。

为何一定要把创始股东拉进来呢？通常在企业并购时，收购方会购买目标公司全部或大多数股权，如果股权比例太低，便失去收购的价值。所以，如果有合适的并购标的出现，投资者这样的小股东手中持有的股权比例往往是不够的。由于该交易是投资者所主导发起，转让价格和条件亦为投资者与第三方所达成，可以想见，当这个交易摆在面前时，创业者内心是拒绝的。不仅是话语权和价格条件的问题，更是情感投入的问题，创业者一般都比投资者对公司更眼含泪水爱得深沉。所以，领售权又被称为强制出售权，解决的是在 IPO 前或 IPO 失败之后，有人愿意收购而创始股东不愿出售时投资者的退出问题。

从创业者的立场来讲，这的确是一个很难接受的条款，但又普遍存在于投资协议中。可行的办法在于寻找谈判空间，标准条款存在的意义只是学习，最终归宿是在实践中被打破。就领售权条款而言，至少存在如下两个谈判角度：

第一，争取让领售权基于大多数股东同意，而不仅仅是投资者股东。如前所述，典型领售权一般设定多数 A 类优先股股东同意即可，而 A 类优先股在 Pre-IPO 的公司中并不适用，进而创业者可以法律环境为由，要求投资者将"多数 A 类优先股股东同意"修改为绝对多数股东同意，比如"持有公司三分之二（含本数）以上股权的股东同意"，假定创业者在 A 轮 B 轮中股权未被稀释太多的话，三分之二同意的原则是完全可以表达创业者意愿的。事实上，多数 A 轮投资者进入公司后持股一般不超过 10%。我们曾在参与的项目中以此为由，将投资者较为苛刻的领售权条款最终修改为如图 13-8 所示。在四名创始股东通过一致行动协议安排合计持股比例超过 70% 的情况下，领售权事实上对创业者已降到最低法律风险。当然，后续融资中若创始股东股权被稀释，则又是另外一回事了。谈判中，政策法律环境往往是个体面的说辞，可以让交易对手部分让步接受你的主张。

投资者提出的条款	我们代表创业者谈判修改后的条款
如果多数 A 系列优先股持有人决定出售公司，其余的股东应同意该出售并不得提出异议	如果投资者拟将其持有的公司股权转让给第三方，且投资者与该第三方达成的协议已获得持有公司三分之二（含本数）以上股权的股东同意，则投资者可要求其他股东以同等条款和条件，将其持有的公司股权全部或部分出售给该第三人

图 13-8　领售权条款的谈判示例

第二，争取为触发领售时的并购设置限制条件，譬如公司保底估值、收购保底价格。第一种修改事实上架空了投资者的领售权，当投资者不同意，创业者必须退一步时，可争取为交易设置限制条件。谈判要点包括：在投资者与该第三方达成的协议中（1）公司估值不低于本轮投后估值的 2 倍；或（2）每股价格达到本轮投资者投资价格 3 倍以上（均包含本数）。这些絮叨的条件可以避免公司在面临困境时被低价抛售。此外，在支付方式上也有可谈判空间，现金自然是极好的，上市公司的可自由交易的股票也可，但若该第三方是非上市公司，要以自己的股权或其他非上市公司股权作为支付手段，那就需要好好斟酌了。

综上所述，一方面，领售权并不是投资者牵个头，对公司想卖就能卖，双方可以博弈并且应当明确约定的空间有很多；另一方面，领售权也不是洪水猛兽，对创业者而言实际就是卖掉公司，套现走人，而非人们常说的"净身出户"。吸引眼球的概念街角小报用用无妨，但作为一名律师，一定要严谨客观。

4. 跟售权（Tag-Along Rights）

● 典型表述

如果创始股东拟转让其持有的公司股权，则应于此等股权转让之前向包括投资者在内的全体股东发出书面通知；在收到通知后，若投资者不行使优先购买权，则投资者有权（但非义务）按照书面通知中载明的相同条件，在按约定公式计算出的可跟售股权限额范围内参与出售公司的股权。创始股东有义务促使受让方以同等交易条件接受投资者股东拟跟售的股权。

跟售权，又叫共同出售权或依托权，是指在其他股东尤其是创始股东欲转让股权时，投资者有权按出资比例以同等交易条件一起向第三方转让股权。与领售权相反，此处的交易条件往往由创业者与第三方商谈，即该交易以创业者为主导，投资者仅仅是接受和参与其中，并不像领售权那样由投资者牵头整个交易，因此称之为跟售即"跟随出售"之意。

之所以有这样的条款安排，系投资者在创业者想"撤退"时，希望自己有个跟着——甚至先于——创业者"撤退"的机会。与领售权相同，跟售权也是一个涉及第三方权利义务的条款安排。在现行法律框架下，除非《公司法》明文禁止，公司股东之间作出的任何约定，包括强制出售或共同出售都不受法律禁止。但该等约定只能在公司股东之间产生约束力，并不能约束第三方，而无论领售权还是共售权，恰恰都涉及了第三方，这是二者的相同之处。

跟售权与领售权不同在于，领售一般是收购方希望购买目标公司全部或大多数股权，因此投资者把创始股东拖带进这项交易中，作为第三方的收购方是喜闻乐见的；但跟售权中创始股东转让所持有的公司股权，有可能只是部分转让（如出于小部分套现的目的），受让方也只需要特定比例的股权而不谋求控股，此时受让方对于投资者拟跟售股权，不见得乐意。基于此，跟售权条款才会写到"创始股东有义务促使受让方接受"，其实就是创业者要去做协调受让方的工作，以便其同意投资者进入到该项交易中，这构成创业者在跟售条款中的义务。

对于这么一个稍显温情脉脉的条款，谈判要点如下。

第一，明确投资者拟跟售的股权比例限额，项目中一般按照投资者持股比例计算。比如，可跟售股权比例限额 = 创始股东拟转股权 ×[投资者对公司的股权比例 ÷（投资者对公司的股权比例 + 创始股东对公司的股权比例）]。

第二，从创业者的立场，可以在谈判中争取一个跟售权的"除外情形"。比如，在我经办的项目中，曾遇到创始股东就公司出资并未全部实缴，其有需求在未来某个合适的契机，"套现"一部分股权，将转让金用于实缴。

对此，我们在谈判中代表创业者争取到如下条款安排："投资者享有的跟售权不适用于下列情形：（1）创始股东对外转让的股权比例不超过公司股权比例3%（含本数）时。"

依托于此，创始股东出售 3% 以内股权时，并不会触发跟售权条款。

上述即为投融项目中经济性条款谈判要点的总结。虽然我们假设了代表创业者的角度，但谈判是个攻守交叠的过程，创业者需要重视的角度和策略，也是投资者所关注的，打开方式不同而已。法律谈判的情形很多，这只是其中一种。场景虽难以穷尽，思维方法却是相通的。律师只有梳理谈判内容的整体结构，并总结每一项拟谈内容的谈判要点，才能在谈判中帮助客户提出明确的主张，并提供相应的依据支持，这是为法律谈判赋予逻辑思维的方法所在。

第三节　表达：求同存异，没有又甜又不蛀牙的交易

有了准备工作和逻辑思维，就能应对好法律谈判了吗？似乎还缺少点什么。谈判，作为一种交谈方式，还需要清晰的表达，将你的准备和逻辑恰如其分地表达出来。谈判中的表达，不只是如何说的问题，说只是浅层次的；我们对谈判这件事的理解和认知，深层次地影响着我们在谈判中的表达，进一步影响着谈判的效果。下面这三条表达原则，或许可以帮助你更好地理解法律谈判，并更恰切地表达你的主张和依据。

表达原则一：清晰的表达，不是咄咄逼人的表达

每个人都有不同的表达风格，有和风细雨式的温婉，有疾风骤雨式的猛烈。谈判场合可以包容不同的个人表达风格，但这种表达必须是清晰的。人情世故中推崇表达含蓄、说话婉转，这一原则在法律谈判中并不适用。比如，前一节将"对公司产生重大不利影响"作为触发股权回购的情形之一。在谈判中，你需要清晰地表达哪些情形是你所代表的客户一方认为的"对公司产生重大不利影响"，以及这些情形对方是否认可。倘若双方对此含蓄婉转，不进行明确界定，事后目标公司发展不及预期，创业者和投资者极易对触发回购权行使的条件产生争议。

需要说明的是，清晰的表达，不是咄咄逼人的表达。千万不要以为咄咄逼人可以营造出一种强势的、占据主动的谈判姿态。能否占据主动，取决于你对自己一方目标的明确，对对方需求的把握，以及你手上可以交换条件的多寡，而不是气势汹汹或盛气凌人。人们常常形容某一领域的大佬"霸气"，往那儿一坐，自带气场。你仔细观察，他们从不会咄咄逼人地表达；相反，他们大多平和淡定。我们无法一时一刻就学会这种不怒自威的平和，但每一次清晰表达的训练，都在无形之中塑造你。

表达原则二：每一个条款都竭力争取，往往是缺乏经验的表现

上一节虽然概括了投资协议各个条款的谈判要点，但在实际操作中，并非每一个条款都应该——或者说都能够——去争取。回头看那些谈成的交易，任何一方都不只有进攻一个姿态，必要的妥协以及在可以退让的地方留出空间，也是一种策略。事实上，对每一个条款都竭力争取，往往是创业者或律师缺乏融资经验的表现。当然，公司牛气得一骑绝尘不愁人追另当别论。回到普遍情形，尽力争取和适当妥协是一块糖的两面，大家都吃得高兴了，交易也就达成了。而这，必须建立在对投资条款了解的基础上，不仅知晓条款的字面意思，更理解条款背后的商业逻辑。

有人说，创业者与投资者好比是夫妻关系。投资者看上创业者的能力，创业者看上投资者的资金，大家领证（签署投资协议）一同把公司做大，共享红利。但实际上，投资者管理着 LP（Limited Partner，有限合伙人）的资金，有一个时间限制在那儿，这在根本上决定了投资者不可能"长情"。短则三五年，长则八九年，投资者必须拿钱走人，这是投资协议中经济性条款一多半都旨在退出的原因。也正是在这个意义上，投资界普遍认为，投得出来不牛气，退得出来才是真本事。理解这个原因，创业者就不会对投资者有不切实际的幻想，二者并非"长情的陪伴"，而是——也仅仅是——阶段性商业合作伙伴。定位清晰，谈判才能高效推进。

表达原则三：设置可以让步的底线和备选方案

既然需要适当妥协，就得和客户明确可以让步的底线。高瓴资本创始人张磊根据"阅人无数"的投资经历，曾经评价企业家们有这样的特征，"他们往往容易高估自己的能力，低估自己可能遇到的困难"。创业者在谈判中同样如此，他们往往只关注谈判目标是否达成，却低估这个过程中可能遇到的困难，从而忽视去评估自己可以让步的底线。你可以和客户在谈判中设定最高目标，这是大家尽力跳起来去摘的"金苹果"。同时，不要忘记和客户明确可以让步的空间；

更完善的，可以制定一套备选方案。它虽然不是最优，却可以保证你在没摘到金苹果时，仍然有个新鲜苹果可以吃。

我们曾代表投资者尽调过的一家目标公司，在 A 轮融资时和多家投资机构对估值无法达成一致。他们的团队和产品都不错，但在谈判中始终咬定一个理想数值。后来，几家投资机构尽调完后都认为该公司估值过高而放弃投资。几个月后，受 A 股大跌的影响，宏观经济环境变紧，投资机构对该公司早前的估值都显得过于乐观。最终，这家公司在那一年没有完成 A 轮融资，早期天使投的资金用尽，无奈之下整个团队被另一公司并购。

很多时候，我们不是只有最优方案才能让自己走下去。设置可以让步的底线，多准备一套备选方案，路才越走越宽。

第十四章

法律尽职调查：一项有趣但高风险的游戏

一，不做调查没有发言权。二，不做正确的调查同样没有发言权。

——毛泽东[1]

---

[1] 《总政治部关于调查人口和土地状况的通知》(1931年4月2日)，参见中共中央文献研究室编：《毛泽东文集》(第一卷)，人民出版社1993年版，第267～268页。

第十四章　法律尽职调查：一项有趣但高风险的游戏

第一节　法律尽职调查是什么

一、非诉律师倍感亲切的"DD"[①]

记得还在上学时，到律所实习，第一天接触到的就是一个并购项目的法律尽职调查。那时，我能协助的工作非常有限，不过就是复印营业执照、组织机构代码证等证照，再把长串数字和其他信息填到报告里。当时的那份兴奋感，现在我都记得，感觉知道了一家公司很多信息，并且头一次意识到，原来一家企业有那么多证照资料和它经营业务息息相关。后来，陆续做了一些资料摘录、合同信息录入的工作。那时我以为，所谓尽调，就是将纸质文件上的信息录入到报告中，仅此而已。

之后第二份实习，我参与到客户"A+H股"上市的项目尽调中，这是一个庞大且旷日持久的项目，每位实习生只能协助到整个项目不同部分的几个小项，比如"发起人和股东"中的"股权冻结"和"股权质押"，或"知识产权"中的"著作权""商标"和"专利"。为了核查信息，除了查阅客户提供的文件资料，我开始接触通过公共查询渠道，如国家知识产权局商标局主办的中国商标网、国家知识产权局主办的中国及多国专利审查信息查询系统来核查目标公司商标和专利的信息。我像发现了新大陆一般，原来这么多内容可以通过公开渠道查询获得。那时我以为，所谓尽调，就是核查，充分地核查，完整地核查，像全面体检一样，对目标公司进行全方位的调查。

待到成为一名非诉律师，尽调仍是工作中占比较多的内容。随着经手的项目类型逐渐丰富，我开始了解到，法律尽职调查绝不是简单的信息录入，但也不是全方位的完整核查。它的关键，甚至不是"调查"，而是"尽职"。根据 Black's Law Dictionary 对 "Due Diligence" 的释义，尽职调查一般是指为满

[①] 即尽职调查（Due Diligence）的简称。

足法律要求或者豁免义务时应当做到的持续性的勤勉与审慎。[1] 按照《元照英美法词典》所述，"Due Diligence"有三层含义：

①应有的注意；适当的注意。

②目标的持续性与坚定性：为在合理的时间内完成某一事项所作的刻苦努力。一个理智而又谨慎的人为否定过失或共同过失而在此情况下所作的努力。

③合法而适当的努力。[2]

据此，让非诉律师倍感亲切的"DD"，关键在于"尽职"，即勤勉、审慎，为目标公司的调查尽到应有的注意，并付诸合法而适当的努力。

二、是"尽职"调查，不是"完美"调查

尽管青年律师对尽调总有追求"穷尽一切"的冲动，但受限于客观实际，律师不可能在尽调中发现所有的问题和风险，也不可能将尽调无限期地进行下去，在调查程度和调查时间上，都必须有个强制休止符。故而，对尽调需要考虑：调查的程度是怎么样的？换言之，我们需要探寻所谓"适当的注意"和"适当的努力"，在实践中有哪些评价标准或业界普遍认可的原则。

法律尽职调查的概念，最早起源于美国《1933年证券法》，当时并没有直接使用"Due Diligence"的概念，而是在第11条"虚假注册的民事法律责任"，以及第12条"与招股章程和通讯相关的法律责任"中，规定了证券经纪和交易商的"尽职抗辩"。根据该等规定，如果其未进行尽职调查，则有可能对投资人承担民事损害赔偿责任。

在国内，法律尽职调查最早出现于2001年证监会发布的《公开发行证券公司信息披露的编报规则第12号——公开发行证券的法律意见书和律师工作

---

[1] Black's Law Dictionary 488（8th ed. 2004）.

[2] 薛波主编、潘汉典总审定：《元照英美法词典》，法律出版社2003年版，第447页。

报告》，其中第 5 条首次明确了，律师在律师工作报告中应详尽、完整地阐述所履行尽职调查的情况。[①]此后，证监会又相继发布了律所从事证券法律业务的规范性文件，中华全国律师协会和各地律师协会也陆续颁布了律师从事并购业务、改制业务的操作指引。这些规范性文件，对尽职调查的原则和程度要求，有了更为清晰的描述，总结如表 14-1 所示。

表 14-1　部分规范性文件对律师尽职调查的要求

序号	文件名称及生效日期	相关内容	发文机关
1	《律师事务所从事证券法律业务管理办法》（2023 年 12 月 1 日）	● 律师事务所及其指派的律师从事证券法律业务，应当按照依法制定的业务规则，勤勉尽责，审慎履行核查和验证义务。 ● 律师事务所及其指派的律师从事证券法律业务，应当依法对所依据的文件资料内容的真实性、准确性、完整性进行核查和验证；在进行核查和验证前，应当编制核查和验证计划，明确需要核查和验证的事项，并根据业务的进展情况，对其予以适当调整。 ● 律师在出具法律意见时，对与法律相关的业务事项应当履行法律专业人士特别的注意义务，对其他业务事项履行普通一般的注意义务，其制作、出具的文件不得有虚假记载、误导性陈述或者重大遗漏。	证监会、司法部
2	《律师事务所证券法律业务执业规则（试行）》（2011 年 1 月 1 日）	● 律师事务所及其指派的律师，应当按照《律师事务所从事证券法律业务管理办法》和本规则的规定，进行尽职调查和审慎查验，对受托事项的合法性出具法律意见，并留存工作底稿。 ● 律师从事证券法律业务，应当就业务事项是否与法律相关、是否应当履行法律专业人士特别注意义务作出分析、判断。需要履行法律专业人士特别注意义务的，应当拟订履行特别注意义务的具体方式、手段、措施，并予以落实。	证监会、司法部

---

① 《公开发行证券的公司信息披露编报规则第 12 号——公开发行证券的法律意见书和律师工作报告》第 5 条："律师在律师工作报告中应详尽、完整地阐述所履行尽职调查的情况，在法律意见书中所发表意见或结论的依据、进行有关核查验证的过程、所涉及的必要资料或文件。"在此之前适用的《公开发行股票公司信息披露的内容与格式准则第 6 号——法律意见书的内容与格式（修订）》（已失效）中，仅概括性地要求律师应当对出具法律意见书所依据的事实和材料进行核查和验证。若有过错，应承担相应的法律责任。

序号	文件名称及生效日期	相关内容	发文机关
3	《律师承办国有企业改制与相关公司治理业务操作指引》（2007年1月25日）	● 律师开展尽职调查应当遵循的基本原则： 独立性原则。律师开展尽职调查，应当独立于委托人意志，独立于审计、评估等其他中介机构。 审慎原则。在尽职调查过程中，律师应持审慎的态度，保持合理怀疑。 专业性原则。在尽职调查过程中，律师应当结合自身优势从法律角度作出专业的判断。 避免利益冲突原则。律师应履行利益冲突审查义务，在提供服务过程中或服务结束后不应利用获悉的相关信息获取任何利益，也不应在提供服务过程中，代理与产权持有单位或改制企业有直接或间接利益冲突关系的单位或个人的任何诉讼或非诉讼事务。	中华全国律师协会

看完这些要求，会让人觉得尽调枯燥辛苦，其实尽调中有很多乐趣。比如，你可以了解到公司所处行业目前最新的发展趋势、商业模式创新；公司在产业链中所处的位置、上下游分别是谁；公司是如何激励自己的员工的，组织架构如何设置；公司历史沿革中，每一次股权变更背后有什么故事……这么看来，尽职调查仿佛是一项有趣的游戏。它追求的不是全面、完美或科学，而是独立、审慎和专业，秉持勤勉尽责的原则，去展开一项妙趣横生的调查游戏。

第二节　为什么需要律师进行法律尽职调查

对尽职调查有了概念上的了解之后，接下来讲为什么要做尽调。了解原因和目的，就容易理解为什么尽调除了有趣，还是一项高风险的业务了。

一、从客户的角度：解决交易过程中的信息不对称

对一项交易而言，法律尽职调查只是整个项目尽调中的一部分，一般还包括业务尽职调查和财务尽职调查，前者一般由投行来做，后者由会计师事务所来做。法律、财务和业务共同构成一个项目的完整尽调，要解决的是交易过程中的信息真实和信息不对称的问题，这是尽调的核心目的，也是客户要委托律师的原因。

尽职调查适用的业务场景很多，常见的有股权投资尽调、并购尽调、IPO尽调等。以股权投资尽调为例，当一家投资机构有意向对某个项目投资时，其面临最大的问题，就是信息真实和信息不对称。如何确认项目方提供的商业计划书（Business Plan，BP）上写得天花乱坠的信息为真；如何确认目标公司股权结构清晰、权属分明；如何确认目标公司主营业务的合法合规；如何确认目标公司有无重大对外借款或担保……此等问题，均系影响最终投资决策的重要问题。

这种影响体现在两个方面：一者，风险。通过上述问题的核查，投资者需要评估项目是存在重大法律风险，还是仅仅为一般性瑕疵；这种风险是否对项目造成实质性障碍，是否会影响最终投资目的的实现，这是质的判断。二者，估值。倘若对上述问题核查的结果都在可接受的风险范围内，那么是否存在进一步影响估值的问题，如劳动用工未完全合法合规，未来规范化需要支付一定的成本；或者存在正在进行中的诉讼，倘若败诉需要支付相应的赔偿，这是量的判断。

除了解决信息不对称，从客户的角度，委托律师进行尽调还有一个很"人情化"的原因。投资圈内，往往饭桌上一句话说投三五千万，一两个亿。结果饭吃了，酒喝了，对目标公司还不太了解，只好以程序之名，委托律师以独立中介机构的身份探查一番。投资者希望尽可能多地了解即将参与的标的，希望资金退出有保障。故而常出现的尴尬是，客户意向要投几千万，律师进场查资料、做访谈、补充资料，反反复复折腾对方一个月。交易对手方很纳

闷儿：你们客户这么爽快，律师哪来这么多事。其实律师来的事，往往是客户希望做又拉不开脸面做的，委以第三方中介，名正言顺，并且具有更高的专业度。

所以，那些以为投资并购就是大笔一挥张口一说就投出去了，是误解；所谓一个 idea 就能圈到几百万的说法也是误解。即便纯天使阶段，投资者背地里也看得很细致。差别仅仅在于，他们凭借多年闯荡的经验和嗅觉，在项目判断上比常人更为精准和迅捷。投资圈膜拜的前辈是红杉资本的沈南鹏，人们崇拜他精准的投资嗅觉。但他自己坦承，投资嗅觉背后，是依靠清晰的知识结构获得控制力的能力，而这又是基于超强的信息获取和学习能力。投资决策背后，一定是对信息的分析和评估。对客户而言，尽调绝不是请律师出份报告、走个流程，尽调要为客户确认信息真实性，解决信息不对称，这是尽调的首要目的。

二、从律师的角度：构建非诉业务执业风险的防线

防范执业风险是尽调的另一个目的。乍一看，执业风险和尽职调查没有直接关联。然而，商业交易的精密，人性的复杂，使得尽职调查可能成为非诉律师的一个业务雷区，具有高执业风险。

业内备受关注的欣泰电气 IPO 造假一案，将律所和律师在证券业务尽职调查中的高风险展现得淋漓尽致。2011 年至 2013 年，欣泰电气通过外部借款、使用自有资金或伪造银行单据的方式虚构应收账款的收回，在年末、半年末等会计期末冲减应收款项，每期虚构收回应收账款 7000 多万至 2 亿元不等。其在 IPO 申请文件中相关财务数据存在虚假记载，最终被认定为欺诈发行，成为国内证券市场第一家因欺诈发行而退市的上市公司。

其后，证监会对欣泰电气 IPO 申报的三家中介机构开出"罚单"。作为中介机构之一的律所，认为自己没有能力也没有义务审查会计师出具的审计报告，故而不服证监会的行政处罚决定，将其告上法庭。庭审围绕律所是否应当作为"证券服务机构"承担《证券法》所规定的勤勉尽责义务、勤勉尽责的判

断标准以及律所是否尽到勤勉义务三个焦点问题进行审查。①2018年6月，北京市第一中级人民法院作出一审判决，认定证监会作出的行政处罚并无不当，驳回原告关于撤销被诉处罚决定中针对自己的处罚决定，并对相关业务规则进行合法性审查的诉讼请求。②

针对此事，业内普遍认为律师对审计报告仅有普通人的一般注意义务，法院要求律师对公司的财务状况进行重点核查有过分苛责之嫌。但无论如何，加强尽调工作底稿意识，将勤勉尽责履行到位，从而构建已尽审慎注意的抗辩事由，是欣泰电气案给非诉律师尽调工作最重要的启示。③

挑战不仅来自监管机构，有的还来自我们的客户。因疏于尽职调查，律师未能充分揭示交易中的重大法律风险，从而受到遭受损失的客户起诉，这样的事例在业务实践中并不少见。不过是案件影响力、赔偿金额不如欣泰电气那么广受关注。对非诉律师个人而言，无论是被监管机构处罚，还是客户投诉甚至起诉，都是对执业生涯的严峻挑战。从这个角度来说，勤勉审慎的尽调，是非

---

① 2018年，在欣泰电气IPO造假案裁判时，所适用的是2014修正的《证券法》。根据2014年《证券法》第223条：证券服务机构未勤勉尽责，所制作、出具的文件有虚假记载、误导性陈述或者重大遗漏的，责令改正，没收业务收入，暂停或者撤销证券服务业务许可，并处以业务收入一倍以上五倍以下的罚款。对直接负责的主管人员和其他直接责任人员给予警告，撤销证券从业资格，并处以三万元以上十万元以下的罚款。之后，《证券法》修订。根据2019年《证券法》第213条第3款：证券服务机构违反本法第一百六十三条的规定，未勤勉尽责，所制作、出具的文件有虚假记载、误导性陈述或者重大遗漏的，责令改正，没收业务收入，并处以业务收入一倍以上十倍以下的罚款，没有业务收入或者业务收入不足五十万元的，处以五十万元以上五百万元以下的罚款；情节严重的，并处暂停或者禁止从事证券服务业务。对直接负责的主管人员和其他直接责任人员给予警告，并处以二十万元以上二百万元以下的罚款。由此可见，对中介机构勤勉尽责义务的监管日趋严格。

② 本案中，中国证监会行政处罚决定书可见于中国证监会官网，http://www.csrc.gov.cn/csrc/c101928/c1042675/content.shtml；法院裁判情况参见《一中院公开宣判欣泰电气IPO律所诉中国证监会行政处罚案》，载北京法院网，https://bjgy.bjcourt.gov.cn/article/detail/2018/06/id/3375817.shtml，最后访问时间：2024年2月28日。

③ 美国《1933年证券法》第11条规定了投资人可以追究在公开发行中作出虚假陈述者的民事责任，责任人范围既包括证券发行人及其CEO、CFO等在发行注册报告上签字的人，也包括上市公司的董事、承销人，以及起草、认证发行注册报告的专业人士，即律师和会计师。同时，该等条款又为被告提供了一项已尽审慎注意（due diligence）的抗辩事由，除了发行人之外的其他被告，均可证明自己对注册报告的相关内容尽到了合理审慎的注意，从而免于承担虚假陈述之责。

诉律师为执业风险构筑的一道防线。在展开尽调的具体操作之前，必须意识到其风险所在，并将自我保护的意识贯穿始终。这与其说是勤勉地为客户服务，毋宁说是勤勉地为自己负责。

第三节　如何做好法律尽职调查

在葡萄牙的罗卡角，南欧的最西端，面对大西洋的一块标志性石碑上这样写道：陆地到此为止，大海从这里开始。正是从这儿起航，航海家们为当时贫瘠的葡萄牙，开启了一个全新的探险时代。法律尽职调查从概念谈到目的，陆地止于此，尽调的探险从这里开始。

图 14-1 为法律尽职调查的一般流程。

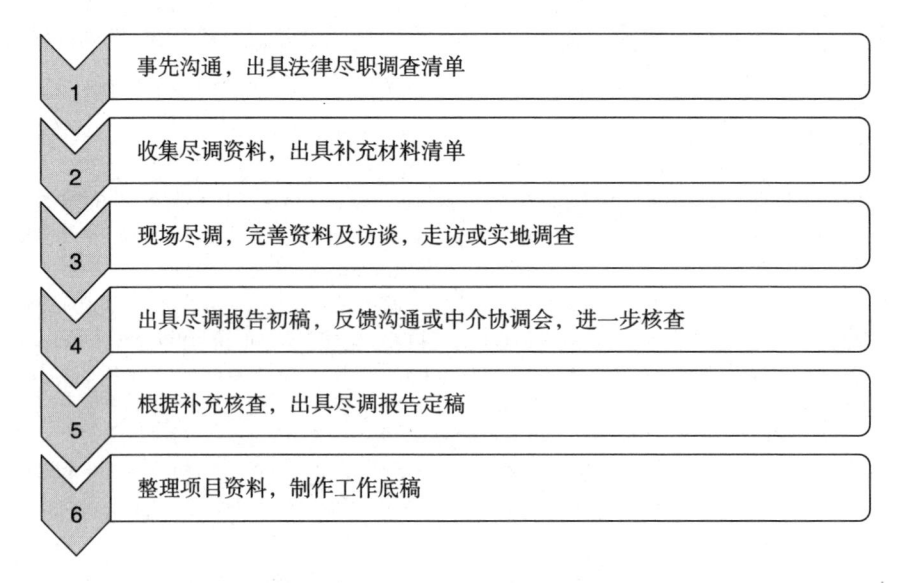

1. 事先沟通，出具法律尽职调查清单
2. 收集尽调资料，出具补充材料清单
3. 现场尽调，完善资料及访谈，走访或实地调查
4. 出具尽调报告初稿，反馈沟通或中介协调会，进一步核查
5. 根据补充核查，出具尽调报告定稿
6. 整理项目资料，制作工作底稿

图 14-1　法律尽职调查一般流程

一、尽职调查前要做哪些准备

（一）草拟尽职调查文件清单

尽职调查文件清单是和目标公司打交道的开始，清单汇集了需要目标公

司整理提供的文件资料，以及需要说明的问题。根据项目类型的不同，文件清单也有很大差别。少则三五页，多则数十页，都是常见的。一般而言，每家律所、每个团队都有自己的尽调文件清单模板。青年律师拿到模板，首先要做的，是根据拟开展的尽调类型调整清单结构，尽可能删去已知的对目标公司不适用的问题。比如，目标公司是一家互联网游戏企业，那么对环保项下的污染物排放、环保检测报告、排污许可证等内容就可删去。这个细节影响到目标公司收到清单和准备资料时的心态。倘若清单多数内容都是对其显然不适用的，对方会认为你对其公司缺乏基本的了解，加之尽调资料提供本身就是一项繁琐的工作，一份简洁、明晰，与目标公司契合度高的文件清单，能为尽调开个好头。

此外，清单上除了列明所需文件或问题，还可在其后留出答复栏如表14-2：

表14-2 法律尽职调查文件清单示例

问　题	答　复
一、公司及子（分）公司基本情况	
1.	请提供一份完整反映公司目前股权结构、对外投资情况的架构图（需追溯至最终自然人投资者）。	
2.	请提供公司在中国人民银行征信中心查询的企业信用报告。	
3.	请以公司名义到所属市场监管部门对公司、分公司的全套内部档案资料进行打印并提供（包括但不限于开业登记、变更登记、年检登记、其他登记），打印并骑缝加盖档案查询专用章。	
4.	公司是否设立过任何子公司、分公司、办事处或其他经营实体；若有，请提供上述子公司、分公司、办事处或经营实体经过最新年检的营业执照及在市场监管部门调取设立以来的全部登记注册档案文件。	
5.	公司的历次验资报告、资产评估报告（如涉及非货币出资，包括但不限于设立时的评估报告、历次注册资本变更的评估报告）。	
6.	以现金出资的股东的历次出资缴款凭证（如银行转账凭证等）；委托第三人出资的，请提供出资委托书、银行转账凭证；以非货币出资的股东的购买出资实物、出资土地使用权/房地产权的原始支付凭证及完成权属人变更的相关证明文件。	

答复可回答为："已提供"（文件或资料已提供）、"待提供"（文件或资料正

在准备中）、"不适用"（此项问题不适用于公司）或"附页说明"（答复以附页方式另行作出并标明题号），这样后续核对尽调资料时，方便迅速了解资料收集情况，为出具补充清单打下基础。

（二）研究目标公司所处行业

尽调前，虽还不能对目标公司进行核查，但通过公司名称，已经可以判断其所处行业。在清单发出后，目标公司准备资料期间，可以对公司所处行业做些研究，尤其针对行业监管法律体系主要适用的法律规则。在研究路径上，一个推荐的方法是，在巨潮资讯网查询同一行业上市公司的首次公开发行股票招股说明书。说明书中的业务部分，对发行人所处行业基本情况有详尽论述，是参照学习目标公司所处行业的优良文本。通过此，你可以快速了解该行业监管部门、行业监管体制和主要法律法规、行业政策等。同时，巨潮资讯网支持"根据行业查询"和"根据公告类型查询"，高效便捷。

图 14-2　巨潮资讯网"根据行业查询"和"根据公告类型查询"示例

二、尽职调查常采取哪些方法

当目标公司反馈了根据清单准备的资料后，可以开始沟通现场尽调的时间，所谓"进场"。此时，目标公司提供的资料是非常有限的，往往需要多次补充，以及进场后充分沟通,才能逐渐完备。此外,仅凭资料审阅是不够的,律师需要根据不同的核查事项及核查对象,选择适当的核查方法。以下根据是否需要在目标公司现场,将尽调方法分为两类。

(一)现场尽职调查方法

1.查验、核对原件

目标公司准备的资料,多为复印件,针对其中的重要资料,需要律师现场查验、核对原件。这些重要资料包括但不限于:

(1)证照类,主要涉及公司的主体资格和业务资质,如营业执照、业务资质许可证等。

(2)合同类,主要涉及公司的重大债权债务,如重大业务合同、借款合同、担保合同,对公司未来发展有重要影响的合作合同等。

(3)权证类,主要涉及公司的资产,如房屋所有权证、土地使用权证、著作权证、专利证书、商标注册证等。

(4)核心文件类,主要涉及公司股权结构,如公司章程、一致行动人协议等。

查验、核对原件的要点在于,比对目标公司提供的资料是否真实、完整,是否存在涂改或缺失。

2.访谈核心人员

访谈是律师进场的重头戏,很多隐秘在角落中的细节,仅凭资料是看不出来的,需要与核心人员沟通,才可能了解来龙去脉或"背后的故事"。访谈的对象一般包括公司创始股东、总经理、副总经理、财务总监和风控总监。根据项目类型不同,可适当调整访谈对象。

律师要做好访谈,访谈提纲必不可少。针对不同的访谈对象,提前制定一份访谈提纲,有利于指导访谈有条不紊地进行。尽调中的访谈,大多氛围比较轻松,谈话容易滑向闲聊,结束了才发现未能获取对核查有助益的信息。有了访谈提纲的指引,你可以将沟通控制在问题框架内,并在访谈结束后,迅速整理出笔录供访谈对象签字确认。访谈笔录是尽调工作底稿的组成部分。

3.走访政府部门、相关机构或上下游企业

走访不是尽调的必备方法，一般针对特别事项进行。

举个例子，客户申请新三板挂牌的项目尽调，目标公司历史沿革中曾经存在国有股东，后来退出了。挂牌申请文件报送后，股转系统在反馈意见中提出，要求主办券商和律师补充核查，该国有股东投资于目标公司，是否需要取得国有股权设置批复文件及相关依据。由于该国有股东投资目标公司发生在2001年，在当时行之有效的国有资产管理规范性文件中，不存在明确的法律法规要求此投资事项应取得国有股权设置批复文件。①但出于审慎考虑，主办券商和律师联合走访了该等国有股东及其上级股东单位，就投资目标公司事宜向相关领导进行了访谈确认，证实此前投资行为符合法律规定，亦符合其上级股东单位规定的投资审批程序。根据走访记录，我们出具了补充法律意见书。

走访的要点在于，事先与走访对象积极联系，多做沟通。鉴于走访对象大多为政府机构或目标公司上下游企业，其与尽调事项本身关联性不高，故而配合程度差异极大。被打发、被应付，在走访中并不少见。尽管很难，走访仍然是一种别具魅力的尽调方法。因为在非诉律师面对的事务中，真正需要去思考而不只是机械适用规则，或者程式化摘录资料的，一定是那些仅按常规适用规则无法解决，或规则根本没有关注到的问题，那些所谓——特别事项。只有将眼光从纸面移开，尝试在实践中寻求突破，律师花的时间，才可能真正有助于项目实际成效，而不是只做了些"纸面功夫"。

4.重要场地实地调查

实地调查同样是选择性进行，大多针对以不动产为关键交易要素的项目。

比如，客户对某个旧铝厂的城市更新项目有投资意向。尽调中律师的核心工作之一，就是对标的土地现状进行核查，了解项目地块上旧厂房拆除的情况，核查改造方案实施进展。这就需要律师到项目地块进行实地调查。

---

① 当时行之有效的国有资产管理规范性文件主要为《国有资产评估管理办法》(1991年11月16日生效，2020年被修改，现行有效)、《国有企业监事会暂行条例》(2000年3月15日生效，现已失效)。

实地调查的要点在于拍照，将调查事项拍照保存。照片要尽可能清晰、完整，涉及不同部分或不同地域的，均应拍摄，确保实地调查的图像呈现尽量客观。这些照片，同样是尽调的工作底稿。

（二）非现场尽职调查方法

1. 调取、审阅全套登记备案资料

登记备案资料也叫"工商内档"，是企业自设立以来，在所属市场监管部门全部变更的登记文件。所谓历史沿革，主要就是依着这套资料写出来的。根据工商内档，你可以了解到企业设立之后，每一次注册资本增减、股权变更、法定代表人变更、股权质押等重要信息。与变更事项对应的文件，如相关股东会决议、股权转让合同等在登记资料中也可查阅。所以，对草拟尽调报告而言，一般都从审阅工商内档开始，借此将公司成长史了解一遍。

登记备案资料通常由目标公司提供，偶尔也由律师自行到企业所属市场监管部门调取。各地市场监管部门查询、复制登记备案资料的流程和指引有所不同，前往查询前先了解清楚为妥。对于异地查档事项，有的 App 或小程序提供合作平台，促成各地律师合作解决异地查档问题。

2. 审阅书面资料

书面审阅是尽调最常规的方法。在目标公司准备的尽调资料中遨游，是非诉律师的工作日常。值得注意的是，书面资料的审阅不是一蹴而就的，往往根据尽调的不断深入，会重复查阅、交叉查阅。所以，拿到资料的第一时间，别急着看，按资料对应的核查部分先整理装入活页档案夹，是优选的工作习惯。

书面资料不全是纸质的，对于电子版文件，方法同上。按照尽调报告或法律意见书的提纲，以一级标题新建文件夹，将对应资料整理其中，一目了然。

3. 通过公共渠道查询

公共查询渠道是最能让律师体会到"侦探感"的尽调途径。你会发现，原来有那么多公开路径可以了解到一家企业的诸多信息。能否熟练掌握各种查询渠道核实目标公司的对应事项，是判断律师尽调核查能力的标准之一。无论是与客户还是目标公司之间，口头沟通中很多信息都会大而化之，但落实在尽调中，必须谨慎求证。

以核查支付牌照为例。目标公司是第三方支付机构，持有央行核发的《支付业务许可证》，业内所谓“支付牌照”。在初步沟通中，律师仅了解到目标公司持有支付牌照，而该等业务资质是客户未来开展创新业务所需要的，因此客户有并购目标公司的意愿。显然，支付业务许可资质的核查是本项目的尽调重点。支付牌照并非铁板一块，其中也区分业务类型、业务覆盖范围和许可有效期，并依据前述条件不同进而项目估值差异很大。

尽调中，你可以通过监管机构的公开渠道查询到上述信息，查询路径为：中国人民银行——政务公开——政务公开目录——行政执法信息——行政审批公示，示例如图 14-3：

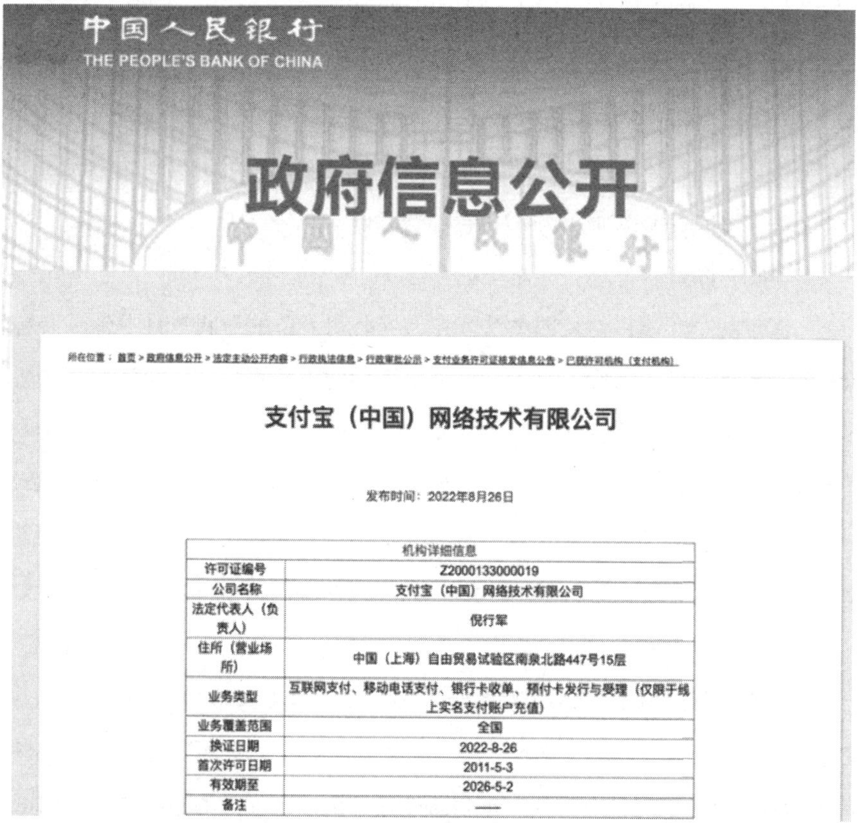
中国人民银行

THE PEOPLE'S BANK OF CHINA

政府信息公开

所在位置：首页 > 政府信息公开 > 法定主动公开内容 > 行政执法信息 > 行政审批公示 > 支付业务许可证核发信息公告 > 已获许可机构（支付机构）

支付宝（中国）网络技术有限公司

发布时间：2022年8月26日

机构详细信息	
许可证编号	Z2000133000019
公司名称	支付宝（中国）网络技术有限公司
法定代表人（负责人）	倪行军
住所（营业场所）	中国（上海）自由贸易试验区南泉北路447号15层
业务类型	互联网支付、移动电话支付、银行卡收单、预付卡发行与受理（仅限于线上实名支付账户充值）
业务覆盖范围	全国
换证日期	2022-8-26
首次许可日期	2011-5-3
有效期至	2026-5-2
备注	——

图 14-3　中国人民银行《支付业务许可证》核发信息公告查询示例

4.通过电话或电邮咨询

尽调中还有一些问题的分析，涉及相关监管部门的意见，或者法规的适用各地情况有所不同。这种情况下，需要律师通过电话咨询或电子邮件的方式沟通确认。当然，你获得回复的概率很小，但别忘了，这也是一种尽调方法。一旦获得回复或确认，往往是对项目很有针对性的指引。

三、尽职调查要核查哪些内容

尽职调查内容依据项目类型的不同，差别很大。如果说尽调方法还能通用，那么尽调内容，一定是需要依据项目实际去做判断的。对青年律师而言，快速入门的方法是，首先找一个较为全面的尽调核查内容学习了解，其后根据项目类型、目标公司类型的不同，对尽调内容做删减或增加即可。

以证券法律业务为例，尽调要核查的一般性内容如下：

- 目标公司的主体资格
- 历史沿革
- 股东和股权结构
- 主营业务
- 关联交易及同业竞争
- 主要资产
- 重大债权债务
- 重大资产变化及收购兼并
- 董事、监事和高级管理人员及其变化
- 财务税务
- 环境保护和产品质量、技术等标准
- 诉讼、仲裁或行政处罚

虽然在尽调的具体内容上，依据项目不同差别很大。但总结归纳，每个项目都主要围绕股权、业务、财产、人员、合规这五个方面展开（如图14-4所示），这是一家企业经营运作核心的五个基本面，以此作为着手点，即使不记得具体要核查的小项，也不会遗漏大的核查范围。

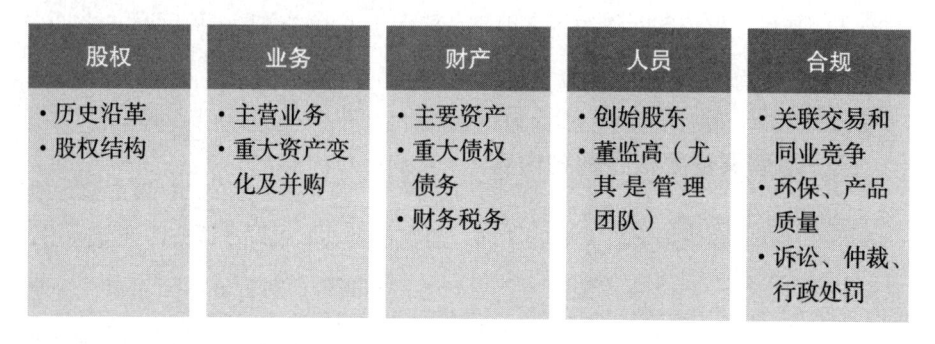

股权	业务	财产	人员	合规
·历史沿革 ·股权结构	·主营业务 ·重大资产变化及并购	·主要资产 ·重大债权债务 ·财务税务	·创始股东 ·董监高（尤其是管理团队）	·关联交易和同业竞争 ·环保、产品质量 ·诉讼、仲裁、行政处罚

图 14-4　尽职调查核查内容的五个基本面

四、那些事半功倍的隐秘技能

（一）总结不同细分行业的风险点

前一节强调，根据目标公司类型的不同，尽调内容有较大差别。这种差别在于，不同类型的目标公司所处的细分行业不同，每一项细分行业都有自身的业务独特性，进而形成不同细分行业的风险点。而这，正是尽调的重点所在。

比如，软件行业多为轻资产类型，一般不涉及土地、房产、环保或产品质量方面的问题，营收主要来自软件许可收入或技术开发服务费，那么知识产权、软件许可合同或技术开发合同是这个细分行业主要的法律风险点。前者的法律风险包括：主营业务所依赖的核心知识产权，如计算机软件著作权权属是否清晰；是否涉及与他人共同开发，如有，在权利享有上是如何约定的；是否会对主营业务造成限制。后者的法律风险包括：对被许可方的具体授权是否明晰；对开发标的的交付标准是否设置得当；交付的确认往往关联着收款，一旦交付约定不明，极易造成委托方迟延付款或拒不付款，不但影响公司应收账款收回，还可能造成争议纠纷频发。（见图14-5）

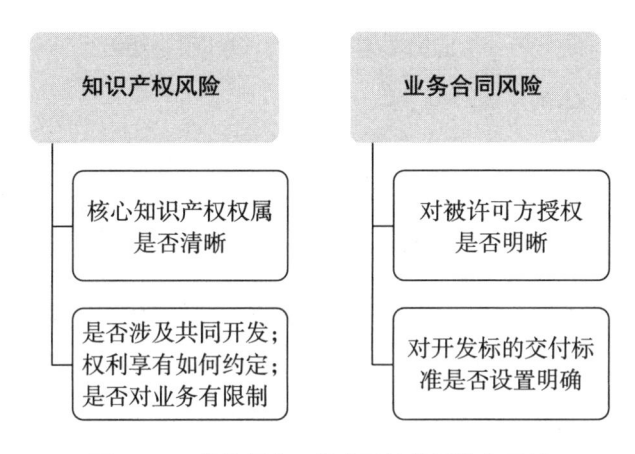

```
知识产权风险                          业务合同风险

核心知识产权权属                      对被许可方授权
是否清晰                              是否明晰

是否涉及共同开发；                    对开发标的交付标
权利享有如何约定；                    准是否设置明确
是否对业务有限制
```

图 14-5 软件行业目标公司法律风险点示例

倘若为媒体行业，同样是以轻资产为主，但风险点又有所不同。媒体行业首要面临的是政策监管风险，要先将监管体制和监管政策了解到位，并重点关注对应的业务资质、相关行业许可是否取得。其次，媒体行业的营收主要来自用户付费和广告；新媒体领域的企业，一般还多一项，即电子商务。那么，围绕这三项业务支柱的服务合同，是除监管外，媒体行业的另一个关注点。(见图 14-6)

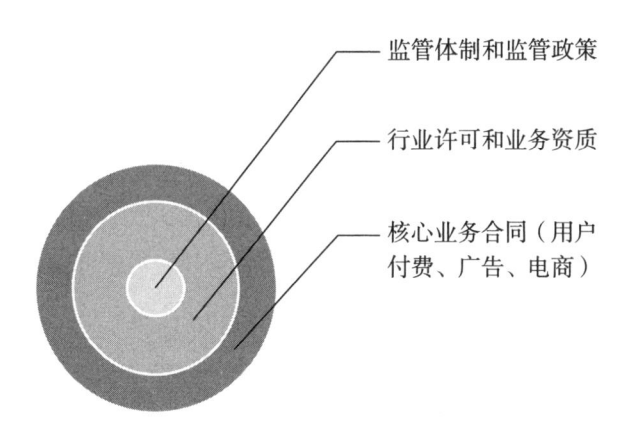

```
           ── 监管体制和监管政策
           ── 行业许可和业务资质
           ── 核心业务合同（用户
              付费、广告、电商）
```

图 14-6 新媒体行业目标公司法律风险点示例

律师在尽职调查中，可以多观察目标公司的业务特征，归纳其业务风险点，其后总结为不同细分行业的风险点。每做一项尽调，就丰富一个细分行业。积累下来，再面对同一细分行业的尽调目标时，往往事半功倍。

（二）丰富你的尽调工具库

尽调工具和尽调方法不同。方法是路径，工具是兵器。在你我已深深嵌入移动互联网的今天，熟练运用各种网站和手机应用程序（App），能极大推动尽调工作高速前行。

在尽调网站方面，高杉峻主编的《民商法实务精要》中收录的《尽职调查实用网站汇总》，根据主体信息、涉诉信息、财产信息、投融资信息、资本市场以及国外（境外）公司资料核查，整理了大量尽调常用的调查网站。[①]此外，知乎上也有不断更新的关于尽调网站的汇总专帖，此处不重复罗列。对于各类网站，重点在于结合自己尽调的项目经验，总结自己常用的尽调网站，而非一味求新求全。

以基础的检索目标公司主体资格信息为例，可以使用"国家企业信用信息公示系统"。实务中，更为便捷的工具是"企查查"或"天眼查"一类的App。这类工具立足于企业征信的信息整合，经过计算机深度学习、特征抽取和使用图构建技术，为用户提供较为全面的数据信息。

（三）尽可能多获取非正式信息

尽调是个持续发现、验证和判断的过程。通过前述尽调方法所获得的书面材料、访谈笔录等，可以视为项目的"正式信息"。在此之外，一些非正式信息，可以为尽调提供新的思路。而这些非正式信息的获得，并不通过一板一眼的尽调方法。在项目中，经常遇到新律师进场，全天窝在目标公司安排的会议室中。除了接杯水、上厕所，基本上"大门不出，二门不迈"，埋头在桌上堆成小山的材料中。钱钟书在《围城》中写道："不受教育的人，因为不识字，上人的当；受教育的人，因为识了字，上印刷品的当……"[②]可不是，印刷品也会让人上当，倘若你完全依赖那些纸张提供的信息。且不说尽调资料常常准备不齐，有的目标

[①] 高杉峻主编：《民商法实务精要（3）》，中国法制出版社2018年版，第3～15页。
[②] 钱钟书著：《围城》，人民文学出版社2016年版，第130页。

公司甚至对律师怀有戒备。提供虚假材料、隐瞒债务情况、隐瞒核心资产上的权利限制，实务中并不少见。倘若完全依赖"正式信息"，反而存在被误导的风险。

对此，平衡的方法是，在正规尽调之外，多一些日常生活的闲谈往来。比如，午饭时间与目标公司的财务人员攀谈几句，或许可以获悉公司债权债务方面的真实信息；在现场时，除了待在会议室，多留心看看公司公告栏、走道的内部通知或奖惩决定，或许可以了解公司组织架构、劳动用工方面的真实信息。世事洞明皆学问，人情练达即文章。对尽职调查而言，律师要做的，绝不是机械地走完尽调流程，而应该通过多听、多聊、多观察，尽可能多获取一些非正式信息，弥补正式信息可能造成的误导，这样的尽调才"接地气"，也更有实效。

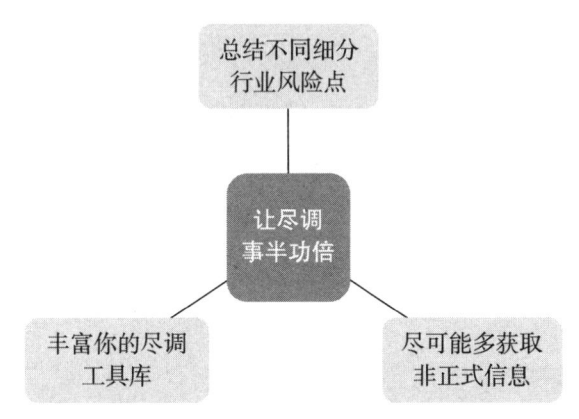

图 14-7　让尽职调查事半功倍的技能

"不做调查没有发言权"，这句反对教条主义的论断，人们耳熟能详。其实，它还有下一句——"不做正确的调查同样没有发言权"。这是前一句论断提出一年之后，毛泽东在 1931 年以中央革命军事委员会总政治部主任的名义，发给红军各政治部、地方各级政府的一个通知。① 显然，相较于广为人知的前一句口号，

---

① 《总政治部关于调查人口和土地状况的通知》(1931 年 4 月 2 日)，参见中共中央文献研究室编：《毛泽东文集》(第一卷)，人民出版社 1993 年版，第 266～268 页。

"不做正确的调查,同样没有发言权"更为理性。并非做了尽调,就能充满自信地出报告、给意见。作为非诉律师,应时刻警惕尽调方向、方法、目标的正确,并意识到这项有趣游戏的高风险,进而勤勉尽责、独立审慎,才有可能在项目中真正做到——有发言权。

附　录

一、参考文献

〔德〕马克斯·韦伯著：《学术与政治》，冯克利译，生活·读书·新知三联书店2005年版。

〔美〕理查德·波斯纳著：《法官如何思考》，苏力译，北京大学出版社2009年版。

〔美〕罗伯特·N.威尔金著：《法律职业的精神》，王俊峰译，北京大学出版社2013年版。

〔美〕D.Q.麦克伦尼著：《简单的逻辑学》，赵明燕译，浙江人民出版社2013年版。

〔美〕彼得·德鲁克著：《旁观者》，廖月娟译，机械工业出版社2012年版。

〔美〕布拉德·菲尔德、杰森·门德尔松著：《风险投资交易》，桂曙光译，机械工业出版社2015年版。

〔美〕戴瓦·索贝尔著：《经度：寻找地球刻度的人》，汤江波译，海南出版社2000年版。

〔美〕克里斯·安德森著：《演讲的力量》，蒋贤萍译，中信出版集团2016年版。

〔美〕帕蒂·史密斯著：《只是孩子》，刘奕译，广西师范大学出版社2012年版。

〔日〕安宅和人著：《麦肯锡教我的思考武器》，郭菀琪译，北京联合出版公司2014年版。

〔英〕巴利·帕达著：《乐高工作法——让交付变得高效》，周爽译，中信出版集团 2023 年版。

〔捷〕米兰·昆德拉著:《小说的艺术》,孟湄译,生活·读书·新知三联书店 1992 年版。

〔哥伦比亚〕加西亚·马尔克斯著:《没有人给他写信的上校》,陶玉平译,南海出版公司 2018 年版。

《毛泽东文集》(第一卷),人民出版社 1999 年版。

薛波主编、潘汉典总审定:《元照英美法词典》,法律出版社 2003 年版。

苏力主编:《法律和社会科学》2014 年第 13 卷第 2 辑,法律出版社 2014 年版。

高杉峻主编:《民商法实务精要(3)》,中国法制出版社 2018 年版。

崔建远主编:《合同法》(第五版),法律出版社 2010 年版。

张立宪主编:《读库 1605》,新星出版社 2016 年版。

王泽鉴著:《民法学说与判例研究·第二册》,中国政法大学出版社 2005 年版。

周赟著:《法理学》,清华大学出版社 2013 年版。

王小波著:《王小波全集第八卷:我的精神家园》,译林出版社 2012 年版。

钱穆著:《人生十论》,生活·读书·新知三联书店 2012 年版。

顾准著:《顾准文集》,华东师范大学出版社 2014 年版。

邓晓芒著:《邓晓芒讲黑格尔》,北京大学出版社 2006 年版。

汪曾祺著:《故乡的食物》,江苏文艺出版社 2010 年版。

阿来著:《尘埃落定》,浙江文艺出版社 2020 年版。

阿城著:《常识与通识》,中华书局 2016 年版。

钱钟书著:《围城》,人民文学出版社 2016 年版。

Black's Law Dictionary(8th ed. 2004).

二、图表索引

上篇　思维篇

表 1-1　金杜、中伦和君合律师事务所的非诉领域设置(业务领域维度)

附 录

表 1-2　金杜、中伦和君合律师事务所的非诉领域设置（行业领域维度）

图 1-1　非诉业务的四种收费方式

表 3-1　关联交易和同业竞争知识模块

图 3-1　企业申请新三板挂牌法律服务流程

图 3-2　拆除 VIE 架构的步骤

图 3-3　逻辑思维和其他思维的树形关系

表 3-2　"控股"和"控制权"定义对比

表 4-1　同理心等级描述

表 4-2　不同沟通方式匹配对比

图 5-1　工作价值矩阵

图 5-2　确认问题要点或交易目的：以委托持股协议为例

图 5-3　思考问题逻辑框架五步法

图 5-4　广州市市场监督管理局政务服务图示

图 5-5　中国证券投资基金业协会法律法规文本图示

图 5-6　巨潮资讯网信息披露图示

下篇　方法篇

图 8-1　一封得体电邮的六个要素

图 9-1　法律研究的逻辑顺序

图 9-2　威科先行法律信息库法规检索引用功能

图 9-3　电话 / 电邮咨询操作要点

图 9-4　回复客户的备忘录结构

表 10-1　常见法律条款表述示例

表 10-2　商业条款示例

表 10-3　合同条款修改示例之一

表 10-4　合同条款修改示例之二

表 10-5　合同条款修改示例之三

图 11-1　交易背景的六个关注点

表 11-1　股权转让协议核心条款之一

表 11-2　股权转让协议核心条款之二

表 11-3　股权转让协议核心条款之三

表 11-4　股权转让协议核心条款之四

表 11-5　股权转让协议核心条款之五

表 11-6　股权转让协议风险界定条款示例

表 11-7　股权转让协议合同终止和解除条款示例

表 11-8　股权转让协议合同过渡期条款示例

图 12-1　股权激励项目重点考虑要素

图 12-2　股权激励项目法律服务流程

表 12-1　法律意见书之"明确"示例

表 12-2　法律意见书之"准确"示例

表 12-3　法律意见书之"透彻"示例

图 13-1　法律谈判准备工作要点

图 13-2　常见的投资协议基本条款

图 13-3　投资协议条款设计之目的

表 13-1　反稀释条款中完全棘轮条款与加权平均条款影响对比

图 13-4　"对赌"条款的谈判要点

图 13-5　优先清算权的类型

图 13-6　优先清算条款中的清算事件情形

图 13-7　触发股权回购的常见情形

图 13-8　领售权条款的谈判示例

表 14-1　部分规范性文件对律师尽职调查的要求

图 14-1　法律尽职调查一般流程

表 14-2　法律尽职调查文件清单示例

图 14-2　巨潮资讯网"根据行业查询"和"根据公告类型查询"示例

图 14-3　中国人民银行《支付业务许可证》核发信息公告查询示例

图 14-4　尽职调查核查内容的五个基本面

图 14-5　软件行业目标公司法律风险点示例

图 14-6　新媒体行业目标公司法律风险点示例

图 14-7　让尽职调查事半功倍的技能

三、实用网站汇总

常用尽职调查查询网站

1. 国家企业信用信息公示系统：http://www.gsxt.gov.cn/

查询企业登记备案基本信息。

2. 国家知识产权局专利检索及分析：http://pss-system.cnipa.gov.cn/Disclaimer

查询专利信息，包括申请日、公开日、申请（专利权）人、发明人、代理机构、代理人和法律状态等。

3. 国家知识产权局商标局中国商标网：http://wsjs.saic.gov.cn/

查询商标信息，提供商标近似查询、商标综合查询、商标状态查询和商标公告查询。

4. 中国版权保护中心：http://www.ccopyright.com.cn/

查询计算机软件著作权信息。

5. 工业和信息化部ICP/IP地址/域名信息备案管理系统：http://www.beian.miit.gov.cn/

查询域名或已备案网站的备案信息。

6. 中国裁判文书网：http://wenshu.court.gov.cn/

查询已判决案件的裁判文书，包括刑事案件、民事案件、行政案件、赔偿案件和执行案件。

7. 人民法院案例库：https://rmfgalk.court.gov.cn/

查询经最高人民法院审核认为对类案具有参考示范价值的权威案例，包括指导性案例和参考案例。

8. 中国执行信息公开网：http://zxgk.court.gov.cn/

查询全国法院（不包括军事法院）2007年1月1日以后新收及此前未结的执行实施案件的被执行人信息。

部分法律范本参考网站

1. 各省、市市场监督管理局（知识产权局）官方网站

此类网站可查询到企业登记注册，包括设立、变更、分立、合并和注销登记有关的范本表格，如广东省市场监督管理局（知识产权局）：http://amr.gd.gov.cn/，广州市市场监督管理局（知识产权局）：http://gzamr.gzaic.gov.cn/。

2. 巨潮资讯网：http://www.cninfo.com.cn/

该网站为中国证监会指定信息披露网站，可查询到公司首次公开发行股票并上市的律师工作报告、上市公司各类法律意见书等。

3. 中国证券投资基金业协会：http://www.amac.org.cn/

该网站可查询到私募投资基金合同范本，包括契约型私募基金合同指引、公司章程必备条款指引和合伙协议必备条款指引。

后记

做一枚奋发向上的新鲜面包

你闻着面包香,记起一拳捶向面团时,拳头被那结实的冷面团围裹住的奇异感受,在那一刻,你会明白古人早已知晓的一个道理,那就是:面包是神圣不可侵犯的。你会了解为什么在古代,有些单纯的人倘若一时失手,将桌上的家庭面包掉在地上,便会向面包道歉的道理。

——M.F.K.费雪[①]

一

每个工作日的清晨,从地铁出站进入办公室,要穿过花城汇长长的地下通道,两旁店铺林立。通道刚开门不久,空气尚未充分流动,有点凝滞,有点愚钝,带着不同菜系隔夜的混合味道,微臭。我总是快步走过,直到即将走出通道的最后一个路口,看到那家面包店。

在没有更好的选择时,我会在这里买碱水包做早餐。有时到店了,碱水包尚未出炉,我就站在一旁,隔着玻璃看工作间里的面包师忙碌。空气中弥漫着面团烤制的香味,夹杂着黄油、莓果的混合气息,新鲜香甜,倦意愁绪被一扫而空。三位面包师,揉面、刷奶油、撒果仁、烤制,各司其职,热火朝天,无暇顾及玻璃外好奇张望的我。

揉面的师傅神情专注,仿佛手中那个白胖胖的面团,是天底下最重要的事

[①] 〔美〕M.F.K.费雪著:《如何煮狼》,韩良忆译,新星出版社2010年版,第120页。

儿。面团也很争气，不断被折叠起来，搓揉，拍打。拳头所压之处，渐渐反弹，不仅恢复原状，还愈加光滑。正当我看得入神，碱水面包出炉了，外皮被烤得，不是焦黄，而是红棕发亮；撕下一块放嘴里，不是松软，而是韧劲，带着自然的麦香。如同面团越揉越光，碱水包越嚼越香。

我不禁想起费雪写到的，面包是神圣不可侵犯的。

二

2014年，我研究生毕业进入律所，主要协助彼时听来"不明觉厉"的非诉法律业务。从项目投融资、并购、私募基金，到企业股改、股权激励，丰富多样的法律实务不仅和法学院的教科书所授相去甚远，甚至连情节跌宕起伏的司考试题也未必连接得上。好在事务所为新人执业成长搭建了良好平台，加之移动互联网的迅猛发展，获取信息的极度便捷，以及外部知识平台的充分竞争，使得新律师自求进步大有可为。2015年11月，在无讼发表的《在我还是少年时，我为什么选择法律》意外获得一个青年律师征文比赛一等奖，极大增强了我的写作自信。此后两三年间，陆续在多个平台发表了70多篇文章，长短不一，类型各异，促进了执业成长所需的积累，抵抗了"流光容易把人抛"带来的焦灼，顺带满足了自己的虚荣心和研究热情。收获不可谓不丰盛。

无论哪一行当，新人进入，往往琐事众多，缺乏体系。倘若不停下脚步，眼光向下，去关照，去感知，进而尝试感悟，便很容易陷入虚假忙碌和对大型人生命题的困惑无解之中。反之，若对工作和自我保持一种抱臂旁观的反思，会有别样的乐趣。我开始喜欢这种不间断的写——不间断的提问、寻找、整理、记录。这是一种主动提出问题，搜寻信息，消化再生产的自我创造过程，而非被动接受推送，由大数据和计算机算法替我决定要学什么、看什么的过程。当然，我也沉浸在创作冲动和创作才华不匹配带来的不间断打击和失落之中。

无论如何，这个苦乐并存的过程，终究是令人欢喜的。我曾在《青年律师与写作：一场精神高潮》中写过，"写作不是有可能进行深度思考的一种方式，它是唯一方式"。

三

本书分思维和方法，只是一种自我叙述的方式，并非要向诸位介绍一种执业的思维和操作业务的方法。尽管文中多处知识整理，看上去拾掇妥当，具备可操作性，但我在本意上，一直怀着一种自我整理的心情。我担心某天疏于某项业务，忘了自己曾经做得挺好。不要觉得荒唐，想想很多人知识储备的人生巅峰出现在高考前后，你就会了解我这种担心多么必要，自我整理的笔记多么不可或缺。我也始终不愿以一种贩售知识、推介经验的姿势，写下本书全部文字。不仅仅是不愿，更是不能——没有这样的能力。

更深层的原因，还在于，我一直觉得，成长和学习是自己的事儿，无法通过他人推介来获得理所当然的任何进步。我甚至觉得，除非自我领悟，所有的讲述、分享、传经送宝，都是一种行为艺术——满足讲者心理需要的艺术形式，而非直接给听者带来什么成长或启蒙。对于这一点，苏力老师讲得更为透彻。他在《制度是如何形成的》一书中写道：

> 我从来也不认为有谁能启他人之蒙。启蒙从来都是个体的自觉过程，是自我的超越，别人无法替代。读书与其他社会生活事件一样，不过可能成为激发人们经验自觉的触媒之一。一个人如果没有人生的体验和反思，即使读再多的书，经再多的"沧海"，也永远不可能有"启蒙"之悟。[①]

从来没有谁能启他人之蒙。作为刚执业的青年律师，你能依靠的，只有你自己。你需要为自己的成长负责，为自己的选择负责，而不是寄希望于律所培养、师傅帮带、前辈传授或心得秘籍。前述所有，如有都更好，但不是理所当然，有则真诚感恩，无则独自前行。想想那块结实的冷面团，不断被折叠、拍打，拳头所压，渐渐反弹，直到成为光滑的面团，直到在高温的炙烤中遇见另一个

[①] 苏力著：《制度是如何形成的》，北京大学出版社2007年版，序。

自己——浑身充满香气的自己。

我越发喜欢光临那家面包店，不仅因为买面包可以送咖啡，更因为我希望自己永远做一枚奋发向上的新鲜面包，即使不断被折叠、拍打，也永远新鲜，充满光泽。

四

感谢北京市中伦（广州）律师事务所和广东广悦律师事务所。一般听到这话，就离尾声不远了，但接下来，还有长长的感谢名单。他们不是为了形式正确而摆上纸面，而是我发自内心要感谢的机构和人们。

中伦律所是我从业的起点，给了我写作本书最多的原材料，包括那些流淌在指尖的良好工作习惯。感谢中伦教会我的种种，团队的三位合伙人和律师们，有太多值得我不断学习的地方。广悦律所是我从业的延展，给了我写作本书最广阔的平台。事实上，广悦不单给我，也给和我一样的青年律师们，提供了执业成长和个人发展的广阔天地。广悦对业务品质的专注，对青年律师的引导，对文化氛围的重视，对办公空间和美的极致追求，深深触动着我。

感谢我的研究生导师周赟教授，我2011年进入厦门大学法学院师从周老师学习法理学，这是一段愉快充实的求学时光。不仅因为校园生活天然自带美颜"滤镜"，让人事后想来多觉得美好，更因为周老师所讲授的中西法哲学比较研究课程，以及对学生毕业论文的悉心指导，对我日后写作的逻辑思维有深远影响。我时常会在文章写完后，把他曾经批评我论文的批注拿出来，对着看，便能找到需要改进的地方。感谢广悦律所的创始人黄山律师，广悦的所有美好品质，离不开全体同事的共同努力，但得益于黄律师对这些品质的执着追求。他是我所见过最无私帮助青年律师成长，最信任年轻人并想尽办法创造平台助其发挥的律界前辈，是我的执业榜样。感谢中国法制出版社的编辑王佩琳，本书从一片混沌到天朗气清，她付出了大量时间和精力。感谢我的本科同学崔向萌和学妹黄婷樱子，他们担任"试读者"，并为书稿的完善提出了诸多修改建议。感谢好友施嘉琪，在我们的咖啡日常中，她固定那句"你书写到哪儿啦"，是书稿按时完成的"催话剂"。漫漫人生路，有良师，有益友，我开始谅解生活这个老头从不赐予我任何运气，在每次抽奖、打牌、彩票的场合，我都只能眼巴巴看着别人数钱。

最后，要感谢我的父亲、母亲、姐姐和兔子南，他们日复一日对我的公众号沙发点赞、热情评论和盲目打赏，给了我莫大的支持。我认识世界的姿势，很大部分来自他们的言传身教；我改变自己的动力，很大部分来自和兔子南的共同生活。李银河说，在王小波走后，她常常思考"生命的意义"这个无解之题，思来想去，答案竟是，生命从宏观视角看是不可能有意义的，但是从微观视角，可以自赋意义。是的，家人给予我的爱，和我希望回馈给他们的爱和骄傲，是我生命的意义，是我做一枚奋发向上的新鲜面包的全部热力。

图书在版编目(CIP)数据

新律师进阶之路：非诉业务的思维与方法/冯清清著.—2版.—北京：中国法制出版社，2024.6
ISBN 978-7-5216-4416-6

Ⅰ.①新… Ⅱ.①冯… Ⅲ.①律师业务-中国 Ⅳ.① D926.5

中国国家版本馆 CIP 数据核字(2024)第 066150 号

责任编辑：王佩琳（wangpeilin@zgfzs.com） 封面设计：李 宁

新律师进阶之路：非诉业务的思维与方法
XIN LÜSHI JINJIE ZHI LU: FEISU YEWU DE SIWEI YU FANGFA

著者/冯清清
经销/新华书店
印刷/三河市紫恒印装有限公司
开本/710毫米×1000毫米 16开 印张/21.25 字数/236千
版次/2024年6月第2版 2024年6月第1次印刷

中国法制出版社出版
书号 ISBN 978-7-5216-4416-6 定价：78.00元

北京市西城区西便门西里甲16号西便门办公区
邮政编码 100053
网址：http://www.zgfzs.com 传真：010-63141600
 编辑部电话：010-63141801
市场营销部电话：010-63141612 印务部电话：010-63141606

（如有印装质量问题，请与本社印务部联系。）